화해의 아이

돈 리처드슨
화해의 아이

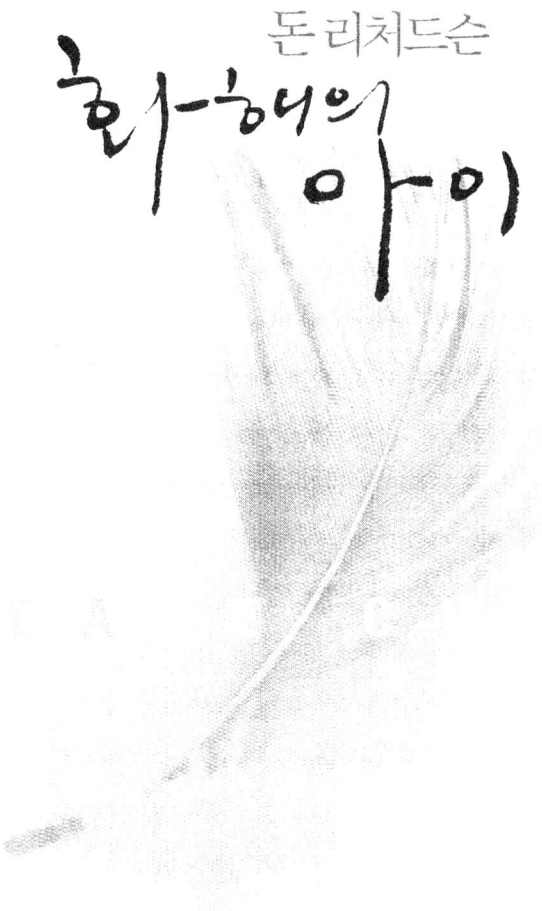

| 돈 리처드슨 지음 · 김지찬 옮김 |

생명의말씀사

PEACE CHILD
by Don Richardson

Copyright ⓒ 1974 by Gospel Light Publications, Ventura, CA., USA.
All rights reserved.

Korean Edition published by Word of Life Press, Seoul, 1987, 1996.
Translated and published by permission.
Printed in Korea.

화해의 아이

ⓒ 생명의말씀사 1987, 1996

1987년 12월 30일   1판 1쇄 발행
1995년 3월 20일   6쇄 발행
1996년 3월 25일   2판 1쇄 발행
2025년 12월 16일   16쇄 발행

펴낸이 | 김창영
펴낸곳 | 생명의말씀사

등록 | 1962. 1. 10. No.300-1962-1
주소 | 서울 종로구 경희궁1길6(03176)
전화 | 02)738-6555(본사) · 02)3159-7979(영업)
팩스 | 02)739-3824(본사) · 080-022-8585(영업)

인쇄 | 주손디앤피
제본 | 주손디앤피

ISBN 978-89-04-10051-4

저작권자의 허락없이 이 책의 일부 또는 전체를
무단 복제, 전재, 발췌하면 저작권법에 의해 처벌을 받습니다.

저자 서문

그전 명칭으로 하면 네덜란드령 뉴기니아(Netherlands New Guinea)에 거주하는 사위 부족은, 지금은 웨스트 이리안(West Irian) 혹은 이리안 자야(Irian Jaya)라고 불리는 뉴기니아 서반부에서 생활하는 약 400개로 추산되는 부족들 가운데 한 부족이다. 이 부족들은 각 부족마다 독특하고 개성이 넘치며, 나름대로 고유한 세계관과 전설들과 독특한 유머 감각을 겸비한 소우주를 형성하고 있다.

1962년에 나는 아내인 캐롤(Carol)과 함께 사위 부족과 생활하기 위해 그들이 거주하는 지역으로 갔다. 우리는 그들의 언어를 공부하고 그들의 전설들과 풍습들을 깊이 연구하면서, 사위 부족은 배반을 하나의 이상(理想)으로 숭앙하는 부족임을 점차 깨닫게 되었다. 사위 부족이 모닥불을 피워 놓고 그 둘레에 앉아 자식들에게 들려 주는 전설 가운데 나오는 영웅들은, 후에 친구를 죽이고 그 살을 먹을 것이라는 분명한 목적을 가지고 친구들을 사귀는 그런 인물들이다. 사위족들은 이런 풍습을 가리켜 "살해를 위해 우정으로 살찌운다"고 표현한다.

배반을 이상화하는 것이 사위족 인생관의 일부라는 사실을 깨닫게 되면서부터 우리는, 그들 가운데 살면서 일종의 문화적 충격을 느낀 이유가 어디에 있었는가를 깨닫게 되었다.

어쨌든 우리는 하나님에 의해 그 곳으로 보내졌다. 짧은 몇 년의 기간 안에, 수십 세기 동안 아니 어쩌면 수천 년 동안 그들 삶의 일부로 전해 내려왔을지도 모르는, 배반을 이상으로 숭앙하는 풍습을 극복할 수 있도록 사위족을 도와주고 그들을 하나님께로 돌아올 수 있도록 하기 위해 하나님의 명령을 받고 그 곳으로 보냄을 받았던 것이다.

하나님께서 사위족의 마음을 열 수 있도록 우리에게 주신 열쇠는 구속 유비의 원리(the principle of redemptive analogy), 즉 영적인 진리를 특정 지역의 풍습에 적용하는 원리였다. 우리가 깨달았던 원리는 하나님께서 이미 그들의 고유한 문화 속에 구속의 유비들을 마련하심으로써 그들을 복음화시킬 만반의 준비를 미리 갖추어 놓으신 것이었다. 이 유비들이, 복음이 사위족의 문화 속에 침투하여 내부로부터 영적·사회적 혁신을 일으키게 한 비밀 통로였으며 우리의 첫 디딤돌이었다.

캐롤과 나는 "화해의 아이"(peace child)와 그 밖의 구속의 유비들을 사용하여 사위족을 복음화시키는 사역을 진행해 오면서, 하나님의 성령께서 인두(人頭) 사냥을 즐기는 이 식인종들을 중생시키기 위해 실제로 이 같은 의사 소통의 수단을 사용하시는지를, 숨을 죽이며 유심히 관찰하였다. 그랬더니 아니나다를까 성령께서는 우리가 기대했던 대로 역사하셨다.

모든 인류가 단일한 지구촌에서 상호 의존하지 않으면 살아갈 수 없는 상황으로 급속하게 변화하고 있는 시대에, 각기 다른 문화권 상호간의 의사 소통이라는 것은 인간의 가장 우선적인 과제 중의 하나로 등장하고 있다. 본서 화해의 아이는 이 세계에서 가장 폭력적인(난폭한) 문화 중의 하나를 그 기초까지 파 내려가 연구한 후에, 그 문화의 구성원들에게 의미가 있는 말로 복음을 전하려고 애를 쓴 우리들의 고통-그리고 승리-의 기록이다.

그 노력의 결과로 우리는 인간을 이해하는 모험에서 어느 정도 성공할 수 있었다고 자부한다.

모쪼록 본서가 이 책을 읽는 독자에게 위험에 처해 있는 이 세상의 소수 민족들을 좀더 주의 깊게 그리고 동정어린 눈으로 보살필 수 있는 계기가 되기를 바란다.

RBMU, 센타니, 이리안 자야
인도네시아

목차

저자 서문 ··· 5

제1부: 사위족의 세계

1. 해남 마을에 파견된 사신 ······································ 17
2. 우정으로 살찌움 ··· 30
3. 뚜안족의 그림자 ··· 45
4. 뚜안족이 오다 ·· 55
5. 전설의 창조자 ·· 67

제2부: 두 세계가 서로 만날 때

6. 사역의 시작 ·· 87
7. 경질목 장막을 뚫고 ··· 104

8. 한 시대의 종말 …………………………………… 122
9. 하늘에서 내려온 신들 …………………………… 135
10. 카누 안의 운명 …………………………………… 146
11. 생소함의 세례 …………………………………… 151
12. 톰두 지류의 족장 ………………………………… 161
13. 우리 집 문 앞에서 벌어진 전투 ………………… 171
14. 뚜안이 사람의 골을 먹는다 ……………………… 180
15. 남자들의 집에서의 만남 ………………………… 189
16. 크론켈 강변의 위기 ……………………………… 207
17. 내일은 찬물이 …………………………………… 217

제3부 : 변화된 세계

18. 남자들의 집의 정적 ……………………………… 235
19. 악어들 속에 빠짐 ………………………………… 248
20. 나의 간장까지 떨렸소 …………………………… 262
21. 살아 있는 죽은 자 ……………………………… 266
22. 아우마마이의 힘 ………………………………… 273
23. 눈이 빠지게 기다림 ……………………………… 288
24. 기나긴 여행 ……………………………………… 300
25. 조상의 구습을 깨고 ……………………………… 308

저자 후기 ……………………………………………… 322
에필로그 ……………………………………………… 327

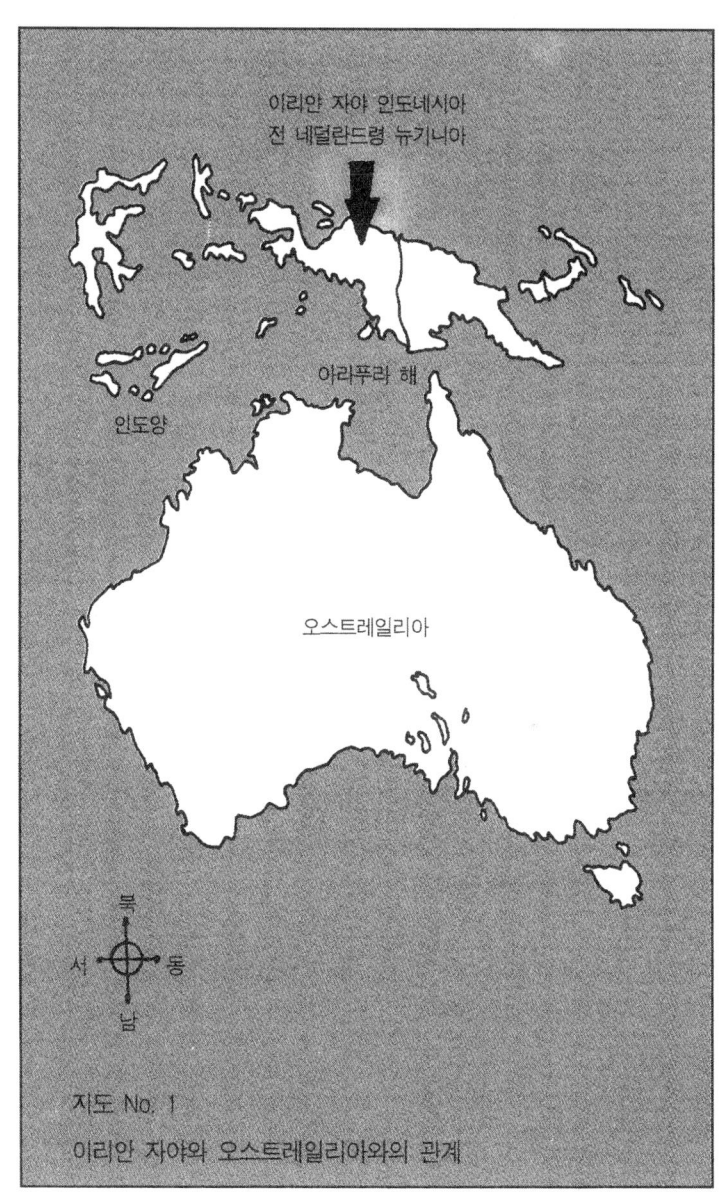

지도 No. 1
이리안 자야와 오스트레일리아와의 관계

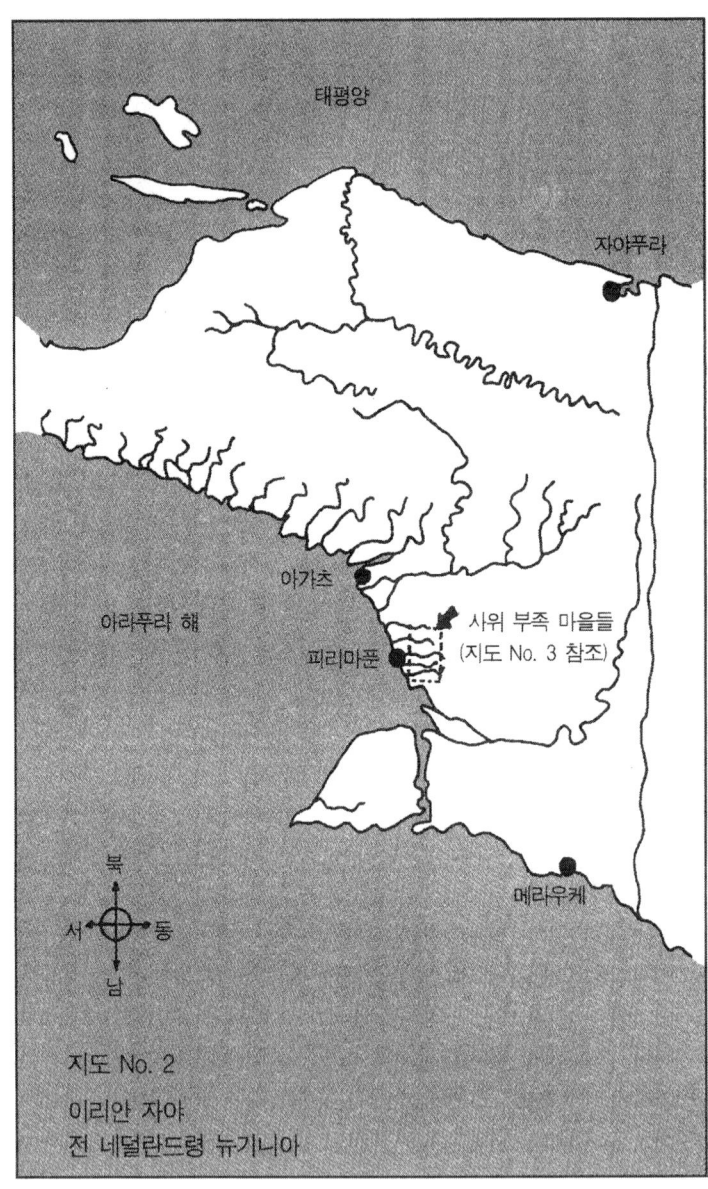

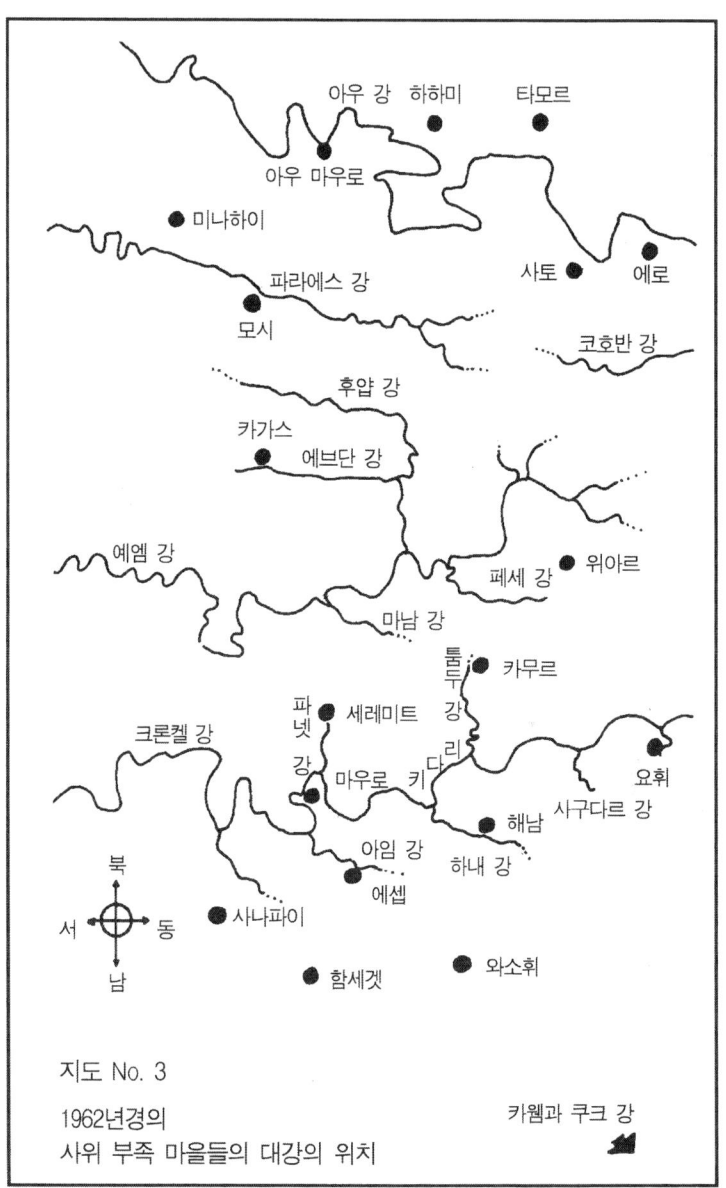

지도 No. 3
1962년경의
사위 부족 마을들의 대강의 위치

제1부

사위족의 세계

1

해남 마을에 파견된 사신

태양이 중천에 떠오르자, 야에는 마우로 마을의 나무 위 오두막집 바닥 틈새로 12미터 아래의 검푸른 크론켈 강물을 내려다보았다. 그는 침착하고 검은 눈동자로 고요한 강물 위를 서서히 떠내려가는 나뭇잎들을 유심히 바라보았다.

나뭇잎들은 강 아래쪽으로 흘러가고 있었으나 점점 그 속도가 느려지고 있었다. 그것은 서쪽으로 40킬로미터 떨어진 아라푸라 해의 밀물이, 크론켈 강물이 바다쪽으로 유입되는 것을 서서히 막기 시작하고 있다는 증거였다.

얼마 안 있어 크론켈 강의 흐름은 완전히 뒤바뀔 것이다. 바다의 조류가 몇 시간 동안은 해조류로 가득한 검은 크론켈 강을 그 발원지인 남부 뉴기니아(South New Guinea) 습지로 역류하도록 만들 것이다. 야에는 강물의 흐름을 힘입어 강의 상류로 떠나기 위해 이 때를 지금까지 기다리고 있었던 것이다.

야에의 아내 카우탑은 나무 위 오두막집의 부엌 한가운데 다리를 포개고 앉아 있었다. 아직 이름을 짓지 않은 막내 아이는 어머니의 무거운 풀잎 치마를 요람 삼아 무릎에 누워 잠을 자고 있었다. 카우탑은 아기 위에 몸을 구부려 대나무 항아리에서 물을 떠서 앞에 놓인 나무 쟁반 위의 사고(sago) 야자나무 녹말 가루에 뿌렸다. 부뚜막에서 나오는 연기가 눈을 맵게 하는데도 그녀는 천천히 물을 넣어 가며 가루를 반죽했다.

큰 아이인 두 살짜리 미리는 어머니 곁에 있는 짜서 만든 멍석 위에서 기분 좋게 놀고 있었다. 그의 유일한 장난감은 인간의 해골이었다. 그 해골은 미리가 굴리면서 가지고 놀 때마다 슬픈 안와(眼窩, 눈구멍)로 검게 그을린 천장을 멍하니 응시하는 듯했다. 미리가 수년 동안 가지고 놀았기 때문에 반질거릴 정도로 윤이 나 있었지만, 그 해골은 이미 오래전에 작고한 야에의 부친의 유물이었으며, 더 나아가서는 악령을 쫓아내는 부적이기도 했다. 그러나 어린 미리에게 그것은 단지 멋진 장난감에 불과한 것이었다.

야에는 돌아보지 않고 카우탑에게 말했다. "우부르 하라마비 마켄. 두 파무스 에스—강물의 흐름이 바뀌려고 해. 그러니 즉시 내가 먹을 사고빵을 만들어 주었으면 좋겠어."

그러자 그녀는 빠른 손놀림으로 사고 녹말 가루 반죽을 길고 가느다랗게 만들어 요홈(yohom) 나무 잎새에 둘둘 말아서 빨갛게 달아오른 숯불 위에 올려 놓았다. 그러는 사이 야에는 여행을 떠날 채비를 갖추었다. 그는 맨살 허리에, 사위족 세계에서는 전쟁에서 적을 죽인 남자들만이 입을 수 있는, 폭이 좁은 풀잎 치마를 걸쳤다. 야에는 전쟁에서 적을 다섯 명이나 죽인 경험이 있었다. 그는 다섯 명의 살해된 적들 가운데서 3명의 인두를 취했었다. 이 같은 전공은 그가 산돼지 어금니로 만든 빛나는 팔찌 세 개를 왼쪽 팔꿈치에 끼고 있는 것을 보면 금방 알 수 있었다.

더욱이 그의 사냥 솜씨가 뛰어나다는 사실은 목에 두 줄로 멋지게 걸린 수다펜, 즉 동물의 이빨로 만든 1미터짜리 목걸이가 잘 드러내고 있었다. 야에는 자신이 잡은 산돼지, 악어, 개 그리고 유대

(有袋) 동물의 이빨을 하나씩 뽑아 이같이 멋진 목걸이를 만든 것이다. 야에는 등나무 줄기로 멋지게 꼬아 만든 띠를 양쪽 팔 아래 위와 무릎 바로 아래에 단단하게 찼다. 그리고 돼지 넓적다리뼈로 속을 비게 하고 양끝을 뾰족하게 조각한 15센티미터짜리 장식을 자기 코에 뚫은 구멍 안으로 자랑스러운 듯이 끼워 넣었다.

만일 그가 밤새도록 춤을 추는 장소에 가는 것이었다면 이 외에도 다른 장식들로 멋지게 치장을 했을 것이다. 예를 들자면, 풍조(뉴기니아 산새의 일종-역자 주)의 불꽃 모양 깃털과 유대 동물의 모피와 금으로 만든 머리띠 그리고 흰 앵무새 깃털들로 만든 나팔꽃 모양의 장식으로 멋지게 꾸몄을 것이며, 바다 조개(조가비) 가루와 황토로 온몸을 희고 붉게 채색했을 것이다. 그러나 야에는 축제에 참석할 것이 아니고 순전히 외교적인 임무를 띠고 가는 것이었기 때문에, 희고 금빛 찬란한 동물 뼈 장식들과 등나무 줄기로 꼬아 만든 띠로 몸을 치장하는 것만으로 만족하게 생각하였다.

카우탑은 한 쌍의 젓가락을 사용해서 사고빵을 숯불 위에서 꺼내어 재가 된 나뭇잎들을 털어 낸 다음 김이 모락모락 나는 "질퍽질퍽한 빵"을 남편에게 건네 주었다. 야에는 반을 먹은 다음 나머지 반과 카우탑이 이미 훈제시킨 돼지고기 한 덩어리를 섬유로 짜서 만든 작은 사고 자루에 함께 집어 넣었다. 그는 이 자루를 어깨에 걸친 다음 머리 위의 무기함에서 검은 야자 나무로 만든 약 1미터 길이의 활을 꺼내 들었다.

이 활의 한쪽 끝은 바늘처럼 날카롭기 그지없는 화식조(火食鳥) 발톱 모양의 촉이 붙어 있어서 창으로도 사용할 수가 있었다. 야에는 또한 끝이 매우 날카로운 대나무 화살을 한 움큼 골라 잡았다. 그는 활과 화살을 한 손에 움켜 잡은 후, 방패와 북과 돌도끼와 창과 카누와 활과 함께 그의 주요 재산 목록에 들어가는 노를 마지막으로 손에 집어 들었다.
 노는 사위족의 기술을 단적으로 보여 주는 좋은 예였다. 그것은 2미터 길이의 검붉은 경질목을 깎아 만든 것으로서, 진기한 그림이 그려져 있는 넓은 직각의 노깃이 있으며, 상단부 끝에는 조상 전래의 상징이 굵게 새겨져 있었다. 더욱이 이 조상 전래의 상징 위쪽에는 화식조 모양의 발톱과 날카로운 기구가 달려 있어서 활과 마찬가지로 창으로도 사용할 수가 있었다.
 야에는 오두막집 밖으로 나왔다. 그의 주위에는 마우로 마을의 또 다른 여섯 채 오두막집이 아침의 황금 빛 안개 속에 혹은 곱사등의 모양으로 혹은 식빵의 모양으로 어색하게 떠 있는 것처럼 보였다. 이 오두막집들은 길이가 약 12미터 가량 되었으며, 높이는 땅 위로 약 10-15미터 가량 되었다. 그러니까 이 오두막집들은 우거진 잡목 위에 가느다랗고 긴 나무 다리로 버티고 높이 솟아 있었던 것이다. 이 밖에도 야에 집 주위에는 적어도 6미터 가량 되는 고지에 4채 가량의 일자집(남양 원주민의 길게 붙은 공동 주택 – 역자 주)이 있었다.
 오두막집은 주변을 쉽게 내려다볼 수 있기 때문에 적의 기습에 언제라도 대비할 수 있는 이점이 있지만, 모든 사위족 가정이 오두막집을 짓고 살지는 않았다. 전투가 벌어지면 남편과 아버지와 오빠와 남동생이 침입해 오는 적들에게 화살을 쏘고 때로는 지상으로 내려가 적과 와루밈, 즉 "창 놀이"를 하는 동안 여자들과 아이들은 높은 오두막집으로 몸을 피할 수 있었다.

 야에가 덩굴로 묶은 긴 사다리를 내려가기 시작하자 카우탑은 불평 섞인 어조로 목소리를 높였다.
 "당신은 왜 자주 해남을 방문하는 거예요? 거기 가면 불안하지도 않으세요?"
 야에는 "그 곳에 친구가 없다면 내가 왜 가겠어?"라는 대꾸만

해남 마을에 파견된 사신

남기고 계속 사닥다리를 내려왔다. 사닥다리는 열대의 폭우를 피하고 그늘로 이용하기 위해서 오두막집 아래쪽으로 비스듬하게 땅에 걸쳐 있었다. 야에는 불안하기 그지없는 사닥다리 위에서 완전하게 몸의 균형을 유지하면서, 손가락 한번 사닥다리에 대지 않고 민첩하게 한번에 밑에까지 내려왔다.

사닥다리가 놓인 지면 옆에는 그의 동생 사오가 말라리아에 걸려 벌벌 떨면서 통나무 위에 쪼그리고 앉아 있었다. 사오는, 이제 마을을 비추기 시작하여 이슬로 젖은 낙엽들 사이에서 김이 모락모락 솟아오르게 하고 있는 아침 햇살에서 온기를 느껴 보려고 양지에 앉아 있었으나 별로 소용이 없었다. 그래서 야에가 위로의 말을 던졌지만 사오는 이가 너무 심하게 떨리는 바람에 제대로 대꾸하지도 못하였다.

거기에서부터 몇 미터 떨어진 하류에는 야에의 사촌인 와시와 그의 세 아내가 사고 야자나무를 자르는 도구들을 카누에 실으면서 정글로 떠날 채비를 갖추고 있었다. 야에가 와시에게 말을 걸었다.

"나는 지금 해남으로 가는 중일세. 해가 지면 곧 돌아올걸세. 그곳에 가면 그 곳 친구들에게 초승달이 뜨면 우리의 비심 춤을 같이 추자고 초대할 작정일세."

와시는 늘씬하게 빠진 카누의 고물 위에 올라타고 수로쪽으로 밀고 나아가면서 야에에게 잘 다녀오라고 인사를 했다. 와시의 세 아내는 길이가 9미터 정도 되는 카누의 앞 부분에 섰다. 그 중 두 아내는 아이들을 포대기로 등에 안전하게 들쳐 업었다. 세 아내는 동시에 노를 집어 들더니 사고 야자나무가 울창한 습지로 수로가 나 있는 강 어귀를 향해 서서히 노를 저었다. 와시의 발 밑에서는 진흙 판 위에 놓인 숯불에서 나오는 연기가 계속 피어 올랐다. 그들은 이제 그 숯불을 가지고 습지에서 딴 신선한 사고 야자 열매로

점심 식사를 준비할 작정이었다.

야에는 활과 화살을 자신의 카누에 싣고 출발했다. 강물 위의 낙엽이 바다를 향해 내려가는 것을 멈추자 바늘 끝처럼 뾰족한 카누의 끝을 상류로 향하게 하고 힘차게 나아가기 시작하였다. 야에가 멀리 강이 굽어진 곳으로 사라질 즈음 낙엽들도 그의 뒤를 따라 상류쪽으로 흘러가기 시작하였다.

카우탑은 연기로 그을은 얼굴에 근심 어린 주름살을 지어 보이면서 남편이 사라지는 모습을 지켜 보았다. 그녀의 무릎 위에서 잠을 자던 아이가 깨어 울기 시작하였다. 카우탑은 야에가 마우로 마을과 해남 마을 사이에 동맹을 체결하겠다는 야망을 버리게 해달라고 빌면서 아이를 가슴으로 끌어다가 젖을 먹였다.

상류쪽으로 역류하고 있는 강의 가장자리에서 무성하게 우거져 앞을 가렸던 잎사귀들 사이로 야에가 불쑥 나타나자 한 떼의 앵무새들이 요란한 소리를 내며 날아 올랐다. 그러자 그 소리에 악어가 가라앉은 통나무 위에서 졸고 있다가 놀라 잠을 깨더니 야에를 향해 입을 한번 크게 벌리고는 육중한 꼬리를 수직으로 세우고 물속 깊숙이 들어가 버렸다.

야에는 계속해서 강이 굽어지는 곳까지 미끄러져 나아갔다. 야에는 자신을, 해남이라고 부르는 상류 사위 부족 마을에 파견되는 마우로 마을의 유일한 사신이 되게 했던 과거의 사건들을 회상해 보면서 굽어지는 강을 따라 돌았다.

그러니까 그 때부터 7개월 전의 일이었다. 아임 강 발원지 근처에서 야생 거위를 사냥하고 있을 때 그는 뜻밖에도 다섯 명의 해남 마을 사람들과 맞닥뜨리게 되었다. 이에 야에가 즉시 카누에 몸을 엎드리고 활을 손에 잡자 다섯 명의 낯선 사람 가운데 가장 키가 큰 자가 재빨리 그에게 인사를 건네는 것이었다.

"코나하리 - 활을 잡지 마시오! 나는 당신이 누구인지 알고 있소. 당신의 이름은 야에가 아니오. 바로 나는 당신과 친척이 되는 사람이오"라고 그 키가 큰 자가 말을 걸어 온 것이었다.

어쨌든 야에는 활을 들었다. 그러나 활을 당기지는 않았다. 그 대신 그는 "당신 이름이 무엇이오?"라고 되물었다.

"내 이름은 카우완이오. 그러니까 당신 모친의 막내 아들이오"라고 그는 대꾸했다.

이에 야에는 "그런데 당신은 왜 아임 강에 온 것이오? 내가 보니 당신과 당신 친구들은 정탐을 하러 온 것이 분명하오"라고 소리를 높였다.

"아니오, 그렇지 않소. 오늘 아침 나는 야생 돼지 한 마리에게 부상을 입혔소. 그래서 그 핏자국을 따라 여기까지 오게 된 것이오. 보시오! 여기 풀 위에 떨어진 지 얼마 안 되는 핏자국이 있지 않소. 여기에는 그 부상당한 돼지가 불과 얼마 전에 진흙 속을 허우적거리며 지나간 흔적이 있소"라고 카우완은 말했다.

"자, 와서 나와 포옹합시다. 우리는 친척지간이오!"

야에는 그의 모친이 카우완에 대해서 말하는 것을 들은 적이 있었으나 계속해서 주저하였다. 그러자 카우완은 작은 자루에서 날카롭고 작은 대나무 조각을 꺼내더니 유난히 숱이 많은 자신의 머리털 한 움큼을 잘라 나뭇잎에 싸서 야에에게 건네는 것이었다.

진심의 정표로 흔히 받아들여지고 있는 이 같은 행동에 마음이 놓인 야에는 노를 저어 카우완에게 다가가 선물을 받은 다음 자기 자루에 집어 넣었다. 카우완은 이 같은 선물을 줌으로써 야에와 단지 한번 스쳐 지나간 인연 이상의 것을 맺고 싶다는 강한 의사표현을 하였다.

카우완의 네 친구들이 동의를 표하자 두 사람은 서로 얼싸 안았다. 그 때 카우완은 다음과 같이 제안하였다.

"야에, 내 말 좀 들어 보시오. 오래전부터 카야가르 부족이 동쪽에서부터 우리를 공격해 와서 많은 동족이 그들의 창에 목숨을 잃었소. 따라서 우리는 마우로 마을 사람들과 화평을 맺고 서쪽 변경에 마음대로 와서 사고 야자 열매를 얻고 싶소.

"물론 나는 그 동안 당신의 마을과 우리 마을을 자유로이 왕래할 수 있는 중재자가 한 명 필요하다는 점을 해남 사람들에게 설득시켰소. 그런데 바로 당신이 우리가 필요로 하는 사람임이 분명하오. 그래서 나는 지금 당신을 두 마을간의 중재자로 임명하는 것이오. 만일 당신이 이 제의를 받아들이고 싶다면 앞으로 3일 후에 우리 마을에 오시오. 내가 모든 안전을 책임지고 당신을 보호할 것이며, 만반의 준비를 갖추고 당신이 오기를 기다리겠소."

카우완의 네 친구들도, 필요하다면 자기들도 야에의 생명을 보호하는 데 도움을 주겠다고 덧붙였다.

그러자 야에의 심장은 더 빨리 고동치기 시작했다. 왜냐하면 마우로의 동족들도 서쪽의 아스맛 부족들이 우세한 세력으로 공격해 오는 데서 큰 손실을 당하고 그 문제로 고민하기 시작했기 때문이었다. 만일 해남 마을과 평화 관계가 이루어진다면, 해남 마을과 마우로 마을 사이의 무인지경에 있는 잘 익은 사고 야자 열매들을 마음껏 수확할 수가 있을 것이며, 먹을 것을 구하기 위해 위험을 무릅쓰고 아스맛 부족의 변경까지 접근하는 불편을 덜 수가 있었던 것이다.

 게다가 해남 마을과 마우로 마을이 연합군을 결성하여 아스맛 부족과 카야가르 부족에게 치명타를 가하면 양 마을은 당분간 편히 쉴 수도 있을 것이다. 더욱이 이 같은 평화 조약 체결의 장본인으로서 야에와 카우완은 사위족 세계에서 명망 있는 인물로 새롭게 부상할 수 있을지도 모를 일이다. 그렇게 되면 다른 사위 부족 중에 과년한 딸을 가진 사람들이 딸들을 야에와 카우완에게 시집 보내려고 할 것이며, 이렇게만 된다면 다섯 명의 건강한 아내를 거느리는 사위족의 이상향에 더 가까이 접근할 수도 있을 것이다.

 야에는 이미 두 아내를 취했었다. 그러나 하늘이 무너지는 듯한 슬픔에도 불구하고 한 아내가 인도 마마에 걸려 심하게 앓다가 그만 죽고 말았던 것이다. 그리하여 이제는 카우탑밖에 남지 않았던 것이다. 두번째 아내가 세상을 떠난 후 다른 아내를 얻고 더 나아가서는 여러 아내를 취하고 싶어하는 야에의 소망은 이제 무서운 강박 관념으로까지 발전하고 있었다. 만일 카우완과 그의 네 친구의 약속을 신뢰할 수만 있다면, 그 같은 오랜 강박 관념을 기대 이상으로 갑작스럽게 성취할 수 있을지도 모른다는 생각이 야에의 머리를 스치고 지나갔다.

 야에는 카우완을 날카롭게 쳐다보았다. 카우완의 두 눈은 매우 순수하게 반짝이고 있었다. 그가 야에의 모친쪽 인척이라는 사실이 결정적인 요소였다. 게다가 카우완은 자발적으로 자신의 머리한 움큼을 야에에게 주었다. 해남 마을이 카야가르 부족에게 밀려 서쪽으로 쫓겨났다는 카우완의 말이 사실임은 비밀 정보망을 통해 이미 들어서 알고 있었다.

그러나 한 가지 불안한 점이 있었다. 해남 마을에는 마우로 마을에 대해 철천지 원수 같은 적대 감정을 아직도 갖고 있는 캉개 씨족 사람들이 많이 살고 있다는 사실을 야에는 익히 알고 있었던 것이다. 캉개 씨족 사람들이 야에가 나타날 때 복수하겠다고 덤벼든다면 카우완과 그의 친구들이 야에를 보호할 수 있을 만큼 능력이 있는지의 여부도 확신할 수 없는 노릇이었다. 돼지 어금니로 만든 팔지 네 개가 카우완의 왼쪽 팔꿈치 부분에 끼워져 있는 것을 보면 그는 대단한 용사였음에 틀림이 없었다. 그러나 카우완이 야에의 모친과 가깝기보다는 캉개 출신 사람들과 더 가까운지도 모르는 일이었다.

따라서 야에는 교활하게도 카우완과 캉개 출신 사람들간의 관계를 알아내기 위해 여러 가지 질문을 던졌다. 이에 카우완은 야에의 질문의 의도를 알아차리고 야에에게 캉개 씨족 사람들의 우두머리가 사람의 목숨을 요구하지 않고 물건으로 대신하기로 결정했다는 점을 확신시켰다. 야에가 이번 교류를 통해 얻을 수 있는 성과에 비하면 얼마 안 되는 정도의 물건을 그 대가로 치르면 된다는 것이었다.

그러나 야에는 한 가지 시험을 더 해보고 결정을 내리기로 마음먹었다. 야에는 카우완과 그의 네 친구에게 잠시 동안 마우로 마을을 방문해서 거기서 이 문제를 상세히 논의하자고 제의했다. 만일 그들이 이 같은 모험에 자신을 믿고 선뜻 따라온다면 마우로 마을과 화평하게 지내고 싶다는 그들의 소원은 그야말로 진실한 것임을 재차 확인할 수 있다는 것이 그의 생각이었다.

이에 카우완은 환하게 웃으면서 대답했다.

"우리 모두는 당신과 함께 가고 싶소. 그러나 우리 아내들과 자식들이 하내 강에서 우리가 돼지를 잡아 오기만을 기다리고 있기 때문에 어두워지기 전에 그 놈을 잡아 토막낸 다음 잘 꾸려서 그들에게 돌아가야만 하오."

야에는 카우완의 이 거절이 매우 합당한 이유가 있는 것이라고 생각하였다. 따라서 야에는 더 이상 시험을 하지 못하고 곧바로 결단을 내려야만 했다. 만일 그가 이 제의를 거절한다면, 카우완이 마우로 마을의 다른 사람에게 똑같은 제의를 하게 되어 그가 놀라운 결실을 맺어 새롭게 명망 있는 인물로 부각될지도 모르는 일이었다. 만일 그렇게 된다면 야에는 내심 큰 수치심을 느끼게 될 것임이 분명하였다.

그러나 그와는 정반대로 그 제의를 받아들인다면 자칫 함정에 빠져 목숨을 잃을 수도 있었다. 야에는 그 순간 일종의 강한 긴장감을 느꼈다. 그 긴장감은 야에가 어려서부터 매력을 느껴온, 사위부족 전설의 핵심을 이루고 있는 생존에 관한 긴장감, 바로 그것이었다. 이제 야에는 불안과 공포로 가득 찬 선택 앞에 직면한 영웅이었다.

야에는 불확실한 소용돌이 가운데서 급작스럽게 결정을 내렸다. 그는 자루 속에서 작은 대나무 조각칼을 꺼내 자기 머리카락 한 움큼을 잘라 카우완에게 건네 주었다. 그러자 카우완은 웃으면서 그것을 받았다.

그 후 야에는 앞으로 나아가서 카우완의 팔을 꽉 움켜 잡고 "샤리마콘 에스 – 나는 틀림없이 가겠소. 이미 결정했소"라고 말했다.

"그렇다면 우리가 쫓고 있는 돼지를 잡으면, 간 반쪽을 당신을 위해 남겨 놓았다가 앞으로 삼일 후에 당신과 함께 먹도록 하겠소"라고 카우완이 말했다.

이에 야에는 "티민 코나하리! – 고맙소, 친구!"라고 대꾸하고 그들은 서로 헤어졌다.

　야에는 이같이 약속함으로써 사실상 자신 앞에 놓인 운명을 스스로 결정한 것이었다. 배반의 분명한 증거가 없는 한, 이제 마음을 바꾼다면 겁장이라는 소리를 들을 수밖에 없었다. 따라서 이제 야에는 삼일 후에 해남에 가야만 했다.

　그것도 야에는 혼자 가야만 했다. 초청이 없는 한 야에와 함께 가겠다고 나설 사람은 아무도 없을 것이다. 그러나 어찌 보면 더 잘된 일인지도 모른다. 왜냐하면 그가 혼자 위험을 무릅쓰고 모험을 하면 마을의 다른 사람과 명예를 나누어 가지지 않아도 되고 홀로 영광을 누릴 수도 있기 때문이다.

2
우정으로 살찌움

야에가 해남 마을로 들어가는 하내 지류의 입구에 들어섰을 때, 중천에 뜬 태양 때문에 그의 이마에는 구슬 같은 땀방울이 맺혀 있었다.

야에는 60여 미터 너비의 가물거리는 크론켈 강을 뒤로 하고 정글로 둘러싸인 좁은 하내 지류의 짙은 그늘 속에서 땀을 식힐 수가 있었다. 그는 카누에 서서 몸을 구부린 후 손으로 물을 떠서 마셨다. 그러나 야에는 손바닥에 고인 물을 마시지는 않았다. 그는 손으로 물을 퍼 올려 공중으로 던진 다음 공중에서 떨어지는 물을 입으로 받아 마셨다.

야에는 강물을 다른 방식으로 마시는 것은 자신의 위신에 어긋나는 것이라고 생각하였다. 게다가 그것은 위험할 가능성도 없지 않았다. 악한 정령들이 강물 속에 살고 있는데, 미리 규정된 방식으로 물을 마시지 않으면 물을 마실 때 그 악한 정령들이 몸 속에 들어올 수도 있기 때문이었다.

야에는 몸을 펴고 그 앞에 놓여 있는 강 위의 수풀을 유심히 바라보았다. 그런데 그가 찾던 것이 바로 거기에 있었다. 해남 마을에서 가장 무서운 용사인 나이르에 의해 죽음을 당한 불쌍한 카야가르인의 해골이 눈을 부릅뜨고 매달려 있었다.

그 해골은 나뭇가지에 매달려 있었는데, 그 안와는 검은 고무로 가득 채워져 있었고 그 위에 붉은 빛 나는 열매가 박혀 있었다. 그 모습은 보기만 해도 소름이 끼쳤다. 또한 해골의 귓구멍에는 깃털들이 바람에 흩날리고 있었기 때문에 흡사 머리털처럼 보였다. 나이르는 해남의 적들을 향한 일종의 경고로서 해골을 그 곳에 걸어 놓았던 것이다.

야에는 지금부터 7개월 전에 잔뜩 긴장한 채 처음으로 해남 마을에 접근하다가 해골을 보고 모골이 송연해졌던 사실을 돌이켜 보고 씩 웃었다.

야에는 마음을 굳게 먹고 계속 노를 저어 해골이 매달린 나무를 지나 마침내 해남 마을이 있는 푸른 초지 위에 도착하였다.

해남 사람들은 야에가 혼자 오는 모습을, 카우완이 강가로 달려가서 팔을 벌려 그를 환영할 때까지 조용히 지켜 보았다.

야에가 카누를 강가에 댄 후 육지에 올라서자 카우완은 갑자기 수풀 속에서 활과 한 움큼의 화살을 꺼내 들었다. 그는 화살 하나를 택해 오른손에 들고 흔들면서 야에에게 등을 돌리고 마을 사람들을 바라보고 섰다. 그는 목구멍에서 나오는 강한 목소리로 함성을 지르면서 발을 구른 다음, 야에와 마을사람 사이를 뛰어다니기 시작했다.

그는 마치 화가 난 사람처럼 소리를 지르면서 덤벼 볼 사람은 덤벼 보라고 외쳐 댔다.

"나는 내 친구를 환영한다! 내가 직접 그를 초대했기 때문에 그가 여기에 온 것이다. 그를 해하려는 사람이 있는가? 내 친구는 결코 해를 입지 않을 것이다. 나의 손은 강하다!"

카우완의 이 행동은 사라본이라고 불리는 일종의 관습적인 힘의 과시로서, 손님을 안심시키는 동시에 손님에게 적의를 품고 있을지도 모를 사람에게 생각해 볼 여유를 주는 수단이었다. 이 사라본의 과시가 없었다면 아마도 야에는 매우 큰 불안을 느꼈을 것이다.

해남 마을 사람들은 자기 집 입구에서 조용히 그 광경을 바라보고 있었다. 그들은 대부분 한쪽 발은 쭉 펴고 한쪽 발은 세운 다음, 뺨을 세운 무릎에 대고 앉아 있었다.

사라본을 끝낸 카우완은 따뜻하게 야에를 껴안았다. 그러자 다른 해남 마을 남자들도 집에서 하나 둘씩 내려와서 카우완이 한 대로 야에를 껴안았다. 단지 이방인에게 호의를 보이기 전에 항상 무엇인가 보상을 원하는 캉개 씨족 사람들만이 예외였다.

카우완은 야에를 해남 마을 "남자들의 집"으로 인도하였다. 남자들의 집은 마을의 중심부에 위치하고 있는 약 20미터 길이의 큰 방으로 여자들은 초대를 받지 않고서는 들어올 수가 없는 곳이었다. 카우완은 야에에게 긴 방의 한가운데 새로 풀을 깐 귀빈석에 앉으라고 권하였다.

곧 이어 야에는 해남의 지도자급 전사들에게 둘러싸이게 되었다. 사위, 카야가르, 아스맛 부족이 이름을 듣기만 해도 두려워 떠는 마움, 기리만, 마하엔, 나이르, 카니, 와라하이 같은 전사들이 야에를 중심으로 빙 둘러 앉았다. 그들은 번갈아 가면서 야에에게 친척들에 관해 공손하게 질문을 던졌다. 그들 뒤에는 젊은 사람들이 귀를 기울이고 경청하고 있었다. 조금 있으니까 여인들이 갓 구어낸 사고빵을 아름다운 장식으로 가득 찬 접시에 담아 야에에게 대접했다. 야에는 해남 남자들에게도 빵이 다 돌아갈 때까지 예의 바르게 기다리고 있다가 그들과 함께 먹기 시작하였다.

야에는 대화가 서서히 캉개 씨족 사람들이 마우로 마을 사람들에게 갖고 있는 복수심을 어떻게 보상하면 좋을까 하는 문제로 전환되어 가는 것을 눈치 챘다. 그러나 야에에게는 만반의 준비가 갖추어져 있었다. 그는 자루에서 여러 개의 돌도끼와 커다란 조가비 껍데기와 그의 마을 사람들이 캉개 씨족 사람들에게 진 빚을 청산하기 위해 보낸 다른 귀한 물건들을 꺼냈다.

그러자 기리만이라고 불리는 사람이 기뻐 얼굴에 희색을 띠면서 그 귀한 물건들을 모아, 아직 보상이 없었다는 이유로 각자의 집에서 기다리고 있던 캉개 씨족 사람들에게 나누어 주었다. 그 동안 카우완은 야에를 위해 남겨 놓겠다고 약속한 훈제 돼지간 반 조각을 야에에게 건네 주었으며, 야에는 나중에 먹기 위해 그것을 자루에 집어 넣었다.

그러자 얼마 안 있어 기리만이 캉개 씨족 사람들과 함께 돌아왔다. 캉개 씨족 사람들은 야에의 손을 잡고 보상의 대가를 받아들이겠다는 보장을 하였다. 그 후 캉개 씨족 사람들은 합석하여 한마디도 빼놓지 않고 경청하였다.

해남 사람들은, 야에가 전투와 사냥에 뛰어난 솜씨를 지니고 있다는 소문을 들었다면서 칭찬의 말을 늘어 놓았다. 그리고 대화는 이제 카야가르인들과 아스맛인들의 비열함으로 옮겨졌으며, 해남과 마우로 마을이 협력하여 공동으로 복수를 하기 위해서는 두 마을이 더욱 밀접하게 유대를 맺고 적들과 대항해야 할 것이라는 데 의견의 일치를 보았다.

이제 야에는 일어나서 마우로 마을로 돌아가야겠다고 말했다. 야에는 이렇게 말하면서 내심 떨리는 마음을 금할 수 없었다. 왜냐하면 배반할 계획이 그들에게 있었다면 이 순간이 바로 그것을 실행에 옮길 절호의 기회였기 때문이었다. 그러나 그들은 즐거운 표정으로 그를 카누가 있는 곳까지 배웅하고 그가 크론켈 강을 향해 하내 지류의 하류쪽으로 노를 저어 갈 때까지 사위족의 인사말인 아미나하이요를 계속해서 외쳐 댔다.

야에는 7개월이 지난 지금까지도 그 날 집으로 돌아오면서 느꼈던 흥분을 잊지 못하고 있다. 야에는 황혼녘이 되어서야 집에 도착했다. 그는 오두막집 입구로 올라가면서 유창한 사위족 말로 다음과 같이 외쳤다.

"해남인들이 우리에게 느끼던 적대감은 어디 갔는가? 내가 오늘 모든 분노의 혀들을 잘라 버렸노라! 오늘 내가 그 동안 끊겨져 있었던 해남으로 통하는 길을 다시 이어 놓았노라. 내가 우리 마을의 중앙에 찬물(평화)을 뿌렸노라!"

야에는 말을 마치면서 사위족 고유의 승리의 함성을 질렀다. "에에에하아아!" 그러자 그의 주위의 오두막집들과 아래에 있는 집들에서 흥분해서 떠드는 소리가 들려 왔다. 이에 야에는 즐거운 마음으로 그 소리에 귀를 기울였다.

그것은 단지 시작에 불과했다. 지난 7개월 동안 야에는 모두 열 번 해남을 방문하였고, 그 때마다 항상 따뜻한 환영을 받았다. 매번 성공적으로 해남을 방문하고 돌아온 야에는 더욱 확신에 넘치게 되었으며, 이제 열한번째 해남을 방문하는 그의 마음에는 일말의 불안감도 없었다.

야에는 대부분의 해남 마을 남자들의 이름을 알고 있었고, 마치 마우로 마을 사람들처럼 그들에게서도 호의와 친절을 받을 것이라는 사실을 확신하고 있었다. 따라서 야에는 마우로 마을에서 열리는 철야 비심 춤 축제에 참석해 달라고 초청하면 몇 사람은 그 초대에 응할 것이라고 확신하고 있었다. 그 후에 카야가르인이나 아스맛인을 공격할 공동 공격 계획을 해남 사람들과 세울 계획이었다.

전과 마찬가지로, 카우완은 강가까지 나와 야에를 마중하였으며 그를 남자들의 집으로 인도하였다. 이에 야에와 사귀었던 사람들이 하나 둘씩 나와 그의 주위에 몰려들었다. 대화는 전과 마찬가지로 유쾌하였으며, 재미있는 일화를 이야기할 때는 간간이 웃음도 터져 나왔다. 음식이 야에 앞에 놓여졌고, 그는 해남인들과 함께 식사를 나누었다. 그 후에 야에는 그들에게 마우로 마을의 비심 춤 축제에 참석해 달라고 초청하였다.

그러자 기리만이 제일 먼저 그 초대를 받아들였다.

"자네는 이제 나의 옛 친구나 다를 바가 없네. 내가 마우로 마을의 비심 춤 축제에 꼭 가도록 하겠네."

그러자 카우완과 마하엔도 참석하겠다고 약속했다.

이에 순식간에 모두 12명의 해남인들이 야에의 초대를 받아들였다. 따라서 야에는 몹시 기뻤다. 그리고 나서 그들은 야에에게 세 가닥으로 꼰 긴 줄 하나를 주면서, 비심 춤 축제가 며칠 남았는지 그 수만큼 매듭을 만들어 주면 그것으로 날짜 계산을 하겠다고 부탁하였다.

야에는 그 줄을 기쁘게 받아서 매듭을 만들기 시작하였다. 야에가 그 일에 몰두하고 있는 동안 마하엔이 기리만을 쳐다보고 살짝 눈썹을 치켜 올렸다. 기리만은 그 신호를 알아채고 마음에게 신호를 넘겨 주었다. 이에 마음은 그 신호를 카니에게 넘겨 주었고 카니는 다시 야마시에게 전달하였다. 그러는 사이에 모든 해남 마을 사람들이 그 신호를 알아차렸다. 마하엔은 천천히 오른손을 깔고 앉은 풀잎 방석 아래로 집어 넣어, 커다란 화식조 넓적다리뼈로 만든 뾰족한 긴 단검을 꺼냈다.

기리만과 야마시와 마음은 양 발을 아무렇게나 놓고 기지개를 켜는 척하면서 머리 위의 무기 보관함에서 쇠촉이 달린 긴 경질목 창을 꺼내 들었다. 야에가 줄에 매듭을 만드느라고 어깨를 숙이고 있는 사이에 그들은 서로 음흉하게 웃으면서 야에에게 창을 겨누었다. 이들 외에 그 곳에 모였던 다른 해남인들도 마찬가지로 무장을 하였다. 풀잎 방석 밑에서 마치 마술을 부리듯이 돌도끼와 창과 활과 화살이 연달아 해남인의 손에 쥐어져 나타났다.

무장을 한 자들은 조용히 일어서서 야에에게로 가까이 움직였다. 유일하게 무장을 하지 않은 사람은 카우완이었다. 카우완은 그저 야에가 매듭을 짓는 동안 간간이 대화를 나누면서 웃는 얼굴로 사고 야자나무 잎으로 만든 벽에 기대 있었다.

야에는 주위가 점점 어두워지고 조용해지는 것을 느꼈다. 그는 피부가 얼음장처럼 차가워지는 듯한 냉기로 소름이 끼쳤지만 일부러 태연한 척 고개를 들었다. 그 때 그의 눈에 무기들이 들어왔으며, 그 다음에는 그보다 더 무서운 해남인들의 눈들이 들어왔다. 모든 눈들은 야에의 얼굴을 향해 고정되어 있었고, 먹을 것을 앞에 놓은 야수와 같았다. 그리고 야에의 표정을 읽으려고 잔뜩 긴장되어 있었다. 마침내 해남인들은 7개월 동안이나 보려고 기다려 온 것, 즉 야에의 얼굴 표정의 변화를 볼 수가 있었다.

그들의 눈은, 평온한 믿음의 표정이 차마 볼 수 없는 공포의 표정으로 바뀌고, 오래 간직해 왔던 꿈이 예기치 않게 처절한 절망으로 변하는 모습을 기분 좋은 듯이 음미하고 있었다. 그들은 앞으로 몇 달 동안을 지금 이 진실의 순간에 목격하였던 것을 생생하게 되새기며 즐거워할 것이다. 그들은 야에의 눈이 놀라서 얼마나 크게 떠졌는지, 야에가 얼마나 심하게 입술을 떨었는지, 야에의 온몸이 식은 땀을 흘리며 얼마나 부들부들 떨고 있었는지를 이야기하면서 서로 상대방을 말로 이기려고 할 것이다. 그리고 그것을 설명하는 말들이 서로 다를 때마다 남자들의 집은 온통 웃음으로 떠나갈 듯할 것이었다.

야에가 공포로 인해 그 자리에 못박힌 듯 꼼짝 못하자, 기리만이 바로 그 앞으로 걸어오면서 창으로 찌를 자세를 취하였다. 야에는 기리만이 입을 열어 잔인한 말을 내뱉는 것을 보았다.

"투위 아소나이 마카에린! ― 우리는 너를 살해하기 위해 지금까지 우정으로 살찌운 것뿐이다!"

이 말은 오래된 사위 부족 고유의 표현으로서, 사위 부족 문화의 기저를 이루는 사상, 즉 배반의 이상화를 세 단어로 압축한 간결하나 무시무시하기 짝이 없는 말이었다. 이 말은 해남 마을 사람들이 처음부터 야에를 죽일 의도를 갖고 있었다는 뜻이었다. 그러나 그가 거듭 다시 올 것을 확신했기 때문에 살해를 뒤로 미루기로 결정한 것뿐이었다. 초기 단계에서 야에를 죽이는 것은 흔히 있을 수 있는 살해술로서, 배반에 능숙하지 못한 사람들도 얼마든지 이룰 수 있는 일이었다. 그러나 몇 달 동안 거짓 우정을 지속해 오다가 지금처럼 결정적인 순간에 배반을 실행에 옮기는 것은 특별한 배반의 기술을 요하는 것으로서, 이것이 사위 부족 전설의 정수였다.

그런데 해남인들이 바로 지금 그 고대의 이상을 실현하려고 하는 것이다. 야에도 지금과 같은 해남인들의 행동을 유발시킨 전설이 무엇인지를 알고 있었다. 단지 야에의 실수는 그 같은 전설이 실제의 삶과는 거리가 먼 것이라고 생각한 데 있었다. 야에는 당시의 정치적, 개인적 관심이 역사적인 불가피한 명령보다 더 실제적일 것이라고 오해한 것이었다.

창들이 그를 향해 계속 겨누어지고 있는 사이에 야에는 자신이 처한 상황을 놓고 고민하기 시작했다. 도대체 그가 처음 해남을 방문하게 된 까닭이 무엇이었는가? 그것은 그가 카우완을 신뢰했기 때문이었다. 그렇다. 카우완이다. 카우완, 그는 지금 어디 있는가? 아마도 카우완에게 아직 희망이 남아 있을 것이다.

야에는 공포에 질린 목소리로 고함을 쳤다.

"카우완! 너는 지금 어디 있느냐? 나를 보호해라, 카우완!"

카우완은 무장한 두 전사 사이에 서서 그를 바라보고 있었다. 그는 천천히 그리고 조용하게, 그러나 빈정대는 투로 말했다. "나는 이들에게 이런 일은 나쁜 일이라고 거듭 이야기를 했네. 자네가 내 친구이므로 이런 일을 해서는 안 된다고 계속 만류했네. 그러나 내가 입을 다문다면 여기 마음이 자기 딸을 내 아내로 주겠다고 약속했네. 친구여, 너무 안됐네. 나는 아무래도 자네를 도울 수 없을 것 같아."

야에는 고통 속에서 그를 향해 악을 썼다.

"그런 소리 말아, 카우완! 네가 한 약속을 지켜라!"

야에는 일어나려고 하였으나 마음의 창이 옆구리를 뚫고 들어왔다. 그 순간 "야" 하는 주변 사람들의 고함 소리와 함께 여러 개의 창이 야에에게 점점 가까이 다가왔다. 야에는 창에 맞은 충격으로 한쪽 무릎을 꿇으면서 다시 한번 카우완에게 도와 달라고 소리쳤다. 그와 동시에 야에는 옆구리에 박힌 쇠촉이 달린 창을 뽑아내려고 하였으나 허사였다.

그러자 카우완은 돌아서면서 "자네는 내게 화해의 아이를 주었어야만 했네. 그렇다면 내가 자네를 도왔을지도 모르지"라고 내뱉았다.

이 말을 듣자 야에의 머리에는 한 장면이 떠올랐다. 비록 일그러졌으나 그립고 따스한 장면이었다. 카우탑이 책상다리를 하고 불가에 앉아서 아직 이름조차 붙이지 않은 아기를 무릎에 내려놓고 재우는 모습이었다. 바로 그 아기였다. 바로 그 아기만이 자신을 구할 수 있었다. 그러나 이제 그러기에는 때가 너무 늦었다.

바로 그 때 돌도끼가 야에의 어깨뼈 바로 밑부분을 강타하였다. 야에는 고통의 신음 소리를 내면서 사고 야자나무 잎이 깔린 바닥으로 고꾸라졌다. 게다가 화살 하나가 그의 넓적다리 뒷부분에 명중하였다. 이 때 받은 강한 통증에 야에는 갑자기 날뛰기 시작하였다. 그는 피를 흘리면서 고함을 지르며 일어섰다. 그러고는 적들을 향해 돌진하였으나 또 다른 창이 종아리를 꿰뚫고 들어왔다. 해남인들은 즐거워 소리를 지르면서 계속 포위한 채 앞으로 나아갈 수 있는 길만 터 주었다.

야에는 다시 앞으로 고꾸라졌다. 그런데 그만 아직 마룻바닥이 완성되지 않아 큰 구멍이 난 부분으로 엎어지고 말았다. 4미터 아래에는, 위에서 나는 요란스런 소리에 놀란 닭들이 위를 쳐다보고 울어 대고 있었다. 야에는 노를 강가 진흙에 꽂아 두고 온 것이 생각났다. 밑으로 떨어져서 그 노를 손에 쥘 수만 있다면 노 끝에 달린 창으로 한 명쯤은 죽일 수 있을 것이라는 생각이 들었다.

야에는 머리를 밑으로 하고 그 구멍 아래로 미끄러지려고 하였다. 그러나 정강이를 뚫고 지나간 창의 양쪽 끝이 마룻바닥에 걸리는 바람에 그는 거꾸로 매달리고 말았다. 그는 무력하게 공중에 거꾸로 매달려서 남자들의 집에 있던 해남인들이 집 양쪽 끝에 있는 사닥다리를 타고 내려와서 그의 주위에 달려든 다음 활에 화살을 당기는 모습을 그냥 보고 있을 수밖에 없었다. 게다가 부녀자들과 아이들도 예기치 않은 좋은 기회가 온 것에 기뻐하면서 그의 주위로 달려왔다. 부녀자들과 아이들은 희생물이 그들의 손이 닿는 곳에 있는 것이 그리도 기쁠 수가 없었다.

아이들이 그들에게 맞는 작은 화살을 야에에게 쏘고 있는 사이에, 부녀자들은 사고 야자를 파내는 긴 막대기로 그의 머리를 마구 내리쳤다. 마을의 개들은 할 수 있는 한 떨어지는 피를 많이 핥아 먹으려고 살해자들의 발 사이를 이리저리 뛰어다니다, 그들의 발에 밟힐 때마다 귀청이 터질 정도로 비명을 질러 댔다.

마침내 야에가 숨을 거두자 한 사람이 야에의 정강이에 꽂힌 창을 빼내어 그의 시체를 땅에 떨어뜨렸다. 야에의 시신이 땅에 부딪힐 때 그 아래에 있는 대나무 막대기가 부러지고 말았다.

전사들은 시체를 둘러싸고 여러 가지 승리의 함성을 외치면서 배반과 그 후 이어지는 살해의 순간에 자신이 담당한 역할을 서로 자랑하는 한편 거칠게 춤을 추기 시작하였다. 그리고 일부 전사들은 허리를 굽혀 시신에서 화살과 창들을 뽑아냈다.

그러자 키가 크고 억세게 생긴 마움이 새로 날카롭게 간 돌도끼를 어깨에 메고 나타났다. 그는 카우완을 침묵하도록 만든 공로로 야에의 머리를 취할 권리가 있음을 주장하였다. 그가 시체 위에 우뚝 서서 돌도끼를 높이 쳐들자 다른 이들은 뒤로 물러났다. 눈을 크게 뜨고 있던 아이들도 목의 힘줄과 목뼈가 완전히 잘릴 때까지 돌도끼를 연거푸 내리치자 뒤로 움찔 물러났다.

그러는 동안 마움의 친구인 와라하이가 마움의 아들 에마로를 데리고 그의 곁으로 다가왔다. 마움은 절단된 머리를 그 소년을 향해 높이 쳐들었다. 그러고는 에마로를 향해서 "네 이름은 이제 야에다"라고 말하였다.

에마로라는 이름은 단지 임시적인 이름에 불과하였다. 즉 그를 위해 특별히 살해한 이의 이름이 주어질 때까지 임시적으로 불리던 이름일 뿐인 것이다. 그의 친한 친구들이 때때로 그를 에마로라고 부를지는 몰라도, 이제 그의 "능력의 이름"은 야에가 될 것이다. 야에에게 있었던 모든 초자연적인 능력은 이제 그의 이름을 본뜬 이 소년의 생명력에 더하여질 것이다.

그러고 나서 마움은 아나이라고 불리는 여인에게 전갈을 보내, 머리를 취한 후에 흔히 뒤따르는 에렌이라는 축제 기간 중 야에의 턱뼈를 목에 걸 수 있는 영예를 허락하겠다고 말했다.

아나이는 그 전갈을 받고 기뻐 함성을 질렀으며, 그 같은 큰 영예를 얻은 것이 기뻐서 춤을 추기 시작하였다.

야에의 시체에서 피가 멎자 여러 사람이 그 시체를 들어 사닥다리를 타고 남자들의 집 안으로 끌고 들어갔다. 개들은 야에가 떨어졌던 수풀과 땅에 흘러 있는 피를 핥기 시작하였다.

해남인들은 남자들의 집 한가운데 바나나잎을 먼저 깐 다음 목이 잘려 나간 야에의 시체를 그 위에 올려놓았다. 곧 파리 떼들이 벌어진 상처 틈으로 몰려들기 시작했다.

여러 사람들이 야에의 장신구들을 자기 것이라고 주장하며 하나씩 시체에서 빼내었다. 카우완은 이미 강가로 가서 야에의 멋진 노를 자기 소유로 만들었다.

그 후 마움에 의해 야에의 시신을 토막내도록 지정받은 세 사람이 면도칼처럼 날카로운 대나무 칼을 가지고 앞으로 나왔다. 그러자 구경하던 자들은 흥분을 감추지 못하고 야에의 몸을 여러 토막으로 자르라고 고함을 쳤다. 그러자 마움이 각 사람의 요구를 차례대로 승인해 주었다. 그리하여 도살이 시작되었다.

남자들이 야에의 시체를 토막내는 일에 온 정신이 팔려 있는 동안, 초대를 받지 않고서는 남자들의 집에 들어갈 수가 없는 여인들은 각자 남편이나 부친이나 형제들에게 속한 북을 가져와서 남자들의 집 옆에서 왔다갔다하며 춤을 추기 시작하였다. 여인들은 일정한 박자로 높은 음의 노래를 부르면서, 인간의 피를 아교로 사용해서 붙인 도마뱀 가죽 북을 일정하게 함께 두드려 댔다. 그들의 무거운 풀잎 치마는 북소리에 맞춰 몸부림치기 시작하였으며, 노란 풍조 깃털이 햇빛에 빛났다. 한창 더운 때였으므로 모든 사람의 몸에서는 땀이 비오듯 흘러내렸다. 벌거벗은 아이들은 서로 껴안았으며, 공중으로 펄쩍펄쩍 뛰어오르기도 하였고, 기쁨을 참다 못해 나뭇조각들을 하늘 높이 던지기도 하였다.

이미 인육의 맛을 본 자들은 그 맛이 돼지고기나 화식조 고기 맛과 똑같다고 떠들어 대는 한편 그렇지 못한 자들을 점잖게 타이르면서, 케르케리아프, 즉 구역질할 것을 뭘 그리 먹고 싶어하느냐고 했다.

그러자 꾸중을 들은 일부 여인들이 "파디마콘 고바이!―나는 기어코 먹고 말 거예요!"라고 대꾸했다.

그러자 다른 여인들이 낄낄거리면서 "리가브 보호스 파트 파돈, 하바 케 파디펨 가니?―왜 사람들은 인육을 먹고 싶어하는 것일까?"라고 수다를 떨었다.

　언젠가는 모든 여인들이 케르케리야프, 즉 구역질을 참을 수 있을 것이며, 이번에는 인육을 먹지 못한다 하더라도 다음번에는 먹을 수가 있게 될 것이었다. 사위 부족들은 처음으로 인육을 대할 때의 공포를 아무도 잊지 못한다. 그러나 인육을 먹는 것은 사위족의 일원으로서 사위족의 궁극적 본질을 알기 위해서는 누구나 통과해야 하는 주요 관문 가운데 하나였다. 사위족에게 있어서 인육을 먹는 바로 그 날에는 눈이 열려져 선과 악을 볼 수 있을 것으로 생각되었다.

　야에의 시신 거의 모든 부분이 절단되고 토막내져 남자들의 집 곳곳에 마련된 아궁이의 나무 석쇠 위에 올려지자, 미혼의 남자들은 남자들의 집 밖으로 내려갔다. 그들은 부녀자들과 아이들과 함께 마을 위 정글 끝까지 뒤로 물러갔다.

　마움은 그들이 안전한 곳까지 물러간 것을 보고는 야에의 머리를 옆으로 눕히고 얇은 돌과 나무 망치를 든 다음 허리를 굽혔다. 다른 한 사람이 야에의 머리를 꽉 움켜 잡자 마움은 나무 망치로 돌을 머리의 측면에 박기 시작하였다. 야에의 길고 검은 눈썹에 몰려든 파리들이 망치질을 한번씩 할 때마다 제자리를 지키려고 한바탕 소란을 피웠다.

　미혼 남자들과 부녀자들과 아이들은 해골을 깨는 소리를 듣는 것이 아프사르, 즉 "금지"되어 있었기 때문에 그 소리를 들을 수 없는 곳까지 물러나 있어야만 했다. 그러나 그 일이 끝난 후에 그들은 다시 남자들의 집 주위로 몰려들었고, 축제는 다시 시작되었다.

　그러는 동안 마움은 억지로 구멍을 낸 부분을 통해 골을 파내기 시작하였다. 그러자 그의 친구들이 인육이 요리되면 함께 먹을 자기 몫의 골을 받기 위해 나뭇잎과 각종 그릇을 가지고 왔다. 그러나 마움은 골은 먹으려고 하지 않았다.
 이 일이 끝나자 마움은 야곤이라는 의식을 치렀다. 마움은 자신의 활 끝에 야에의 해골을 건 다음 남자들의 집 한쪽 벽에 비스듬하게 단단히 꽂아 놓았다. 그 후 식인 축제가 시작되었으며, 에렌이라는 종합 의식이 거행되었다. 이 의식이 거행될 때에는 여인들이 남자들의 집에 초대되어 한쪽 끝을 차지하였으며, 야에의 턱뼈가 아나이라는 여인에게 주어지자, 그녀는 그것을 마치 큰 훈장처럼 목에 걸고 있었다.

카우탑은 남편이 죽은 것 아니냐는 의구심이 사실로 밝혀지자, 머리를 빡빡 밀고, 울면서 오두막집에서 내려와 억누를 수 없는 고통을 참지 못하고 강가의 진흙 속에서 뒹굴었다. 카우탑은 또한 야에의 영혼이 사자(死者)의 세계에서 도끼를 사용할 수 있도록 하기 위해 야에가 쓰던 돌도끼를 가져다가 강물 속에 던져 넣었다. 다른 친척들은 야에가 특별히 해남인들과 함께 축제 때 잡아먹기 위해 길들여서 기르고 있었던 야생 산돼지를 야에의 영혼과 함께하도록 하기 위해 잡았다.
 그 후 온 마을 사람들은 야에의 죽음을 놓고 슬피 애통하였다. 애도자들이 슬픔을 이기지 못하고 오두막집의 이쪽 끝에서 저쪽 끝까지 왔다갔다하는 바람에 오두막집들이 이리저리 흔들릴 정도였다. 마을 사람들은 야에에게 경의를 표하기 위해 3개월 동안 북을 치지 않았다.
 카우탑은 남편을 위해 애가를 지었다. 그녀는 재로 얼룩진 얼굴에 구슬 같은 눈물을 흘리면서 이 애가를 읊고 또 읊었다.

   오, 누가 이 배반의 자손들을 처치해 줄 수 있을 것인가?
   오, 누가 잡아먹기 위해 우정으로 희생물을 살찌우는 이들을 이길 수 있을 것인가?
오, 그들이 이런 짓을 더 이상 못하게 하기 위해서는 어떻게 해야 하는가?

카우탑이 이 같은 애처롭기 짝이 없는 애가를 계속해서 반복하자, 마음에 큰 충격을 받은 야에의 친척들은 해남인들에게 복수할 계획을 짜기 시작하였다. 카우탑의 애가에 담긴 질문에 다른 방식으로 대답한다는 것은 이들에게는 불가능한 일이었다. 마침내 카우탑의 애가의 내용은 정글을 지나 동쪽으로 퍼져 나가 결국 마움의 귀에까지도 들리게 되었다. 그러나 그 때 건기는 이미 끝났고, 무시무시한 우기 계절풍의 폭우가 해남의 남자들의 집 사고 야자나무 잎으로 만든 벽을 사정없이 강타하고 있었다. 그리고 마을 주변의 목초지는 온통 홍수가 나서 물로 가득하였다.

카우탑의 애가의 내용이 계속 반복되어 들려오자 마움은 빙그레 웃기만 하였다. 무서운 폭풍우 가운데서 마움이 혼자 중얼거리는 말은 "누가 감히 우리를 이길 수 있을까?"였는데, 바람 소리에 간신히 들릴까 말까 했다.

그러고 나서 마움은 하품을 한 후 오수를 즐기려고 풀잎 방석 위에 드러누웠다. 벽 틈으로 들어오는 축축하고 찬 공기를 막기 위해 그는 밑에 깔려 있는 풀잎 방석을 반쯤 끌어당겨 세웠다. 그가 풀잎 방석을 잡아당기자 이미 하도 닳아 반질반질해진 야에의 턱 없는 해골이 굴러와 그의 어깨에 닿는 것이었다. 마움은 그 해골을 잡았다. 그러고는 그것을 머리 아래에 받쳐 마치 베개처럼 베고 잠을 청했다. 얼마 안 있어 마움은 깊은 잠 속으로 빠져 들었다.

3
뚜안족의 그림자

해남인들은 사위 부족의 언어를 사용하는 두 마을, 즉 야함깃 마을과 요휘 마을과 맺었던 과거의 동맹을 새로 체결함으로써 결국 카야가르 문제로부터 해방될 수가 있었다. 해남인들은 이 두 마을과 공동 전선을 형성하여 크론켈 강 상류에 거주하는 카야가르 마을에 치명적인 타격을 가하였고 이에 카야가르인들은 평화를 제의해 오기에 이르렀던 것이다. 이와 비슷하게 마우로 마을도 에셉과 사나파이와 티로와 와소휘 마을과 동맹을 맺어, 크론켈 강 하구에 거주하는 아스맛 부족어 사용권 마을들과 힘의 균형을 유지할 수가 있었다.

야에의 죽음에 복수하기 위해 마우로인들은 에셉인들과 맺은 동맹을 한번 더 이용하였다. 마우로인들은 에셉인들을 설득하여 해남인들이 그들과 관계가 좋은 것을 미끼로 에셉에서 벌어지는 철야 춤 축제에 일단의 해남인들을 초대하도록 하는 데 성공하였다. 이에 아홉 명의 해남인들이 이 달콤한 초대에 응하였다.

칠흑같이 어두운 평화의 밤에 춤의 축제가 점점 최고조로 달할 때, 마우로의 전사들이 마치 유령처럼 카누를 타고 아임 강을 거슬러 올라온 다음 사방으로 흩어져 에셉 마을을 어둠 속에서 에워쌌다. 어스름한 새벽녘이 다가오자 마우로인들은 에셉 마을에 더 가까이 접근하였으며, 에셉 친구들과 해남 적들을 충분히 식별할 수 있을 만큼 날이 밝자 공격을 개시하였다.

마우로인들의 공격 고함소리가 커지자 춤추던 자들의 노랫소리와 북소리가 갑자기 끊겼다. 에셉인들은 재빠르게 자기네 오두막집으로 올라가 해남인들이 오두막집으로 피신하는 것을 막았다. 사람의 살에 꽂히는 소름끼치는 창소리가 온 마을에 울려 퍼지는 가운데 아홉 명의 해남인들은 어둠 속으로 피하려고 애를 썼다.

결국 그들 중 다섯 명은 도망치는 데 성공하였다. 물론 그들이 도망친 길에는 해가 떠오르자 핏자국이 여기저기 남아 있었다. 도망치지 못하고 살해된 해남인들은 후야함, 사오, 아시엔, 얌휘였다. 해남인들은 죽은 자들을 위해 발을 구르고 가슴을 치며 여러 날 밤낮을 통곡한 반면, 에셉인들과 마우로인들은 당당하게 네 명의 인육으로 축제를 벌였다.

그 후 해남인들은 정글에서 사고 야자를 따는 소수의 남자들이나 부녀자들 또는 아이들을 공격하기 위해 거듭해서 에셉과 마우로 마을 영역 안으로 침입해 들어왔다. 그러나 이것이 조금도 성공을 거두지 못하자, 후에 해남인들은 좀더 간접적인 방법으로 복수하기로 마음을 바꾸었다. 그러나 그러는 사이에 전혀 예기치 못했던 세 가지 사건이 일어나고 말았다.

카야가르와 아스맛 부족과의 견고한 평화 관계가 확립되자 여러 사위 부족내 마을들은 강의 상·하류 마을들과 점차 빈번한 교류와 대화를 나누게 되었다. 이 같은 잦은 교류와 대화 속에서 사위 부족은 전에는 한번도 들어본 적이 없는 새로운 말이 있음을 알게 되었다.

동쪽의 카야가르 부족은 물론, 서쪽의 아스맛 부족까지도 뚜안이라고 불리는 사람인지 물건인지에 대해 흥분해서 계속 떠들어 대기 시작하는 것이었다. 사위 부족 가운데는 카야가르어나 아스맛어를 아는 사람이 불과 대여섯 명밖에 되지 않았기 때문에, 뚜안이 도대체 어떤 존재인가를 뜯어 맞춰 알기까지는 오랜 시간이 걸렸다.

 이야기를 종합해 보면 뚜안들은 매우 덩치가 큰 자들이라는 점에서 일치하였다.
 그렇다면 얼마나 무섭게 생겼을까!
 그러나 그들은 일반적으로 매우 친절하다는 것이었다.
 그것은 다시 안심이 되는 소리가 아닌가!
 그러나 그들은 청천 벽력 같은 소리를 내며 불을 뿜어 대는 무서운 무기를 소유하고 있다는 것이었다.
 노련한 전사라도 어찌 떨 일이 아닌가!
 게다가 그들은 인두 사냥과 식인 풍습을 크게 반대한다는 것이었다.
 인두 사냥을 좋아하는 카야가르인들과 인두 사냥과 식인 풍습을 즐기는 아스맛인들이 그 같은 영향을 받는다면 얼마나 좋겠는가!
 또한 그들의 피부는 새로 만든 사고 야자 가루처럼 희다는 것이었다.
 그렇다면 그들은 얼마나 보기가 **흉할까**!
 게다가 그들의 살을 만지면 매우 차게 느껴진다는 것이었다.
 결국 그들은 결코 진짜 인간이 아닐 수도 있다는 말이 아닌가?
 더군다나 그들의 머리털은 직모이거나 물결 모양일 뿐 결코 곱슬머리가 없으며, 이상한 피부로 온통 뒤집어 쓰고 있기 때문에 그들의 실제 모습은 거의 볼 수가 없다는 것이었다.
 그렇다면 그들의 참모습을 알기란 거의 불가능하다는 말인가!
 물론 더 멀리서 들려오는 정보에 의하면 여자 뚜안이 얼마쯤 있다고들 하지만, 대부분의 정보를 종합해 보면 여자 뚜안은 한번도 본 적이 없다는 것이었다.

여자의 수가 그렇게 적다면 아내를 얻기 위해 얼마나 격렬한 투쟁을 벌여야 할 것인가!

뚜안족들 자체도 이상하였지만, 그들이 거래한다는 물건들도 이상하기 짝이 없었다. 그들이 파는 물건 중에 가장 중요한 것은 우수한 형태의 절단 도구들인데, 나무들을 쓰러뜨리는 카팍스, 잡목들은 베어 내는 파랑스, 고기를 잘라낼 때 쓰는 피사우스가 있다는 것이다. 게다가 불을 켤 때 더할 나위 없이 좋은 코라피라고 불리는 매우 조그만 나무 조각도 있으며, 더욱이 뚜안족의 수쿠루스는 수염을 깎는 데 대나무 칼과는 비교도 안 된다는 것이었다. 또한 마타 카일, 즉 "낚시 바늘"과 카와스, 즉 "낚싯줄"은 강 한가운데서도 고기를 잡을 수가 있게 해준다는 것이다. 따라서 작은 강에서 물이 빠지기를 기다렸다가 창이나 활과 화살로써 고기를 잡을 필요가 없다는 것이다.

또한 들리는 소문에 의하면 늪지의 고요한 물에 비추어 보는 것보다 더 분명하게 자신의 영혼을 들여다볼 수가 있는 루시라는 물건도 있다는 것이다. 특별히 그들의 관심을 끈 것은 가람이라고 불리는 매우 흰 물체였다. 들리는 바에 의하면 그것은, 사위족이 음식의 맛을 내기 위해 사용하는 사고 야자나무 잎의 재보다 훨씬 짜다는 것이다.

더욱이 뚜안족들은 물에 타서 얼굴에 바르면 얼굴의 더러운 것뿐 아니라 기름기까지도 제거할 수 있는 사분이라는 것도 매매한다는 것이다. 마지막으로 뚜안족은 오밧이라고 불리는 다양한 마술을 지니고 있는데, 사위족 무당보다 훨씬 효과적으로 병을 치료하고 열병을 예방한다는 것이다.

뚜안족에 관한 이 같은 매력적인 말들이 점차 마을과 마을로 두루 퍼지게 되자 사위족은 한편으로는 뚜안인들을 만나 보고 싶었고, 다른 한편으로는 두렵기도 하여 좀체로 갈피를 잡을 수가 없었다. 물질적 유익은 매우 유혹적인 것임에 틀림없었으나, 눈으로 볼 수 없는 초자연적인 부작용, 즉 역반응이 생기면 어떻게 하나 걱정이 앞섰던 것이다. 오래전에 사위족의 선조들은 강들과 정글 속에 사는 정령들과 밀접한 관계를 발전시켰다.

사위족 선조들은 "정령들이 그들의 강 속에서 우리의 피부 기름을 받아들였다"고 말하곤 하였다.

정령들과 사위 부족간에 이 같은 미미한 관계라도 지속되는 동안은, 우주는 평형을 유지할 수 있었다. 때로 무서운 전염병이 많은 마을들을 휩쓸기도 하였으나 정령들이, 사위족이 살아 남을 수 있도록 그 전염병을 먼 거리에서 차단해 주었다.

그러나 만일 정령들과 어떤 관계도 없는 뚜안인이 피부 기름을 강이나 지나가는 길에 흘린다면 우주의 평형은 깨지고 말 것이다. 그렇게 된다면 정령들이 이 돌발적이고 별난 영역 침범에 대해 사위족에게 복수를 할지도 모르는 일이었다. 게다가 사위족 장로들도 그 같은 독특한 상황에서는 정령들의 분노를 가라앉힐 수 있는 방책을 가지고 있지 않았다. 아니 어쩌면 뚜안족이, 사위족이 진노를 풀어 주어야 할 바로 그 정령들인지도 모르는 일이었다. 그렇다면 또 다른 종류의 정령들의 분노를 푸는 방법을 찾아 내기 위해서는 얼마나 많은 시간이 걸려야 할 것인가! 정령들과 사위족으로 이루어지는 이중 구조의 우주 속에서 살아 남는 것도 보통 힘든 일이 아닌데, 정령들과 뚜안족과 사위족으로 이루어지는 새로운 삼중 구조의 우주 속에서 살아가기 위해서는 또 얼마나 많은 대가를 치러야 하겠는가?

이것이 사위 부족의 마음을 사로잡기 시작한 근본적인 문제가 아닐 수 없었다. 더욱이 카야가르인들과 아스맛인들이 뚜안족이라고 불리는 신기한 존재들에 관해 여러 가지 이야기들을 계속 늘어놓게 되자 이런 문제가 더욱 그들의 마음을 사로잡았다. 이 문제는, 그들의 선조는 결코 한번도 부딪쳐 본 적이 없는 새로운 문제가 아닐 수 없었다. 따라서 사위족의 전설들 가운데는 뚜안족의 문제에 접근할 때 그들의 행동 방침을 정해 줄 만한 것이 아무것도 없었다. 그들은 독자적으로 결정하지 않을 수 없었으며, 자신들의 운명과 어린 것들의 운명에 결정적인 영향을 끼칠지도 모르는 결정을 내려야 한다는 사실 앞에서 전율을 느끼기까지 하였다.

그런데 사위족을 경악하게 만든 두번째 예기치 못한 사태의 발발이 그들의 위기감을 급속하게 심화시켰다. 해남인들은 이미 카야가르인들이 거주하는 지역과 매우 가까운 사구다르 강 지역으로 거주지를 새로 옮겼었다. 그런데 어느 날 허스키한 목소리에 말이 많은 카야가르인들이 하디라고 불리는 아토화엠 전사 한 명을 카누에 태우고 강 하류로 내려왔다. 하디는 아토화엠어와 카야가르어와 사위어 등 세 부족의 말에 능통한 자였다.

카누가 해남 마을에 접근하자 하디는 흥분한 어조로 다음과 같이 사위어로 외쳐 댔다.

"이 카야가르인들이 당신들에게 보여 줄 매우 특별한 것을 가져왔으니 나와 보시오."

하디가 강가로 뛰어내리면서 이같이 외치자 해남 전사들이 천천히 집 밖으로 나왔다. 하디 뒤에 선 후립이라는 카야가르인은 허리를 굽혀 발치에서 이상한 물건 하나를 꺼내 들었다. 그러고 나서 큰 입을 열어 가슴 속에서 터져 나오는 듯한 굵은 카야가르어로 말을 했다.

이에 하디가 통역을 했다. "이것이 바로 카팍이오!"

사위인들은 놀라 입을 벌리고 재빨리 둥글게 몰려 들었다. 그들은 마치 우주인들이 외계에서 외계인들이 만든 물건을 만져볼 때 느끼는 경이감으로 그 물건을 바라보았다. 카팍은 길이가 약 사람

팔 하나만 했으며, 너비가 10센티미터 가량 되는 번쩍이는 날이 달려 있었다. 그리고 다른 쪽 끝에는 큰 구멍이 뚫려 있었는데, 후립이 여기다 경질목 나무를 끼어 손잡이를 만들었고 손잡이 부분은 테이프로 감았다.

놀란 구경꾼들은 처음에는 자기들이 쓰는 돌도끼와 아주 흡사하다는 생각만 어렴풋이 갖고 있었다. 그러나 하디가 강가에 서 있는 어린 나무를 가리키며 후립에게 그 이상한 물건이 어떤 성능을 갖고 있는지 보여 주라고 다그치자, 그들의 이 같은 생각은 순식간에 달아나 버리고 말았다. 후립은 하디가 지시한 나무쪽으로 다가가서 도끼를 등 뒤쪽으로 높이 든 다음 나무 밑동을 깊게, 힘차게 내리쳤다.

구경꾼들이, 쇠가 나무를 쪼갤 때 나는 이상한 소리에 놀라 갑자기 뒤로 움찔하자 하디는 껄껄대며 웃었다. 후립은 도끼를 빼내어 다시 세 번 더 내리쳤다. 그러자 그 나무는 크론켈 강 안으로 쓰러졌다. 이에 해남인들은 놀라 무려 3분 동안이나 고함을 질러 댔다. 그들의 돌도끼로라면 무려 40여 번 이상 내리쳐야 했을 나무를 단 네 번에 넘어뜨리다니 어찌 놀라지 않을 수 있었겠는가?

이에 사위인들은 하디와 후립과 그 밖의 카야가르인들을 남자들의 집으로 초대하였다. 모두 자리에 앉은 후 그 도끼를 한 사람씩 돌아가며 살펴보았다. 그들은 그 도끼의 단단함과 날카로움과 무게에 감탄을 연발하면서 그것에 입을 맞추기까지 하였다. 그들은 보통 돌도끼 날의 사분의 일밖에 안 되는 얇은 날이 어떻게 그런 힘을 내는지 도저히 이해할 수가 없었다.

후립은 자신이 해남 마을에 이 신기한 도구를 처음 소개한 장본인이라는 사실이 큰 영광이라도 되는 듯, 그 카팍을 구하기 위해 남동쪽 끝에 있는 아라나라이 마을을 방문해서 한 카야가르인에게 아이들을 대가로 주고 산 이야기를 자랑스럽게 늘어놓았다. 사실 아라나라이 마을에는 뚜안인이 한 사람 살고 있기 때문에 그러한 도끼들이 많이 있으며, 따라서 모든 카야가르 부족 마을 사람들이 도끼나 그 밖의 뚜안족의 보물을 사기 위해 돼지나 자녀들을 데리고 아라나라이 마을이나 케피 마을로 여행 중이라고 떠들어댔다. 이에 일부 사위인들이 후립에게 그 도끼를 팔 수 없겠느냐고 물으려다가, 아이들을 주고 샀다는 말에 그만 포기하고 말았다.

잠시 동안 숨막힐 듯한 침묵이 흘렀다. 그 때 단단한 육체를 가진 카니라는 젊은 전사가 남자들의 집 맨 뒷줄에서 목소리를 높여 말했다.

"후립, 그 뚜안인이 아라나라이 마을에 와서 사는 이유가 도대체 무엇이오?"

이 같은 질문을 받자 후립은 그의 큰 어깨를 움츠리면서, "뚜안족은 우리와 똑같은 사람이라는 점을 잊어서는 안 되오"라고 소리쳤다.

"우리들이 다른 장소로 이주할 경우는, 그 곳에 사고 야자나무가 아직 많이 남아 있거나, 적으로부터 멀리 떨어져 살고 싶거나, 아니면 선조가 살았던 곳에 살고 싶거나 이 세 가지 이유 중 하나일 것이오.

"그러나 뚜안족은 사고 야자나무에 대해서는 별 관심이 없소. 게다가 그들은 적이 없는 것처럼 보이오. 또한 자기들의 선조의 땅에 매어 있지도 않소. 그들은 가고 싶은 곳이 있으면 어디든지 가고, 머무르고 싶은 곳이 있으면 어디든지 머무르는 자들이오. 따라서 그들이 무엇을 하려고 하는지, 왜 하려고 하는지에 관해서 아는 사람은 아무도 없소. 단지 우리가 아는 것은 가는 곳이 어디든지 그들은 카누에 이와 같은 무거운 도끼들을 가득 싣고 간다는 사실뿐이오."

이에 사위인들은 감탄사를 연발했으나 카니는 계속 질문을 던졌다.

"만일 뚜안인이 여기에 온다면 우리에게 무슨 일이 생길 것 같소?"

하디가 이 질문을 통역하자 후립은 곧 대답했다.

"당신네 사위 부족들은 아직도 인두를 잘라 내고 인육을 먹고 있소. 그러나 만일 뚜안인이 여기 온다면 당신들은 그 같은 일은 그치게 될 것이오. 만일 그렇게 하지 않는다면 그들이 당신들에게 불을 쏠 것이오. 그리고 당신들은 그 대신 카리아를 하게 될 것이오. 그러면 당신들의 카리아의 대가로 뚜안인이 당신들에게 많은 카팍스와 파랑스와 피사우스를 줄 것이오."

그러나 사위인들은 아무도 카리아가 "일"이라는 뜻임을 이해하지 못하였다. 어쨌든 일부 사람들은 먼저번처럼 감탄을 금하지 못하였다. 그러나 나머지 사람들은 다시는 인육을 먹지 못하게 되고 인두를 자르지 못하게 될 뿐 아니라 불에 타 죽을지도 모른다는 생각에 갑자기 잠잠해졌다.

카니는 감탄하지 않고 잠잠했던 자들 중의 하나였다. 그는 자신과 마을 사람들이, 에셉 마을에서 함정에 빠져 목숨을 잃은 형 후야함과 세 명의 마을 사람들의 피의 대가를 아직 마우로 마을에게 갚지 못하였음을 마음속에 떠올렸다. 만일 해남 마을이 마우로 마을에 복수를 하려면 빨리 해치워야 좋을 것 같았다. 왜냐하면 그러다가 뚜안인이 나타나기라도 하는 날이면 복수할 길이 영영 사라져 버릴 수도 있는 노릇이었기 때문이다.

후립과 하디와 그의 동료들은 만일 팔 수 있는 여분의 도끼가 생기면 해남인들에게 첫번째로 알려 주겠다고 약속을 하고는 강의 상류쪽으로 돌아갔다.

후립과 그의 동료들이 해남을 방문한 것은 오직 한 가지 이유 때문이었다. 즉, 쇠도끼를 보고 놀라는 모습을 즐기기 위해서 일부러 해남을 찾아온 것이었다. 그러나 그들은 전혀 예기치도 않게 이보다 더 큰 일을 성취하고 말았다.

첫째, 그들은 모든 해남 마을 사람들을 위해 "뚜안족 문제"를 영구히 결정지어 주었다. 마침내 이 해남인들은 뚜안인이 그들쪽으로 온다면 어떤 일을 해야 하는지를 알게 되었다. 그 날 저녁 황혼이 깃들 무렵 그들은 모종의 의견의 일치를 보게 되었고, 이것은 사위 부족의 모든 18개 마을의 지지를 얻게 될 것이었다.

둘째로, 그들은 카니라는 젊은이에게 지금이 바로 **투위 아소나이 만**이라고 불리는 고대의 이상을 다시 실현해 볼 수 있는 좋은 기회라고 설득한 셈이 되었다. 뚜안족이 나타나기 전에 후야함의 죽음에 복수하려면 더 많은 "돼지들"을 "우정으로 살찌워야만" 했던 것이다. 왜냐하면 뚜안족이 나타나면 복수를 할 기회가 사라지기 때문이었다. 게다가 마우로 마을에 대한 전면 공격이 실효를 거두지 못하였기 때문에 또다시 우정으로 살찌워서 복수하는 길밖에 없었다.

그러나 카니의 복수 계획이 실행되기 전에 생긴 세번째의 예기치 못한 사태의 발발이 사위족의 질서를 그 뿌리까지 완전히 뒤집어 놓고 말았다.

4
뚜안족이 오다

유목민이나 다를 바 없었던 사위족은 결코 집을 수리할 필요가 없었다. 집을 떠받치고 있는 긴 장대들이 썩기 시작하면 새로운 장소로 옮겨가서 새 집을 짓기만 하면 되었기 때문이다.

따라서 사구다르 강 위에 지은 집이 썩기 시작하자, 해남인들은 다른 사위족 마을인 카무르와 협정을 맺고 해남 마을 영역이 아닌 크론켈 강 북부의 안탑 지류(支流) 입구에 함께 새로운 마을을 건설하였다. 이에 약 4백 명에 달하는 주민이 새 공동체내에 거주하게 되었다.

여러 형태의 일자집들과 오두막집 두 채가 강변을 따라 수백미터 가량 흩어져 있었는데, 이 곳이 사위족 영토내에서는 크론켈 강이 가장 길게 일직선을 그리고 있는 곳이었다. 따라서 사위 부족인들은 그 곳을 키다리, 즉 고속도로라고 불렀다. 이 곳 외에서는 크론켈 강이 심하게 굽이쳐 흘렀기 때문에 강을 800미터 이상 한 눈에 볼 수 있는 곳은 거의 없었다. 그러나 여기 키다리에서는 아무런 방해도 받지 않고 강을 2킬로미터 정도 바라볼 수가 있었다.

카니가 마우로 마을에 대한 원한을 풀어 줄 간교한 복수의 계획

을 마침내 완전히 짜낸 곳은 바로 여기 새 정착지에서였다. 그러나 만일 해남 마을 사람들이 지지해 주지 않는다면 그의 계획은 수포로 돌아갈 것이었다. 따라서 그는 지지를 얻어 내기 위해 어떤 식으로 이야기를 해야 할지 곰곰이 생각하였다. 게다가 그는 해남 마을에서는 자신의 계획을 마음놓고 털어 놓을 수 있는 신뢰할 만한 사람이 누구인가를 깊이 생각해 보았다. 누군가가 자신의 계획을 적에게 누설할 위험성이 있음을 그는 잘 알고 있었기 때문이다.

어느 날 아침 카니가 긴 대나무 담뱃대로 담배를 피우면서 앉아 있을 때, 딸인 노롬이 "나보, 카비 사이!—아빠, 카누 한 척이 오고 있어요!"라고 소리쳤다.

카니는 돌아서 키다리를 내려다보았다. 그랬더니 카누 한 척이 마을을 향해 접근해 오는 것이었다. 그리고 그 안에는 매우 가까운 그의 친지들 여덟 명이 타고 있었다. 이에 카니의 가슴은 흥분으로 크게 뛰기 시작하였다. 왜냐하면 카니는 그들이 돼지 사냥에서 돌아오기만을 기다리고 있었기 때문이었다. 마침내 그들이 마을에 도착하였다. 카니는 오늘 자신의 계획을 그들에게 알리기로 결심을 굳혔다.

친지들의 카누가 크론켈 강의 갈대 사이를 지나 강변에 닿게 되자 카니는 다시 담뱃대를 입술에 갖다 댔다. 그가 담배 연기를 빨아들이는 순간 그의 눈은 교활한 빛으로 반짝였다. 담배 연기로 자욱한 일자 오두막집 안에 있던 그 누구도 담뱃대를 문 그의 입가의 웃음을 알아차리지 못했다. 그러더니 갑자기 그 웃음이 얼어붙었다.

강변에서는 카니의 친척 형제인 사우니가 창으로도 사용하는 노를 갈대 숲 아래 진흙창에 던지려고 집어 들다 말고 갑자기 팔이 굳는 것처럼 느꼈다.

카니의 또 다른 친척 형제인 마부가 갈대 숲 가운데 있는 여울가로 내려와서 엎드려 카누의 한쪽을 잡고 갈대 숲 사이로 끌고 가려다 말고 갑자기 행동을 멈추었다. 그러더니 갈대 숲 사이 물 위로 허리를 굽힌 상태에서 온몸이 굳어지는 것이었다.

카누 중앙에 있던 마음과 야마시와 하에로와 시나르는 물로 뛰어내린 다음 숲속에서 갓 잡아온 육중한 돼지고기를 들어 올리기 시작하다가 갑자기 그 비대한 붉은 고기 덩어리가 그들의 손에서 빠져 카누 속으로 다시 들어갔다.

벌거벗고 활과 화살을 갖고 놀던 갈색의 아이들도 장난을 멈추고 놀란 눈으로 꼼짝 않고 서 있었다.

여인네들의 재잘거리는 소리도 멈추었으며, 경질목을 쪼개는 소리도 그쳤다. 게다가 환자들의 기침 소리마저도 그쳤다.

오직 한 어린 아이의 울음소리와 파리 떼의 붕붕거리는 소리를 제외하고는 온 마을이 정적 속에 사로잡혔다.

무슨 소리가 들렸다. 멀리서 들려오는 소리였다. 이상한 소리였다. 무엇인가 고동치는 소리였다. 카니는 놀라 이맛살을 찌푸렸다. 그것은 마치 어디에선가 거대한 심장이 뛰기 시작하는 것 같았다. 온 우주― 공기와 물과 나무와 땅―가 떠는 것 같은 거대한 심장의 고동소리였다.

강가에 서 있던 마음은 온갖 기억을 더듬어 생각해 보려고 하였으나 허사였다. 그는 전에 그와 같은 소리를 들어 본 적이 한번도 없었다. 만일 그 소리가 한번의 긴 천둥소리였다면, 아라푸라 해의 해변의 진흙 바닥을 무섭게 두드리는 유별난 강한 계절풍의 폭풍으로 인해 생긴 수천의 거대한 파도들 때문에 일어난 천둥소리라고 그는 말했을 것이다. 만일 그 소리의 크기가 불규칙적이었다면 아주 멀리서 천둥이 일어나려고 하는 소리라고 생각하였을 것이다.

그러나 계속해서 고동치는 이 소리는 그 무엇으로도 설명할 수가 없었다. 분명히 그 소리는 어떤 자연 현상에서 나오는 소리가 아니었다. 그렇다고 멀리 떨어진 사위 부족의 한 마을에서 축제를 벌이면서 내는 북소리라고 생각하기에는 너무 낮은 음이었다. 게다가 사위족이 아는 동물들 가운데는 그와 같은 소리를 계속 낼 줄 아는 동물이 없었다. 따라서 마움에게는 그 소리가 초자연적인 소리라는 결론밖에는 남지 않았다.

이런 가능성에 접하게 되었을 때 사위인들이 느끼는 감정은 오직 공포뿐이었다. 이에 마움은 얼음장처럼 차가운 공포의 종자가 그의 위 속에서 갑자기 괴물처럼 커지는 것을 느꼈다. 그러고는 갑자기 심장의 고동이 멈출 듯한 강한 압박감을 느꼈으며, 그의 가슴은 터질 것만 같았다.

그 때 후립의 말을 하다가 통역하던 이야기가 갑자기 생각났다. 이에 마움은 갑자기 마을을 향해 소리를 질렀다. "요트 그와디비 사이도! — 불을 쏘아 대는 것이 오고 있다!"

카니는 담뱃대를 떨어뜨리고 담배 연기를 입 밖으로 뿜어 내면서 자리를 박차고 일어섰다. 그는 한 손으로 활과 화살을 낚아챈 다음 다른 손으로 자식 하나를 등에다 둘러멨다. 그의 아내도 어린 아이 하나를 큰 딸 노롬에게 주고 다른 애를 등에다 둘러멨다.

주위는 온통 사위족이 이주를 시작할 때 내는 요란한 소리들로 가득했다. 울고 부르고 떠드는 소리들로 요란하기 그지없었다. 집 안에 있던 사람들이 문으로 달려나와 계단 아래로 급히 뛰어내려 오자 일자 오두막집들은 몹시 흔들리며 삐걱거리는 소리를 냈다. 부모들이 풀잎 방석과 석기시대 도구들을 둘둘 말아 팔에 끼고 달릴 때 아이들은 그들의 목에 대롱대롱 매달렸다.

해남인들과 카무르인들은 전에도 여러 번 이런 일을 경험한 적이 있었다. 카야가르나 아스맛의 전투용 카누의 모습이 보이면 으레 미친 듯이, 그러나 질서 있게 정글로 대피하곤 했다. 그러나 그 때가 지금과 다른 것은 남자들은 적과 대항하기 위해 뒤에 남고 부녀자들과 아이들만 도망쳤다는 점뿐이다.

그러나 지금은 남자들도 부녀자들과 함께 정글로 대피하였다. 왜냐하면 무엇인가 초자연적인 것이 다가오고 있다고 생각했기 때문이었다. 그들은 자녀들과 무기 외에도 할 수 있는 한 많이 넓은 풀잎 방석을 가지고 갔다. 왜냐하면 혹시 숲속에서 잠을 자야 할지도 모르기 때문이었다.

부녀자들과 아이들은 정글 깊숙이 안쪽으로 대피한 반면 카니와 마움과 그 밖의 다른 해남인들과 카무르인들은 마을 뒤 잡목들 속에 자리를 잡았다. 그들은 신경질적으로 하늘에 떠다니는 구름을 쳐다보기도 하였고, 고요히 흐르는 강물을 바라보기도 하였으며, 경고를 발하는 순간 언제라도 도망칠 차비를 차리고 숲속 깊숙한 곳을 돌아다 보기도 하였다.

거기서 멀리 떨어지지 않은 곳에는 한 용감한 어린 카무르 소년이 형의 말을 듣지 않고 강변의 잡목들을 내려다보기 위해 나무 위에 올라가 있었다.

부녀자들과 아이들의 비명소리가 그들 뒤로 아스라이 사라져가자 숲 뒤에 숨은 사위족 전사들의 귀에 다시 그 고동소리가 들리기 시작하였다. 그런데 이제 그 소리가 더 크게 들리는 것이었다. 늪지의 부드러운 땅 자체도 그 고동소리에 떠는 것처럼 보였다. 처음에는 그 소리가 숲의 사방에 울려 퍼지고 있었기 때문에 사방에서 들리는 것처럼 보였으나, 서서히 그들은 그 소리가 서쪽에서 들려오는 것이라는 사실을 깨닫게 되었다. 게다가 그 소리의 근원지가 점차 남쪽으로 움직이는 것이었다. 이에 카니는 불현듯 무서운 생각이 들었다. 그 소리의 근원은 크론켈 강이 남쪽으로 흐르고 있는 곳을 따라 움직이고 있음이 분명했다. 만일 그것이 사실이라면 강줄기를 한번만 더 돌면 다시 북쪽으로 올라오게 될 것이고 그렇게 되면 그들의 시야에 무엇인가 보이게 될 것이다.
 마침내 그 움직이는 소리의 근원은 크론켈 강이 북쪽으로 방향을 바꾸는 지점에 도달했음을 카니는 알 수 있었다. 그리고 그 소리는 그들을 향해 접근해 오면서 점차 커지고 있었다. 사위족의 그 누구도 감히 다가오는 운명에 대해 화살을 날릴 수 있으리라고 확신하지는 못했지만 그들은 긴장한 손가락으로 화살을 활에 갖다 댔다. 그 때 소리가 갑자기 너무나 커지자 일부 전사들은 공포에 질려 도망을 쳤다. 그대로 남은 자들도 얼굴은 백지장처럼 창백해졌다.
 그 때 믿을 수 없게도, 전에 결코 본 적이 없는 큰 파도 물결이 시야를 가리고 있던 나뭇잎들 사이로 나타나는 것이었다. 그 파도 물결로 인해서 강변에 서 있는 아호스 나무들이 심하게 움직였다. 그리고 나서 일 초쯤 지나자 그 무서운 파도를 일으킨 괴물 같은 놈이 눈에 확 들어오는 것이었다. 순간 카니의 심장은 멈추는 것만 같았다.

 단 집이 있는 두 척의 배가 쌍발 디젤 엔진소리를 거의 동시에 내면서 강 구비를 돌며 나타나는 것이었다. 각 배에는 홍·백·청의 네덜란드 국기가 바람에 휘날리고 있었다. 그들은 크론켈 강 하구에서 북쪽으로 약 80킬로미터 가량 떨어진 아라푸라 해변에 위치한, 그 근처에서 가장 가까운 네덜란드 정부의 주둔 부대가 있는 아가츠(Agats)에서 수일 전에 정찰을 떠난 자들이었다. 그들의 임무는 지금까지 네덜란드 정부의 어떠한 감독도 받지 않은 상태로 남아 있는 아가츠 행정 구역내의 미지의 남단을 정찰하는 것이었다. 그들은 또한 그 지역에 새로운 네덜란드 정부의 행정관장 부서를 세울 만한 장소도 물색 중이었다. 즉, 네덜란드 경찰이 이 밀림 지대에서 끊임없이 자행되고 있는 인두 사냥과 식인 풍습을 종식시킬 수 있도록 새로운 주둔지를 찾아 내는 일이 포함되어 있었던 것이다.

  이 정탐선들은 이미 수일 동안 크론켈 강과 같이, 습지 위를 흐르는 뱀처럼 꾸불꾸불한 사행천을 오르내리며 이미 알려진 아스맛 부족 거주 지역 외에 원주민 거주 중심지를 찾아 내려고 애를 썼다. 그러나 그들은 지금까지 성공을 거두지 못하였다. 이 미통치 지역에 거주하는 야만족들은 일반적으로 너무나 약기 때문에 쉽게 강의 본류(本流)에서 바라볼 수 있는 곳에 집을 짓고 거주하지는 않았다. 심각한 내부 갈등과 전쟁으로 인해서 낙망에 가까울 정도로 여러 소단위들로 갈래갈래 나뉘어져 있었기 때문에, 대부분의 마을들은 자구책으로 인원의 우세에 강조점을 두기보다는 깊은 정글 속으로 쉽게 숨어 들어갈 수 있느냐의 여부에 중점을 두고 마을을 세웠다. 정찰선의 최고 책임자인 네덜란드 장교는 그날 아침에만도 강 하류쪽에 있는 네 개의 마을을 그냥 지나쳤다는 사실을 알지 못했다. 이 마을 사람들도 쌍발 엔진의 고동소리에 잔뜩 겁을 집어먹었을 것임은 두말할 나위도 없다.

  그런데 배가 다시 북쪽을 향해 나아가기 시작했을 때 새로운 마을의 오두막집 여러 채가 갑자기 눈에 들어오는 것이었다. 이 정탐선의 함장은 강의 본류 근처에 감히 마을을 세운 이들의 이상한 형태의 오두막집을 바라보면서, 여기에 예외적인 마을이 있구나라는 생각을 하였다. 연기가 아직 둥근 초가 지붕 위로 솟아오르고 있었으나 사람의 인기척은 없었다. 함장은 마을을 지나 강 상류쪽으로 계속 전진하라고 지시했다. 크론켈 강을 거슬러 올라갈 수 있는 데까지 올라가다가 다음날 아침 돌아오면, 이 마을 주민들이 그 모습을 드러낼 만큼 마음의 평정을 찾지 않겠느냐는 생각에서 이같이 지시한 것이었다.

  그러는 사이에 잡목들 뒤에 숨은 자들은, 자기들이 방금 비운 마을들이 곧 파괴될 것이고, 자기들은 그것을 막을 방법이 없으므로 꼼짝없이 당하게 되었다고 생각하였다. 크론켈 강을 꽉 차지하고 무섭게 달려오는 두 괴물에 대항해서 대나무 화살을 날려 보았자 무슨 소용이 있겠는가?

두 괴물이 가까이 다가오자, 카니는 믿지 못하겠다는 듯이 눈을 가늘게 뜨고 유심히 바라보았다. 배에는 수십 명 가량이 타고 있었는데 닫집에서 밖으로 내다보는 이들은 이상한 것들을 몸에 걸치고 있었다. 그 중 일부는 가지처럼 피부가 검었는데, 나머지 사람들은 얼굴이 갓 구워 낸 붉은 색 사고 야자 빵처럼 햇빛에 빛나는 모습이었다.

카니는 마침내 어쩔 수 없다는 결론을 내리고 "뚜안족이다. 뚜안인들이 오고 있다!"라고 소리쳤.

그런데 두 배는 물결을 헤치면서 쌍둥이 마을을 지나쳐 키다리의 긴 강줄기를 계속 거슬러 올라가는 것이었다. 나뭇가지에 숨어 망를 보던 어린 이사이는 그제서야 숨을 쉴 수가 있었다. 그가 귀를 기울여서 유심히 들어보니 엔진에서 나는 소리 가운데서도 낮은 목소리의 인간의 말을 들을 수 있었다.

그 때 갑판 위 국기 옆에 앉아 있던 한 사람이 혹시 사람이 볼지도 모른다는 생각에서 수풀을 향해 손을 흔들었다. 이사이는 자신이 나뭇가지와 나뭇잎 사이로 몸을 가렸는데도 그가 자기를 본 것이 틀림없다고 생각하였다. 이에 그는 몸을 움츠려 큰 나무 줄기 뒤에 숨었다. 어떻게 뚜안인의 눈은 그렇게 밝을 수가 있을까?

그 날 밤 그 두 척의 배는 카야가르 초원 깊숙이 있는 크론켈 강의 한 강변에 닻을 내리고 별빛 아래 정박하였다. 뚜안족의 왕래에 익숙한 그 지역 사람들 수백 명이 그 배 주변으로 몰려와 생선과 사고 야자와 돼지고기를 주고 성냥과 면도날과 목걸이와 담배를 샀다. 그러나 그들도 환하게 빛나는 압축 석유 등잔 앞에서는 안절부절 못하였으며, 소리가 나오는 트랜지스터 라디오는 도저히 이해하지 못하였다.

한편, 바로 그 시간에 해남과 카무르 마을의 장로들은 밤늦게까지 의견을 나누고 있었다. 두 척의 "초특급 카누"가 분명 카야가르 마을에서 밤을 보낸 다음 아침이 되면 다시 나타날 터인데, 그 무서운 이방인들과 모종의 접촉을 가질 것인지 아니면 오늘처럼 그냥 지나가 버리게 할 것인지에 대해 밤늦도록 의논을 거듭하였다.

마침내 카무르의 세 장로인 키고와 하토와 누무가 그들과 호의적인 접촉을 갖는 데 나서겠다고 자원하였다. 그들은 말했다.

"수년 전에 우리는 동쪽 끝에 있는 아유 부족 가운데 살았었소. 따라서 우리는 아직도 아유어를 많이 알고 있소. 아마도 몇몇 이방인은 그 아유어를 알고 있을 것이오. 그들이 하류쪽으로 내려오면 우리가 툼두 지류 입구에 서 있다가 그들에게 손짓을 하겠소. 그들이 가까이 오면 그 때 아유어로 그들과 대화를 나누어 보도록 하겠소."

그 다음날 수백 명의 사위인들이 안전하다고 생각되는 정글 속에 숨어서 지켜 보는 가운데, 키고와 하토와 누무는 툼두 지류 입구에 두려운 마음으로 서 있었다. 그들은 쌍발 엔진 소리가 동쪽에서부터 점점 강하게 들려오자 무릎이 심하게 떨리는 것을 억제하느라고 사력을 다하였다. 두 괴물이 마침내 괴성을 지르면서 나타나 그 세 사람에게로 다가오기까지는 오랜 세월이 지나간 듯했다. 그들은 두려움을 감추려고 애를 쓰면서, 나체와 다를 바 없는 모습으로 손에 예물로 줄 음식물을 들고 떨며 서 있었다. 그들은 혹시 다가오는 괴물의 밥이 되고 마는 것이 아니냐는 생각이 들어 두렵기 그지없었다.

첫번째 배가 그들을 스쳐 지나가면서 그 무서운 물결을 그들의 발에 부딪히게 하자 그 셋은 거의 주저앉을 뻔하였다. 그러나 그들이 계속 서서 떨리는 손을 들어 손짓하자, 두번째 배가 갑자기 엔진을 끄더니 그들이 서 있는 곳으로 다가오는 것이었다. 이에 키고는 흥분하여 야유어로 마구 떠들어 대기 시작하였다. 그러자 누무와 하토는 그에 동의한다는 식으로 고개를 끄덕였다. 네덜란드 정부 관리들은 닫집 안에서 신기하다는 듯이 그들을 빤히 쳐다보았다.

그 때 배 안에서 아유어로 그들을 환영한다는 친숙한 소리가 들려왔다. 이에 그 세 사람은 긴장되었던 온몸의 근육이 일시에 풀리는 듯했다. 이제 이 무서운 괴물과의 만남에서 살아 남을 수도 있다는 희망이 보이기 때문이었다. 배에 있는 검은 피부의 친숙한 손이 그들이 예물로 준비한 음식물을 받아가더니, 그 대가를 지불하였다. 아유어를 하는 검은 피부의 얼굴 외에도 키고와 하토와 누무는 믿기 어려울 정도로 크고 흰 얼굴을 가진 자들이 똑같이 믿기 어려운 이상한 말을, 더 믿기 어려울 정도의 깊고 낮은 목소리로 이야기하는 것을 볼 수가 있었다.

이들이 뚜안족인 것이 분명하다. 그들의 흰 얼굴은 바라보기에는 너무나 무서웠기 때문에 이 세 야만인은 단지 힐끗힐끗 쳐다볼 수밖에 없었다. 그러나 다음 순간 그 배는 다시 엔진의 시동을 걸더니 강가에서 떠나 순식간에 요란한 소리를 내며 앞에 간 배를 따라 키다리 하류쪽으로 쏜살같이 사라지는 것이었다.

키고와 하토와 누무는 너무나 긴장했던 탓에 오는 현기증을 느끼며 정글쪽으로 돌아섰다. 그러자 카무르인과 해남인들이 수풀 속에서 살며시 몸을 드는 것이 눈에 보였다. 그리고 조금 후에 두 배가 시야에서 완전히 사라지자 온 사위인들은 흥분을 감추지 못하고 이 세 명의 영웅들에게 달려들었다.

키고와 하토와 누무는 모두 신기해 하는 자들 앞에서 자랑스러운 듯이 면도날과 성냥과 낚싯줄과 낚시 바늘을 들어 보였다. 물론 그들은 아직도 그것들이 무엇이며 어떻게 사용하는지를 전혀 몰랐다.

그리고 며칠이 지났다. 그 때 이런 것을 잘 아는 한 카야가르인이 강을 타고 내려와서는, 매우 뻐기는 자세로 붉은 색 종이 껍질을 벗기고 반짝반짝 빛나는 새 면도칼을 꺼내는 법을 보여 주었다. 그는 또한 성냥갑을 밀어서 연 다음 성냥 개비 하나를 꺼내서 성냥갑 옆에다 그어 불을 일으키는 법도 가르쳐 주었다. 게다가 그는 매우 겸손하게 굴면서 고기를 잡기 위해서는 굽어진 낚시 바늘에다 미끼를 달아야 할 필요가 있다고 친절하게 설명해 주었다. 그러고 나서 그는 자기도 그것을 불과 몇 달 전에 알았다는 사실을 깡그리 잊어버리고는, 그같이 단순한 사실을 몇 날 동안 모르고 지낸 사위족의 단순성을 비웃으면서 돌아갔다.

그러나 키고와 하토와 누무에게 있어서 이 보물들의 주된 가치는 그것들의 실용성에 있는 것이 아니라, 그들과는 전혀 다른 세계에 속한 존재와의 만남을 증명하는 가시적인 증거라는 사실에 있었다.

그러나 그 작고 신기한 물건들은 그보다 더 큰 의미가 있는 것이었다. 그것은 그 용감한 세 명의 사위인이 인류 발전 수천 년에 해당하는 문화적 간격을 넘어 문명과 손을 잡았다는 구체적인 증거였다.

5
전설의 창조자

두 척의 배와의 만남이 너무 극적이었기 때문에 마을은 수주일 동안 그 이야기로 온통 떠들썩했다. 그 후 얼마 지나지 않아 피리마푼에 있는 아스맛 부족 가운데 그 정찰선들이 파견소를 세웠다는 소문이 들려왔다. 이 때문에 또 얼마 동안 사위인들은 이 이야기로 꽃을 피울 수가 있었다.

심지어는 카니조차도 적들을 배반하고 살해할 음모를 실행하는 것을 까마득하게 잊어버리고 있었다. 그러나 이런 상황이 오래 가지는 않았다. 두 배에 대한 기억은 곧 사라져 갔고, 옛 갈망들이 다시 우위를 점하기 시작하였다.

어느 밀물 때 카니의 두 아내는 새우를 잡기 위해 강가의 진흙벌에 나가고 집에는 아무도 없었다. 이제 카니는 마음과 마부와 사우니를 자기 집으로 초대하였다. 그는 담뱃대에 담배를 가득 채우고 불을 붙인 후 돌아가며 한 모금씩 빨도록 했다. 담배 연기의 달콤하면서도 축축한 내음이 집안에 골고루 퍼지자 카니는 자기 심중을 털어놓기 시작했다.

"그렇소! 뚜안족은 마침내 우리에게 이르렀으나, 우리는 아직 형제 후야함의 원수를 갚지 못했소. 이에 대해 어떻게들 생각하시오?"

그러자 세 사람은 그렇게 오랫동안 그토록 중대한 의무를 잊어버리고 있었다는 사실에 약간 부끄러움을 느끼게 되어 아무 말도 하지 못했다.

이에 카니가 계속 입을 열었다.

"여러분은 그렇게 오랫동안 후야함에 대해 잊고 있었는지 모르나, 나는 결코 그 일을 잊을 수가 없소. 비록 우리가 뚜안족의 그늘 아래서 그 일을 할 수밖에 없다 하더라도 우리는 그의 원수를 갚아야만 한다고 나는 생각하고 있소."

카니가 담배 한 모금을 빨아들이자 세 사람은 그의 얼굴만 빤히 쳐다보았다.

마침내 마움이 "그렇다면 자네는 또다시 우리에게 마우로 마을을 전면 공격하라는 말인가?"라고 질문을 던졌다.

"그 방법은 충분히 써먹었다고 생각하오. 내게 더 좋은 계획이 있소"라고 카니가 대답했다.

그러자 사우니가 대뜸 "우리에게 그 계획을 들려 주시오, 형님!" 하고 말을 받았다.

카니는 담뱃대로 남쪽, 그러니까 와소휘라고 불리는 먼 사위 부족 마을쪽을 가리켰다. 그러고는 조용히 입을 열었다.

"와소휘 마을 사람들은 후야함을 죽인 자들과 형제 뻘 되는 자들이오. 우리 마을 끝에 사는 캉개 씨족이 그들과 친분을 맺고 있는 것도 사실이오. 어떻소? 무엇인가 어렴풋이 떠오르지 않소?"

이 말을 듣던 세 사람은 무엇인가 희미하게나마 감을 잡았다는 듯이 음흉하게 웃었다. 그러나 마부가 갑자기 이맛살을 찌푸리면서 "그렇다면 무슨 방법으로 그들을 이 곳에 오게 할 수 있단 말이오?"라고 물었다.

"우리가 철야 춤 축제를 선포하고 그들에게 초청장을 보내면 되는 것이오"라고 카니가 응답했다.

"그러나 누가 그들을 찾아가서 초청을 한단 말이오? 물론 캉개인들이 와소휘인들과 친분을 맺고 있는 것은 사실이나 그 곳을 방문하는 데 익숙하지 못한 것도 부인할 수가 없는 노릇이오. 게다가 그들은 이 일에 결코 협조하려고 들지 않을 것이오."

"우리 친구 캉개인들이 이에 대해서는 아무것도 알아서는 안 되오." 카니는 단언하듯이 답했다.

"우리는 그들에게 이 초대가 진정한 초대라고 생각하도록 해야만 하오. 그들의 와소휘 친구들이 시체가 되어 땅에 뒹굴 때까지는 아무도 우리 의중을 눈치 채도록 해서는 안 되오."

"그렇다면 누가 가서 그 희생양들을 데려온단 말이오?"라고 마부가 물었다.

"우리 마을 사람 중 하나가 어머니쪽으로 와소휘인들과 친척 관계가 되어 수시로 그 곳을 방문하고 있다는 사실을 여러분은 잊으셨소?"라고 카니는 천천히 이야기했다.

그러자 그의 이야기를 듣던 세 사람은 놀라 신음소리를 냈다.

"당신은 지금 마하엔 이야기를 하고 있는 것이오?" 마움이 놀란 듯 목소리를 높였다.

"당신이 어떻게 그 모친의 친척들을 배반하라고 그를 설득시킬 수 있단 말이오?"

카니는 이미 오래전부터 이 같은 질문에 대한 답을 곰곰이 생각해 두었었다.

"물론 우리가 마하엔을 설득시켜 그 일을 하게 할 수 있는 방법은 없소"라고 카니는 당연하다는 듯이 대꾸했다. 그러더니 신비한 음성으로 다음과 같이 덧붙이는 것이었다.

"그러나 그로 하여금 그렇게 하지 않고는 견딜 수 없게 만드는 방법은 한 가지가 있소."

그는 잠시 멈추더니 계속 말을 이었다. "누군가가 그에게 와네스 줄을 던지기만 하면 되오. 그러면 그는 꼼짝없이 그 일을 할 수밖에 없을 것이오."

그의 말을 듣던 세 사람의 눈은 놀라움으로 동그래졌다. 친어머니의 친척을 배반하도록 하기 위해 고대 풍습인 와네스를 끌어내려고 시도한 자가 도대체 전에 어디 있었는가?

마움과 사우니와 마부에게는 카니가 배반을 이상화하는 사위족의 전설을 선조들이 결코 꿈에도 생각해 보지 못했을 정도로 세련된 차원으로 새롭게 끌어올리려고 하는 것처럼 보였다. 그것도 평상시가 아닌 사위족 전체의 운명이 걸린 이 미묘한 순간에 그 같은 일을 감행하려는 것이다.

이것은 카니가 새로운 전설의 창조자로서 가능성이 있는 인물로 떠오르는 것을 의미하였으며, 그가 새로운 전설 창조의 역사에 동참할 수 있는 특권을 그들에게 제공하는 것을 뜻하였다.

세 사람은 카니의 기발한 제의에 그만 최면술에 걸린 자들처럼 되었다. 물론 그의 제의가 기발하고 독특한 이상 성공할 수 있는 가능성도 많았다. 마우로인들이 해남인들을 불시에 공격하여 후야함과 세 명의 해남인들을 죽이고 잡아먹은 지도 벌써 오랜 세월이 지났다. 따라서 와소휘인들도 지금쯤은 그 사건에 대해서 모두 잊어버렸을 것이 분명하였다. 비록 그들이 그것을 기억하고 있다 하더라도, 후야함의 친척들이 마우로인들에 대한 원한을 와소휘인들에 대한 비밀 음모로 바꾸어 보복을 하리라고는 미처 생각하지 못할 것이 틀림없었다.

와소휘인들은, 설령 그런 음모가 있다면 해남 마을의 캉개인들이 그 사실을 귀띔해 주었을 것이라고 확신할 것이 분명했다. 게다가 그들은 마하엔을 자기들의 보호자로 의지할 것이 확실하였다.

따라서 마하엔이 직접 가서 초청을 하면 와소휘인들이 그 초대에 응할 것임은 너무나 분명하였다. 전설 어디를 보아도 모친의 친척을 배반한다는 경고의 내용은 찾아볼 수가 없다.

물론 카니의 음모에 있어서 가장 핵심적인 요소는 마하엔의 승낙을 강제로 받아 내기 위해 고대의 와네스 풍습을 사용할 것이라는 데 있었다. 세 공모자들은 이 점에 대해서 카니의 생각이 어떤지를 듣고 싶어 견딜 수가 없었다.

이에 마움이 먼저 이 문제에 대한 호기심을 표현하였다.

"노형, 우리에게 말하시오. 당신은 우리 중의 누가 마하엔에게 와네스 줄을 걸기를 원하고 있소?"

카니는 그들을 쉽게 자신의 음모의 그물 속에 들어오도록 만든 데 대해 자랑스러워하면서 웃음을 지었다. 이제 카니는 그들의 주의를 완전히 집중시킬 수가 있었다. 따라서 그는 조심스럽게 단어를 선택하였다.

"형제들이여, 그 일을 담당할 사람은 우리들이 아니오."

카니는 세 사람의 놀라는 모습을 유심히 관찰하면서 이같이 천천히 말하였다.

카니는 그들의 호기심이 더 깊어지도록 약간의 공백을 둔 다음 계속 말을 이었다.

"그렇소. 우리 중 한 사람이 아니오. 그 일은 바로 여러분의 모친인 와리오 노부인이 해야만 할 것이오."

마부는 큰 충격을 받아 꼼짝 않고 있었다. 마움은 손가락 끝을 가슴에 갖다 대고는 사위족이 극도로 놀랐을 때 내는 낮은 신음소리를 길게 내었다. 사우니는 고개를 뒤로 젖히고는 마하엔이 당할 충격을 생각하고는 그에 대한 동정심에서 "우우⋯⋯우" 하고 신음소리를 냈다.

세 사람은 서로 바라보면서 침묵으로 카니의 기발한 착상에 동의를 표하였다. 와리오 노부인은 바로 마하엔과 약혼한 사이인 아리따운 어린 소녀 와라하이브의 모친이었다. 즉, 장차 마하엔의 장모가 될 부인이었다. 만일 노부인 와리오가 미래의 장모로서 마하엔에게 와네스 줄을 던지기만 하면, 그 불쌍한 친구는 사위 부족내의 어떤 의무보다 엄숙한 의무를 맡게 되는 것이다.

사위족 남자들에게 있어서는 딸을 아내로 준 장인 장모와의 관계보다 더 성스러운 관계는 있을 수가 없었다. 사위인 남자들은 장인 장모를 매우 존경하였기 때문에 그들의 이름을 크게 부르려고 하지도 않았다. 단지 타데라는 칭호로 그들을 부르는 경우가 보통이었다. 장인 장모에게는 정기적으로 신선한 산돼지고기나 딱정벌레 유충을 선물로 갖다 바치는 데 인색하지 않았으며, 때로는 식구들은 못 먹어도 그들에게 선물을 바치는 것만큼은 틀림없이 하였다. 사실상 장인 장모에게 진 빚은 친부모나 처자식에게 진 빚보다 항상 우위를 점하고 있었다.

거의 모든 야만 사회에서는 상호 적대감 때문에 부족들간의 자유스런 통혼이 끊겨져 개인들뿐 아니라 사회 자체의 존립이 위태로워질 수 있는 위험성이 항상 존재하고 있었다. 따라서 자기 보존의 집단적 본능이 장인 장모와 사위 관계를 최우선적인 관계로 만들고 말았다. 무서운 생존 경쟁 속에서 다른 관계들이 다 깨어진다 하더라도, 소위 사위 부족어로 타데-아센 관계는 흠 없이 보존되어야만 했다. 왜냐하면 딸을 준 데 대한 사회적 보상이 확실할 경우에만 부모들이 딸을 주었기 때문이었다.

그런데 이제 카니는 사위족 보존을 위해 만들어 낸 이 고귀한 이상을 와네스 줄 이라는 방법을 사용해서 친모친의 친척들을 배반하도록 마하엔을 강요하는 데 교묘히 이용하려 하고 있는 것이다. 장기의 명수가 말을 잘 써서 새로운 기술을 창안해 내듯이, 카니도 사위 부족의 다양한 문화적 요소들을 재결합하여 투위 아소나이 만이라는 고대의 이상을 놀라울 정도로 새롭게 변형시키고 있는 것이다.

마부와 마움과 사우니는 그들의 충격을 숨길 수가 없었다. 그들은 자기들이 지금 새로운 문화적 영웅 앞에 앉아 있다는 느낌을 받았다. 만일 카니의 계획이 성공을 거둔다면 새로운 전설이 탄생하는 것이고, 이 전설은 오랜 시간이 지나면 사위족 전설의 한 부분으로 당당히 들어가게 될 것이라는 생각이 들었다. 그들은 또한 공모자로서 자기들의 이름도 그 전설 가운데 끼게 될 것이라는 사실도 알고 있었다.

카니는 자신의 계획이 성공할 가능성이 높다는 사실에 은근히 기뻐하였다. 카니의 부친인 사우와라하이도 전설의 창조자였다. 그의 배반 이야기는 많은 마을들에서, 밤에 모닥불가에 둘러앉아 자주 이야기되곤 하였다. 그런데 이제 그의 아들이 부친이 세운 이상을—비록 초월하지는 못할지라도 성취하려고 하는 것이다.

노부인 와리오의 두 아들이요 장차 마하엔과 매제지간이 될 마움과 사우니는 즉각 카니가 자기들 모친에게 그 같은 기발한 제안을 하는 것을 허락하였다.

남서 뉴기니아의 야만족들 가운데서는 여인들이 단지 잔인한 행동을 구경하는 방관자만은 아니었다. 예를 들어 아유 전사들이 인두 사냥을 끝내고 돌아올 때는 언제나 아유족 부녀자들이 마중을 나와 인두를 사냥하지 못한 사람들을 막대기로 마구 때렸다. 게다가 사랑하는 식구들이 전사해 죽은 경우, 그들의 원수를 갚을 때까지 남자들을 들들 볶는 것도 여자들이었다. 남자들을 부추겨 위험한 일에 흔쾌히 목숨을 걸고 모험을 하게 만드는 부류도 항상 여인들이었던 것이다.

사위족 전사들은 여인들에게 부상당한 적을 사고 야자 열매를 따는 막대기로 마구 때려 숨지게 하는 즐거움을 제공하기 위해, 부상당한 적들을 끌고 와 마을 뒤쪽에 내팽개치기를 좋아하였다. (물론 여인들에게는 활과 창을 만지는 것조차 금지되어 있었다. 여인들이 그런 무기를 다루는 데 능숙해진다면 남자들이 위태로워질 것이기 때문이었다. 뉴기니아 어디서나 들을 수 있는 전설들 속에는 이런 데 대한 주의를 요하는 경고들이 많이 있었다.)

마지막으로, 갓 죽인 적의 턱뼈를 한 처녀나 부인이 목에 걸고 남자들의 집에서 춤을 추는 에렌 의식은 여인들이 인두 사냥 풍습에 감정적으로 연관되어 있음을 보여 주는 결정적인 증거였다.

극히 드물기는 하나 여인이 **투위 아소나이** 만의 이상을 재연할 때 중요하고 독특한 역할을 하는 경우에는 언제나 그 여인의 이름이 전설 속에 기억되어졌다. 노부인 와리오도 다른 여인들과 마찬가지로 이런 점을 알고 있었고, 카니는 자신이 제안하려고 하는 영예스러운 자리를 와리오가 결코 거절하지 않을 것이라고 확신하고 있었다.

다른 사위족 미망인들처럼 머리를 빡빡 깎은 노부인 와리오는, 둘은 친아들이고 둘은 같은 마을 사람인 네 사람이 찾아와서 방금 속삭이듯이 제의한 제안을 곰곰이 생각하면서 풀잎 방석 위에 초조한 빛을 띠고 앉아 있었다. 그 네 사람은 잠자코 기다렸다.

노부인 와리오는 젓가락을 들어 아궁이의 숯불 위에서 굽고 있던 사고 빵들을 뒤집었다. 와리오는 사고 야자나뭇잎 벽 사이로 난 틈을 통해 검푸른 크론켈 강 위의 한 카누 위에서 노를 가지고 물을 튀기면서 놀고 있는 딸 와라하이브의 가냘프고 아름다운 모습을 바라보았다.

와리오는 나무 젓가락을 내려 놓고, 기대에 찬 카니의 얼굴을 뚫어지게 바라보았다.

"나는 지금까지 항상 후야함에게 미안한 마음뿐이었소. 이것은 사실이오." 와리오는 이같이 말하고는 곧 결정적인 말을 덧붙였다. "마하엔을 부르시오!"

마하엔은 마움의 일자 오두막집으로 올라와서 그를 위해 펴놓은 풀잎 방석 위에 앉았다. 마하엔은 늘씬하면서도 강인한 체구의 소유자였다. 단단해 보이는 근육들과 돼지 어금니 팔찌와 빛나는 수다펜 목걸이가 전투와 사냥에 뛰어난 용사임을 한눈에 알 수 있게 해주었다.

마움과 사우니와 마부와 카니는 마하엔이 주위를 딴 데로 돌리지 못하도록 하기 위해서 정면에 앉아 있었으며, 노부인 와리오는 그의 뒤에서 불을 보는 척하였다. 그녀의 발 밑에는 갓 구어낸 사고 빵이 하나 놓여 있었다.

노부인 와리오는 빵을 집어 들고 마하엔 뒤쪽으로 와서 빵을 그에게 주는 척하면서 그 옆에서 허리를 숙였다. 마하엔은 잠시 어리둥절한 상태에서 사고 빵을 받기 위해 손을 들었다. 그는 자신과 노부인을 뚫어지게 바라보는 네 사람의 눈이 갑자기 빛나는 것을 눈치채지 못했다. 더욱이 그는 그들의 대화가 갑자기 도중에 멈추는 것도 깨닫지 못했다.

그 때 갑자기 와리오가 마하엔이 내민 팔을 피해 사고 빵을 밑으로 내려 마하엔의 은밀한 부분에 살짝 갖다 대는 것이었다. 그러더니 와리오는 재빨리 마하엔에게서 떨어져 나와 그를 마주 보고 무릎을 꿇더니 사고 빵을 입에 갖다 대는 것이었다. 와리오가 자기의 은밀한 부분에 닿았던 부분을 입으로 물어 뜯는 것을 보는 순간 마하엔의 크고 검은 눈동자에는 무서운 공포의 빛이 역력히 드러났다. 마치 덫에 걸린 것을 갑자기 알아챈 짐승처럼 마하엔은 마냥 움츠러들었다.

와네스!

이 한번의 소름끼치는 행위로 말미암아 와리오는 마하엔의 운명을 그가 아직 알지 못하는 어떤 새로운 방향으로 급격하게 바꾸어 놓았다. 마하엔은 피할 길이 없었다. 마하엔의 은밀한 부분에 닿았던 사고 빵을 먹는 극도로 치욕적인 행동을 취함으로써 와리오는 마하엔에게 엄청난 빚을 지운 것이었다. 게다가 이 빚은 와리오가 장모라는 사실 때문에 말할 수 없을 정도로 크게 불어나는 것이었다.

마하엔이 이제 와리오에게 진 빚을 갚는 방법은 오직 한 가지밖에 없었다. 먼저 그 같은 극도로 치욕스런 행동의 대가로 무엇을 해주기를 원하는지 물어보아야 하며, 그 다음에는 아무리 큰 희생을 치른다 하더라도 그 일을 행하는 방법밖에는 별 다른 도리가 없었다. 만일 마하엔이 그 일을 하지 않는다면 와리오는 그 치욕을 계속 지니고 있을 것이며, 전공동체는 마하엔으로 인해 영원히 불쾌감을 삭이지 못하게 될 것이다.

어쨌든 와리오가 마음속에 품고 있는 명령이 그에게 언짢은 일임에는 틀림이 없었다. 그렇지 않았다면 와리오가 와네스라는 극도의 수단을 사용하지 않았을 것이기 때문이다. 따라서 와리오의 치욕을 상쇄시켜 줄 미지의 명령을 수행할 때 마하엔은 분명 큰 고통을 겪을 것이 너무도 자명하였다.

마하엔이 정신 나간 사람처럼 깔고 앉은 풀잎 방석을 멍하니 바라보는 동안 다섯 명의 공모자들을 침묵을 지키고 기다렸다. 장모의 수치를 생각하자 낯 뜨거운 수치심이 한바탕 강하게 그의 마음을 스치고 지나갔다. 마침내 몇 분이 지난 후에, 마하엔은 와리오의 발을 무표정하게 멍하니 바라보면서, 공모자들이 기다리고 있던 말을 떠듬떠듬 꺼냈다.

"장모님이 제게 원하는 것은 무엇입니까?"

소문은 요원의 불길처럼 번져나갔다. 먼저 그 소식은 크론켈 강변에 위치한 마을들에 퍼졌으며, 남쪽으로는 쿠크족은 물론 율리아나족에게까지 퍼졌다. 게다가 북쪽으로는 예엠 강을 따라 사위족과 아스맛 부족에게까지 이르렀다. 마침내 그 소문은 파라에스 강을 건넌 후에는 희미한 풍문으로 바뀌어 아우 강변을 따라 사라져 버렸다.

그 소문은 사위어로 외쳐졌고, 아토화엠어로 재잘거려졌고, 카야가르어로 소리쳐졌으며, 아유어로 지껄여졌고, 아스맛어로 중얼거려졌다. 그 소문은 바로 마하엔이 그 모친의 친족들을 배반했다는 소문이었다. 해남인들에게 있어서 그 소문은 치욕의 극치였으며, 와소휘인들에게 있어서 그 소문은 슬픔과 성난 분노로 이글거리는 지옥과도 같은 것이었다. 부모들과 형제 자매들과 아들 딸들이 재 위에 뒹굴었으며, 너무 울어 목소리는 모두 쉬어 버렸고, 눈은 새빨갛게 충혈되었다.

여덟 명의 와소휘인들이 마하엔을 믿고 해남 마을에서 열리는 철야 춤 축제의 초청을 받아들였다. 해남의 젊은 청년들이 온통 물감과 깃털로 장식을 하고는 북소리에 맞춰 춤을 추기 시작한 황혼녘에 그들은 카누를 타고 해남에 도착하였다. 해남 마을의 내노라 하는 사람들이 카니의 인도 아래 대거 나와 강변에서 그들을 영접하였다.

카니는 그 여덟 명의 와소위인들 가운데 푸수만이란 사람을 택해 사고 야자와 딱정 벌레 유충을 대접하겠다고 초대하였다. 그러자 푸수만은 공손하게 카니를 따라 높은 오두막집으로 올라갔다. 그러자 사우니, 와라하이, 마부, 마움, 보로, 야마시, 파하도 한 사람씩 골라 데리고 각기 다른 집으로 인도하였다. 거기에는 배반의 기미라곤 찾아볼래야 찾아볼 수가 없었다. 심지어 일부 해남인들

조차도 여덟 명의 방문객을 이미 둘러싸고 있는 공포의 분위기를 전혀 눈치채지 못하고 있었다.

태양은 정글 지평선 아래로 그 모습을 감추고 있었다. 그리고 만월이 회색 구름과 경질목 나뭇가지 사이로 그 창백한 호박색 얼굴을 내밀고 저주스러운 듯이 물끄러미 내려다보고 있었다. 춤추는 자들이 오두막집들 아래에 모여서 별들을 향해 섬뜩한 단조의 낮은 가락을 노래하고 있었다. 그들이 부르는 노래는 끝날 때마다 "우우……우"라고 길게 음을 낮추면서 끝나도록 되어 있었다. 반면에 북소리는 줄어들지 않고 계속 일정한 박자를 유지하고 있었다.

가끔 북소리의 박자가 갑자기 빨라지면 춤추는 자들의 야만적 기쁨의 환성이 절정에 이르렀다. 요란한 소란 가운데서 가끔 한 전사가 목청을 돋우어 자신이 이룩한 살인 행위를 상세하게 웅변조의 사위어로 빠르게 읊어 대곤 하였다. 그러면 다른 이들은 갑자기 입을 다물고 조용하게 그의 말에 귀를 기울였다.

그 전사는 대여섯 문장으로 자기 이야기를 마치고 고개를 좌우로 흔들고 창을 수평으로 든 채 껑충껑충 뛰었다. 그의 말이 끝나면 모든 이들이 그가 행한 살인을 기념하는 뜻에서 다시 함성을 질렀다. 그리고 나서 영광스런 배반을 실현에 옮기기 위해서 음모를 꾸미며 기다려 온 기나긴 세월을 묘사라도 하려는 듯이 섬뜩한 북소리가 다시 울려 퍼지기 시작하였다. 5, 6분, 아니 7분 정도 지난 후 북소리의 템포가 갑자기 빨라지자 환호성이 절정에 달하였고 또 다른 전사가 목청을 돋우어 피를 흘린 것을 자랑스럽게 떠들어 대기 시작하였다.

그들이 부르는 이 노래는 의미가 없는 단어로 구성되어 있었다. 사위족은 메시지 전달을 위해서는 노래를 전혀 사용하지 않는다. 단지 흥을 돋구는 데만 사용하는 것이다. 그들에게는 영매가 메시지이다. 갖가지 음색의 의미 없는 단어들을 연결해 놓은 이 노래는 이런 화려한 의식에 섞이는 여러 가지 음향 효과 중 하나에 불과하다.

음식을 요리하는 불빛이 사고 야자나무 잎으로 만든 벽틈으로 새어 나오고 있는 동안 노래하는 자들은 계속해서 춤을 추었다. 방문객들은 각기 다른 주인들과 함께 음식을 나누면서 칭찬의 말을 기분좋게 듣기도 하였고, 너털웃음을 웃기도 하였다. 그들은, 진짜 축제는 아직 시작되지 않았으며, 친척인 마하엔의 배반으로 자신들이 그 축제의 음식이 될 것이라는 사실은 꿈에도 생각하지 못하였다.

방문객을 가장 먼저 살해한 자는 카니였다. 카니와 푸수만은 오두막집을 내려와 한 시간 남짓 춤을 추는 데 참석하였다. 그 때 노랫소리와 북소리가 끊긴 사이에 하라구 새가 지저귀는 소리를 카니는 들을 수 있었다. 그것은 새벽이 얼마 남지 않았다는 분명한 신호였다. 이에 푸수만에게 오두막집에 올라가 담배를 피우지 않겠느냐고 제의하였다.

푸수만이 편안하게 앉아서 긴 담뱃대를 깊이 빨아들이고 있는 동안, 카니는 카야가르인에게서 최근에 구입한 큰 쇠칼을 들고 어둠을 이용하여 그의 뒤쪽으로 다가갔다. 그러고는 푸수만의 머리 아래 부분을 힘차게 내려쳤다. 카니는 비록 푸수만을 단번에 죽이지는 못하더라도 적어도 정신을 잃게 되기를 바랐다. 그러나 그 쇠칼은 매우 무뎠다. 왜냐하면 카야가르인들은 항상 날카로운 칼들은 자기들이 쓰려고 남겨 놓기 때문이었다.

푸수만은 윽 소리를 내며 앞으로 고꾸라졌다. 이에 카니는 다시 새로 구입한 쇠도끼를 집어 들었다. 푸수만은 한바퀴 굴러 누운 자세로 희미한 불빛에 어렴풋이 보이는 카니를 바라보았다.

"아베! 아베! – 노형! 노형!"이라고 그는 소리쳤다.

그러나 카니는 "노 케 아베 돈 놈! 우케덴! – 나를 노형이라고 부르지 말아라! 나는 너를 죽이고 말 것이다!"라고 대꾸했다.

카니는 쇠도끼를 거듭 내리쳤다. 그 소리에 카니의 두 아내는 잠을 깼으나 아이들은 계속 잠을 잤다. 카니의 늙은 아내인 야에는 무슨 일이 일어났는지를 보기 위해 흥분해서 불을 되살리려고 부채질을 했다. 그러자 남편이 허리를 굽히고 푸수만의 머리를 베고 있는 모습이 보였다. 그리고 그의 다리가 푸수만의 피로 붉게 물든 모습이 눈에 띄였다.

카니는 푸수만의 머리를 그의 시체 옆에 놔두고 재빠르게 집을 내려왔다. 북소리가 비록 약간 느려지긴 하였으나 계속 울려 퍼지고 있었다. 또한 새벽녘의 첫 희미한 빛이 동녘을 조금씩 물들이고 있었으며, 하라구 새들이 마을 전역에서 지저귀고 있었다.

카니는 마음의 집으로 달려가 사닥다리를 올라갔다. 그러자 마음이 문 앞에 나와 그를 영접하였다.

카니는 그에게 속삭이듯 말했다.

"그 놈을 해치웠겠지?"

그러자 마움은 머리를 긁적이며 "아니 아직"이라고 대꾸했다. "뭘하고 있는거야? 나는 벌써 해치웠다고"라고 카니가 말했다.

이에 마움은 놀라는 듯 탄성을 조그맣게 내더니 집 안으로 들어갔다. 카니는 속히 사닥다리를 내려왔다. 그의 발이 땅에 닿았을 때 창이 꽂히는 소리와 마움의 희생물인 아이돈이 내는 비명소리를 들을 수가 있었다.

그런데 카니는 서둘러 마부의 집으로 달려가느라고 자기가 금방 내려온 사닥다리로 아이돈이 거의 구르다시피 내려오는 것은 보지 못했다. 그 때 마움은 두번째 창을 찾아서 그 뒤를 따라 내려왔으나 아이돈은 어둠 속으로 핏자국만 남기고 사라져 버렸다. 그러나 날이 아직 어두웠기 때문에 15분이 더 지나서야 핏자국을 알아볼 수 있었다.

마부도 카니의 살해 성공 이야기를 듣고 그의 방문객인 에세겔을 죽이려고 하였으나 집 안에 아내들과 자녀들이 있었기 때문에 부상만을 입히고 말았다. 에세겔은 피를 흘리면서 어둠 속으로 도망쳤다. 그의 비명소리는 북소리에 가려 아직 살아 있을지도 모르는 동료들에게 경고가 되지 못했다.

하니와 와라하이는 그들의 희생물인 섹이라는 젊은이를 살해하여 목을 베는 데 성공하였다. 또한 타우시와 마하에리도 살해를 당하였다. 그러나 이리와 메라멜은 부상을 입고 도망쳤다.

동이 터오자 네 구의 목 없는 시체를 토막내기 위해 놓아둔 것이 눈에 띄었다. 반면에 네 명의 부상당한 와소휘인들은 초자연적인 힘을 발휘하여 수마일이나 되는 습지와 정글을 통과해서 자신들의 마을에 도착하는 것은 성공하였으나, 각자 집의 기둥에 이르러서는 그만 숨이 끊어지고 말았다.

그 후 수주 동안 계속된 축제 기간에 해남인들은 카니와 마하엔에게 노골적으로 아첨을 하였다. 네 명이 그들의 손에서 벗어났다는 사실이 그들이 받을 명예에 하등 손실을 주지는 않았다. 결국 중요한 것은 목을 벤 수가 아니라, 목을 베게 해준 배반의 특성에 있었다.

카니와 마하엔은 힘을 합쳐 독특하고 새로운 전설을 창조한 것이었다. 카니의 기발한 착상 덕분에 그들은 사위 부족의 고대 이상, 즉 수많은 세대의 선조들이 수천 년간 고안해 내고 조직화하고 완성시킨 이상을 훨씬 더 대담하게 표현하였던 것이다. 사위족의 이상은 바로 우정을 이용해서 도살할 희생물을 살찌게 하는 이상, 다른 이의 불행과 멸망에서 위로와 기쁨을 찾는 이상이었다. 그 이상은 희생물의 해골을 베고 눕는 우연한 행동에 의해 무의식적으로 나타나는데, 이런 경우 친척의 해골을 베고 눕는 경우가 대부분이었다. 왜냐하면 희생된 자의 해골은 그 시신을 요리하는 과정에서 생긴 재 등으로 덮여서 누구 것인지를 분간할 수가 없기 때문이었다.

모든 철학에 있어서 그 근본적인 가르침이 한번 받아들여지면 그 추종자들을 불가항력적으로 어떤 궁극적 결론으로 끌고 가듯이, 사위 부족의 세계관도 카니와 마하엔의 배반 가운데서 그 궁극적인 표현을 발견하게 된 것이었다. 남자들과 부녀자들과 아이들은 이제 그들을 사위족 남성의 상징적 존재로 간주하게 되었다.

그러나 그들의 순경(順境)은 곧 도전을 받게 될 것이었다. 그들의 성공뿐 아니라 그들이 지지하는 가치인 배반의 이상화마저도 사위족이 전에 들어본 적이 없었던 그 무엇, 즉 가치들의 경합에 말려들게 될 것이었다.

카니와 마하엔은 약 2천 년 전에 그들과는 전혀 다른 성격의 전설의 창조자가 사랑 위에 기초한 새로운 세계관을 창출해 내었다는 사실을 알지 못했다. 이 세계관은 사위 부족의 생각과는 정반대 되는 세계관이었다. 물론 이 세계관이 사위 부족과 같은 자들보다는 자기들이 훨씬 지혜롭다고 여기는 수많은 사람들의 생각과도 정반대되는 세계관이었음은 두말할 나위도 없다.

이 새로운 가치 체계에 대한 메시지가 갈릴리로부터 남서 뉴기니아의 독기로 가득 찬 습지에 도달하는 데 무려 2천 년의 세월이 흐른 것이었다. 이 메시지는 그 동안 수많은 인간들의 야만성에 도전하고 접전을 벌여 야만성을 정복한 과거를 가지고 있었다. 왜냐하면 이 메시지는 매우 생명력이 넘치는 메시지였기 때문이었다. 이 메시지는 초자연적 힘을 소유하고 있었기 때문에 이 세상의 어떤 장애물도 그 앞을 가로막을 수 없었다. 이 메시지는 그 자체가 두려움을 극복하는 궁극적인 해독제였기 때문에 그 무엇도 그 앞에서 위협을 가할 수는 없었다.

그 메시지는 빛 자체였기 때문에 그 어떤 암흑 앞에서도 뒤로 물러서지 않았다. 때로는 이 메시지를 전하는 자가 평범하고, 매력적이지 못하며, 심지어는 배우지 못한 사람이라 하더라도 전혀 당혹감을 느끼지 않았다. 왜냐하면 사실상 이 메시지는 바로 그러한 사람들을 통해서 그 뛰어나고 기묘한 전술을 실행에 옮기기를 좋아하기 때문이었다. 대적자들이 깜짝 놀라게도 이 메시지는, 그 추종자들을 칼이나 창으로 살해하려는 그 순간에도 승리를 거둘 수가 있는 것이었다.

이 메시지는 바로 예수 그리스도의 복음이었다. 이 복음의 목적은 타협할 수 있는 것이 아니었다. 복음의 목적은 "각 족속과 방언과 백성과 나라" 가운데 사는 이들을 설득하여, 회개하고 예수 그리스도를 통해 하나님과 화목하게 하는 데 있었다.

그런데 바로 이 메시지가 사위족의 세계에 침입해 들어가려고 하는 것이었다. 이 메시지가 남자와 여자와 아이들의 영혼을 놓고 벌이는 치열한 영적인 전쟁 속에서 배반을 이상화시키는 사위족의 세계관과 한바탕 격전을 벌일 준비를 갖추고 있는 것이다. 이제 복음은 창과 쇠촉이 달린 화살에 대항하여 기도와 설교로, 조직화된 야만성에 대항하여 믿음과 소망으로, 뿌리 깊은 공포와 악에 대항하여 긍휼로 맞설 차비를 완료한 것이었다.

이제 복음의 침공은 곧 개시될 것이며, 영적 전쟁이 시작될 것이며, 화해 또한 일어날 것이다. 왜냐하며 그 때 위대한 전설의 창조자의 복음을 든 사신들이 사위 부족 가운데 와서 거주할 준비가 다 되어 있었기 때문이었다.

제2부

두 세계가 서로 만날 때

6
사역의 시작

깡마른 70세의 영국 노인이 앙상한 손으로 연단을 움켜 잡고 잠잠히 기다리고 있는 7백 명의 학생들을 찬찬히 바라보고 있었다. 그의 백발은 완전히 뒤로 빗겨져 있었으며, 안경은 내려와 반쯤 코에 걸려 있었다. 짙은 눈썹 밑의 회색 눈동자는 나이와는 다르게 강렬하게 반짝이고 있었다.

그의 모습 어디에선가 나오는 힘이 대강당에 앉은 모든 학생들을 꼼짝없이 묶어 놓고 있었다. 그 노인의 입으로부터 세 마디의 단어가 굵은 목소리를 타고 흘러나왔다. 그 노인의 위엄과 뜨거운 열정이 그의 말에 무게를 더하였다.

"네덜란드령 뉴기니아……."

오지 선교 연합회(Regions Beyond Missionary Union)라고 불리는 한 국제 선교 단체의 필라델피아 지부 총무인 에벤에셀 바인(Ebenezer G. Vine)은 이 말로 자신의 강의를 시작했다.* 때는

---

* Regions Beyond Missionary Union, 8102 Elberon Avenue, Philadelphia, Pennsylvania 19111.

1955년이었다. 그의 강연을 듣는 청중들은 프레리 성경 학교(Prairie Bible Institute)의 학생들이었다. 이 학교는 캐나다의 쌀쌀한 알베르타(Alberta)의 평원에 위치한 일취 월장하는 학교로서, 트리 힐스(Three Hills)라는 소도시 옆에 위치하고 있었다. 바인의 뒤에는, 반쯤 자립하는 데 성공한 기독교 단체요 선교사 훈련 센터인 이 학교의 유명한 교장인 맥스웰(L. E. Maxwell)이 몸을 앞으로 약간 굽히고 의자에 앉아 있었다. 백발이 성성한 데다가 꽉 다문 입술과 단호한 표정의 소유자인 맥스웰은 이 학교의 엄격한 이상주의의 상징이었다.

바인 총무는 이 특별한 학생들에게 강연을 할 때 강한 목적 의식을 갖고 있었다. 그가 순회 강연을 하는 동안 이 곳보다 더 학적이고 세련된 학생들이 많은 학교도 여러 군데 있었다. 이 학교의 표어는 단순하고 요지부동하게 "훈련된 그리스도의 병사들을 단련시키라"였다.

그러나 네덜란드령 뉴기니아 내지에 있는 고립 무원의, 적대감마저 감도는 석기시대의 부족들 가운데 복음의 깃발을 꽂을 기독교 선구자들의 지원을 요청하는 마당에 있어서는, 학적 지식과 세련됨이 결코 배제되어서는 안 되지만, 주로 그것들을 요구하는 것이 아니라는 사실을 바인 총무는 잘 알고 있었다. 그런 임무에는 흔들리지 않는 신앙과 자기 부인과 하나님과의 친밀한 교제가 무엇보다도 가장 중요한 요소였으며, 이 같은 요소들이 바로 프레리 성경 학교의 교수들과 직원들이, 삶 중심의 성경을 가르침과 삶의 본보기를 통해서, 학생들에게 가르치려고 애쓰는 목표였다.

바인 총무는 프레리 성경 학교 성장의 역사를 잘 알고 있었다. 1922년에 여덟 명의 학생으로 농가에서 개교한 프레리 성경 학교는 그 이후 캐나다 최대의 기독교인 양성 센터로 성장하였다. 해외 선교에 큰 중점을 두어 왔기 때문에 3천 명의 졸업생 가운데 무려

천백 명 이상이 해외 선교사로 봉사하고 있었고, 다른 졸업생들은 각자의 모국에서 목사로 그리고 기독교 사역자로 주님을 열성적으로 섬기고 있었다. 이 같은 사실에 기초해서, 바인 총무는 자기 앞에 있는 학생들의 약 35퍼센트 가량이 여러 선교 단체 아래서 해외 선교에 뛰어들 것이라는 사실을 알고 있었다.

그는 네덜란드령 뉴기니아에 있는 그리스도를 알지 못하는 부족들이 그들 중의 일부를 절대적으로 필요로 한다고 나름대로 생각했던 것이다. 따라서 그는 심중의 부담감을 안고 강력하게 네덜란드령 뉴기니아의 땅과 그 곳에 거주하는, 예기할 수 없는 흉포한 주민들에 관해 설명을 하였던 것이다.

"네덜란드령 뉴기니아는 오스트레일리아의 북쪽 태평양 가장자리에 길게 뻗어 있는 2,300킬로미터나 되는 섬의 서반부를 가리킵니다"라고 바인 총무는 이야기를 이어 나갔다.

"그 섬은 적도 바로 아래에 있는 열대 지역에 속합니다. 그러나 11만 평방마일의 넓은 습지 가운데 일부 지역에서는 5,000미터 이상의 고지에 얼음이 뒤덮인 들쑥날쑥한 산맥들을 볼 수가 있습니다. 한편 다른 지역에는 독기로 가득 찬 저지가 널려 있는데, 이 곳은 폭우와 폭염이 겹쳐 사람을 녹초로 만들 정도로 습도가 아주 높은 곳입니다.

"그 어떤 정부의 통제력도 미치지 않은 종족들, 인간이 그 자신들에게 법이 되고 야만스러움이 일종의 생활 방식인 종족들 가운데 최초로 들어갈 사람을 우리는 여러분 가운데서 찾고 있습니다. 물론 외부인들이 그들의 언어를 배운 적이 없기 때문에 그들의 언어 수단으로 의사 소통을 하고 복음의 메시지를 전해야 한다는 어려움이 있습니다. 여러분을 도울 사전도 없고, 문법도, 입문서도 없습니다. 여러분 자신이 스스로 그 일을 해내야 합니다.

"여러분은 여러분을 당혹하게 만드는 풍습들과 신앙들을 만나게 될 것이나, 여러분이 성공하기 위해서는 그것들을 이해해야만 할 것입니다. 여러분은 역겹기만 한 열대병들을 치료해야만 하고, 만일 고치지 못한다면 병자의 죽음에 대한 책임을 져야 할 것입니다. 여러분은 게다가 고독과 좌절과 실망을 용기 있게 견뎌 낼 각오를 해야 할 것입니다. 그러나 무엇보다도 여러분은 흑암의 주관자들과 전쟁을 해야 할 각오를 다져야 할 것입니다. 수천 년간 수백의 종족들을 사로잡아 온 흑암의 세력과 주님의 힘을 의지하여 싸울 차비를 해야 할 것입니다. 왜냐하면 흑암의 권세 잡은 자는 싸우지 않고는 쉽게 자기의 아성을 내주지 않으려고 할 것이기 때문입니다.

바인은 잠시 말을 멈추었다. 이에 대강당 안에 침묵이 감돌았다.
"그러니까 7년 전의 일이었습니다." 바인 총무는 지난 일을 회상하듯이 말을 이었다.

"뉴기니아의 전쟁 지역에서 돌아온 폴 게스와인(Paul Gesswein)이라는 한 병사가 바로 이 캠퍼스에서 제게 다가오더니 이같이 말하는 것이었습니다. '바인 선생님, 선생님께 두 가지 질문이 있습니다. 그 첫째는, 오지 선교 연합회가 네덜란드령 뉴기니아 내지에 복음을 모르는 채 고립되어 있는 수많은 부족들이 있다는 사실을 알고 있습니까?'

"그래서 저는 되물었습니다. '그런 종족들이 그 안에 있다는 것을 당신은 어떻게 아시오?'

"그러자 그는 대답했습니다. '한 전투기가 비행 중 내지에서 실종된 적이 있었습니다. 그 때 저는 그 수색 작업에 참여하였습니다. 우리가 지도에 나와 있지도 않은 내지 상공을 정찰하는 동안 거대한 정원 지역에 마을들이 수도 없이 다닥다닥 붙어 있는 것을 볼 수가 있었습니다.'

"'그렇다면 두번째 질문은 무엇이오?'라고 제가 물었습니다.

"그 때 그는 '오지 선교 연합회가 그들에게 복음을 전하는 일에 저를 도와줄 수가 있습니까?'라고 질문하였습니다.

"그 당시 저는 그의 적극적인 질문에 큰 충격을 받았습니다. 그러고는 그에게 먼저 우리가 다섯 군데 선교 지역, 즉 인도와 네팔과 콩고와 페루와 보르네오의 선교 사역에 깊이 관여하고 있음을 알린 후에, 나도 모르게 흥분한 나머지 '내가 할 수 있는 만큼은 해보겠네'라고 말하였습니다.

"그로부터 몇 달 지나지 않아 많이 기도하고 여러 모로 숙고한 결과 저는 폴 게스와인에게 다음과 같은 편지를 보내는 즐거움을 맛보게 되었습니다. '오지 선교 연합회는 마침내 승인을 하였습니다! 우리는 네덜란드 정부에 네덜란드령 뉴기니아의 내지에 들어갈 수 있도록 해 달라고 요청하고 있습니다!'"

"그러나 우리는 곧 네덜란드 정부로부터 거절을 당하였습니다. 우리 선교사들을 식인 풍습으로부터 안전하게 보호할 책임을 지지 못하겠다는 것이었습니다. 그러나 우리는 계속해서 허락을 요청하였습니다. 마침내 저는 헤이그에 직접 가서 허락을 요청하기 위해 무려 세 번씩이나 대서양을 횡단하였습니다. 이에 최근에 이르러서야 비로소 필요한 허락을 받아냈습니다.

"이제 내지로 들어갈 수 있는 길이 열린 것입니다. 캘리포니아의 항공 선교회(Missionary Aviation Fellowship of California)에서는 벌써 단발 엔진 비행기를 가동시켜, 우리 선교팀과 다른 선교팀들에게 보낼 인력과 물자를 내륙 깊숙한 고지에 있는 보콘디니라고 불리는 선교 기지에 보내고 있습니다. 폴 게스와인과 자원자인 빌 위드빈(Bill Widbin)이 이미 보콘디니를 세우는 데 성공하였으며, 이제 산들을 넘어 블랙 밸리 대니스(Black Valley Danis)라고 불리는 종족에게로 가기 위해 준비를 하고 있습니다. 한편 그들의 아내들은 남편들과 무사히 합류할 때까지 북쪽 해안에서 물자를 공급하는 일을 돕고 있습니다."

바로 여기서 바인 총무는 오른손을 학생들을 향해 가리키면서 말을 계속 이어 나갔다.

"저는 하나님께서 단지 두 부부만을 그 곳에 보내시기 위해 오지 선교 연합회를 이 위대한 새 문턱에 발을 디뎌 놓도록 하셨다고는 도저히 믿을 수가 없습니다. 하나님께서 그들과 합류시킬 그런 분들이 분명 또 있을 것입니다. 혹시 지금 제 앞에 앉아 있는 여러분들 중에 그런 분들이 있을지도 모르는 일입니다. 만일 하나님께서 다른 사람들이 이미 터를 닦아 놓은 곳이 아니라 단 한번도 예수님의 이름조차 들은 적이 없는 사람들에게 그리스도의 복음을 전하는 이 특별할 사명을 여러분을 위해 남겨 놓으셨다면, 우리 오지 선교 연합회는 기도하면서 여러분의 자격을 심사할 것입니다.

"이 잃어버린 종족들이 그들을 구원하시기 위해 거의 2천년 전에 돌아가셨다가 다시 살아나신 그분에 대해 듣기 위해 도대체 얼마나 더 기다려야 한다는 말입니까? 지난 백 년 동안 그리스도의 사신들은 해안 지대의 접근이 가능한 곳에만 복음을 전하는 것으로 만족해 왔습니다. 그러나 이제 내지를 향해!라는 새로운 진군 명령이 떨어졌습니다.

"우리 주님께서는 잔인한 만행이 풍미하고 있는 그 어두운 곳에 자신의 사랑의 왕국을 세우시고 싶어하십니다. 이미 두 쌍의 부부가 먼저 교두보를 확보하였습니다. 그들은 지금 지원 인력이 오기만을 학수 고대하고 있습니다. 누가 가서 그 교두보를 확장하는 데 도움을 주시렵니까?"

그것으로 충분하였다. 하나님께서는 자신이 그 늙은 선교 지도자에게 주신 환상을 좌절시킬 의도가 전혀 없으셨다. 바인 총무의 이야기를 듣던 젊은 학생 가운데는 빌 말론(Bill Mallon)이라는 학생이 있었다. 그로부터 3년이 채 못 되어 빌과 그의 아내 바바라는 블랙 밸리 대니스에 이미 와 있었던 폴과 조이 게스와인 부부 그리고 빌과 메리 위드빈 부부와 합류하였다. 빌은 4년 동안 대니어를 연구하였으며, 그 언어의 문법을 찾아 내어 뒤에 오는 자들에게 대니어를 배울 수 있는 기초 자료들을 만들어 놓았다.

그 때 강당의 한 쪽에는 반에서 가장 나이가 어린 데이비드 마르틴(David Martin)과 후에 그의 아내가 될 마가렛 콜튼(Margaret Colton)이 앉아 있었다. 그런데 그들은 그 순간 하나님의 손이 그들의 인생을 바꾸어 놓는 느낌을 받았다. 그들은 후에 빌 말론 부부와 함께 수천의 블랙 밸리 대니 전사들이 복음의 메시지에 대한 반응으로 주물들과 전쟁 무기들을 불에 태우는 모습을 직접 목격하였다.

또한 강당 한편에서는 네덜란드에서 이민 온 젊은 청년이 열심히 귀를 기울이고 있었다. 그는 존 데커(John Dekker)였다. 존 데커는 후일, 아내인 헬렌과 함께 블랙 밸리에 속한 캉기메-대니어로 "죽음의 장소"란 뜻임-계곡에 새로운 발걸음을 내디뎠다. 그리하여 이 두 부부의 사역으로 인해 수천의 부족인들이 그리스도를 영접하게 되어 "죽음의 장소"는 새 생명으로 넘치게 되었다.

게다가 유디드 에클레스(Judith Eckles)와 위니프레드 프로스트(Winifred Frost)라는 두 미혼의 젊은 여성들도 그들의 운명이 바인 총무가 말하고 있는 내용과 어떤 연관이 있다는 사실을 느끼게 되었다. 따라서 그들도 몇 년이 지나지 않아 블랙 밸리의 오지 선교 연합회 선교팀에 합류하였으며, 대니 부족의 교회가 탄생하여 성장할 때까지 가르치고 치료하고 상담하는 일에 전력을 다하였다.

또한 강당의 다른 한쪽에서는 아이오와(Iowa) 농촌 지역에서 온 젊은 부부인 필립과 필리스 마스터스가 바인 총무의 말에 귀를 기울이고 있었다. 그들도 곧 블랙 밸리에서 무한한 복음 사역의 기회에 동참하였으며, 성미 급한 키말 종족 가운데 있는 코루푼을 복음화하는 일에 앞장 섰다. 그로부터 13년 후 필립 마스터스는 얄리 부족의 화살을 백여 군데나 맞은 시체로 셍 강변에서 발견되었다. 그럼에도 불구하고 그의 아내인 필리스는 성령의 위로에 힘입어 다섯 자녀를 데리고 다시 블랙 밸리로 돌아와 복음 사역을 계속하였다.

이 외에도 리처드 할레(Richard Hale)가 있었다. 그는 후에 그의 아내 완다와 함께 네덜란드령 뉴기니아에 오기 전 3년간 솔로몬 군도(Solomon Islands)에서 복음을 전했다. 그러나 네덜란드령 뉴기니아에 와서는 건강상에 문제가 생겨 1년이 지난 후 복음 사역을 중단할 수밖에 없었다.

이 밖에도 북미, 영국, 독일, 오스트레일리아의 기독교 학교에서 온 지원자들이 많이 있었다. 이들은 네덜란드령 뉴기니아에 있는 노련한 선교사들로 구성된 오지 선교 연합회 특별 선교단과 합류하였다. 그리하여 1965년에는 그 수가 무려 30명을 넘기에 이르렀다. 그 때에는 이미 그들의 전도와 가르침과 병 치료로 인해 석기 시대를 살고 있는 파푸아인들 중 약 14,000명이 복음을 마음에 받아들였다.

그로부터 5년 후인 1971년에는 전체 신자의 수가 21,000명을 넘어서게 되었다. 이것은 선교단이 대규모로 늘어난 데다가, 백여 개가 넘는 회중들의 모임을 인도하고 고지나 저지, 습지 곳곳에 학교와 병원들을 설치, 운영하기 위해 176명의 원주민들을 새로 훈련시켜 지도자들로 양성했기 때문이었다.

그리하여 전부족인들은 오랫동안 그들을 사로잡아 왔던 야만과 미신의 압박으로부터 극적으로 벗어나게 되었다. 그들은 복음을 통한 영적인 건강의 축복을 누릴 수 있게 되었을 뿐 아니라 그들이 결코 알지 못했던 사회적 평화와 안정까지도 맛보게 되었다. 세계의 다른 지역에서처럼 아무것도 모르는 단순한 원주민들을 착취하는 일이 발생하지 않도록 하기 위해 교육을 시켰다.

간이 병원에서 일하는 의사와 간호사들은 그 무서운 인도 마마를 박멸시켰으며, 오랫동안 고립되어 살아온 이 부족들을 무섭게 괴롭혀 온 독감, 홍역, 백일해 등을 막는 데 큰 도움을 주었다. 이 가운데서 선교사들은 때때로 수많은 부족인들에게 엄청난 감사를 받았다. 그들은 외부 사람들이 느낄 수 있는 것보다 자신들이 복음을 받아들임으로써 얼마나 삶이 변화하는가를 피부로 더 잘 느끼고 있었기 때문이었다.

물론 이 같은 결과가 노력 없이 얻어진 것은 아니었다. 지난 십여 년 동안 선교사들이 들인 시간은 실로 계산할 수 없을 정도였다. 각 종족의 언어들의 숨겨진 규칙들을 찾아 내고, 사전들을 만들어 내고, 문자가 없는 언어는 문자를 만들어 내느라고 투자한 시간은 그 얼마나 되었으며, 가옥과 학교와 병원을 세우고, 수풀로 우거진 지역을 깎아 활주로를 만들고, 추운 산악 지대를 여행하고, 꾸불꾸불한 강들을 탐험하느라고 보낸 시간은 또 얼마나 되었으며, 부족들의 이상하기 짝이 없는 풍습과 신앙들을 연구하고, 수천 수만의 사람들에게 복음을 전하고, 읽고 쓰고 싶어하는 자들을 교육하고, 성경을 번역하고, 병자들을 고치고, 상처난 곳을 싸매며 애쓴 시간들은 또 얼마나 되었는가!

서로 다투는 종족들을 화해시키고, 일꾼들을 고용하고 감독하고 임금을 지불하고, 발전기를 수리하고 기계들을 청소하고, 선외 발동기와 녹음기를 손보고, 본국의 지원자들에게 편지 연락을 하고, 회계 장부를 꼬박꼬박 적느라고 보낸 시간은 또 얼마이며, 낙심한 자들을 격려하고 분노한 자들을 진정시키며, 슬픔을 당한 자들을 위로하고 방문객들을 즐겁게 하고, 물자들을 여러 달 전에 주문하고, 필요한 경제적 원조를 위해 기도하고, 이런 놀라운 일과 특권에 동참하게 해주신 하나님께 감사하는 일 등 어렵고 힘들었던 적이 어디 한두 번이었겠는가!

오지 선교 연합회에 대해 말할 수 있는 것은 무엇이든지 미복음 지역 선교회(Unevangelized Fields Mission, UFM)나 복음주의 동맹 선교회(The Evangelical Alliance Mission, TEAM)나 아시아 태평양 기독교 선교회(Asia and Pacific Christian Mission, APCM)나 선교사 연합회(Christian and Missionary Alliance, C & MA)나 오스트레일리아 침례교 선교 협회(Australian Baptist Mission Society, ABMS)나 항공 선교회(Missionary Aviation Fellowship, MAF)의 사역에 관해서도 똑같이 말할 수 있을 것이다. 게다가 항공 선교회의 헌신적인 노력으로 험준한 산과 무서운 습지를 넘어 물자를 여섯 군데의 선교 중심지에 수송하는 데 별 어려움이 없었다. 이에 서부 뉴기니아는 항공 선교회 최대의 사역지가 되었으며, 따라서 8대의 단발 엔진 비행기와 2대의 쌍발 엔진 비행기를 동원하여 선교 사역을 돕지 않으면 안 될 정도로 성장하게 되었다.

게스와인과 바인과 그 밖의 선교 개척자들은 내지의 거주민들의 총인구를 수십만에 이르는 것으로 추산하였다. 사실상 모든 지역의 탐사를 끝내기 전에도 거의 30만에 가까운 "석기시대인들"이 뉴기니아 내지에 거주하고 있는 것으로 밝혀졌다. 항공 선교회의 도움을 받는 여섯 개의 교회 설립 선교팀들의 보고를 종합해 본 결과, 1971년 말에는 약 30만 명에 가까운 주민들 가운데 12만 5천 명이 그리스도를 영접한 것으로 드러났다.

이런 결과는 선교사들의 신앙과 헌신에 비례한 – 비록 실제적으로 그것을 능가한 것은 아닐지라도 – 것이었다. 얄리 부족 그리스도인인 빙구옥과 예이크와라후 같은 이들은 불평 한마디 하지 않고 순교하였다. 그들은 자기들을 살해하는 이들에게 그리스도를 영접할 것을 호소하며 승리자답게 순교하였다. 게다가 오지 선교 연합회 소속으로 오스트레일리아에서 온 선교사인 스탄 데일 (Stan Dale)은 그들을 구하려다 화살을 네 군데나 맞는 중상을 당하기도 하였다.

스탄은 그로부터 2년 후 또 다른 얄리 부족의 폭동 때 순교당하여 필립 마스터스 옆에 눕고 말았다. 그들이 순교하고 난 후 몇 달이 지나지 않아 적대적이던 얄리 부족의 태도가 달라지기 시작하였다. 곧 십여 개의 마을들이 블랙 벨리 대니 교회의 기독교 복음 전파자들을 영접해 들였다. 그 후 네 명의 순교자들을 살해한 이들을 포함해서 수백 명의 얄리 부족인들이 그리스도께로 돌아오기 시작하였다.

그러나 1955년에 에벤에셀 바인이 프레리 성경 학교 학생들에게 진심어린 강연을 하고 있을 때는 이런 모든 것은 아직 미래의 신비 속에 감추어져 있었다.

어찌되었든간에, 그 날 바인 총무의 강연을 듣던 7백 명의 학생들 가운데 한 사람이었던 나는 하나님께서 우리들 가운데 갑자기 내려오셔서 이 계획을 성사시킬 인물들을 찾고 계시는 듯한 느낌을 받았다.

나는 또한 나 자신이 하나님께서 찾고 계시는 그런 자들 가운데 하나라는 분명한 느낌을 받았다. 그 같은 강한 느낌을 안고서 예배를 드리고 난 후 나는 기숙사 방으로 돌아왔다. 나는 하나님 앞에서 기도하면서 혼자 잠잠하게 되기까지 기다릴 수가 없었다. 따라서 나는 하나님께 질문을 던졌다.

"바로 이것입니까? 주께서 제가 하기를 원하시는 것이 바로 이것입니까?"

나는 그 때 20세였다. 나는 17세 때 개인적으로 예수 그리스도를 알게 된 기쁨과 새 생명과 사랑을 처음으로 체험하였다. 그 후 내게 한 위기가 닥쳐왔을 때 나는 하나님께 부르짖었다. 그랬더니 하나님께서 거기 살아 계셨다. 사실상 2천년 동안 하나님께서는 단 한 살도 더 잡숫지 않았던 것이었다.

나는 하나님께서 아직도 인간의 삶을 변화시킬 수 있는 능력을 갖고 계시며, 2천년 전에 복음서에 분명히 드러내 보이신 것처럼 인간들의 충성을 요구하고 계신다는 사실을 발견하였다.

하나님께서 그동안 계속해서 말씀해 오신 것을 이해할 수 있는 마음을 내게 주시자, 그 전에 구태 의연하고 진부하고 케케묵은 것처럼 보였던 성경 말씀들이 새로운 의미로 부각되기 시작하였다. 그리스도를 중심에 놓고 보기 시작하자 우주가 의미를 가지기 시작한 것이다. 그리스도를 섬김으로써 삶이 영원한 의미를 가질 수가 있었다. 그리스도를 아는 것과 그에 대한 지식을 다른 이들과 함께 나누는 것이 내 인생의 궁극적인 목적이 된 것이다.

그리스도의 이름이 이미 알려진 곳에서 그분의 이름을 다른 이들과 함께 나누는 것이 특권이라면, 그분의 이름을 전혀 들어본 적이 없는 곳에서 그분의 이름을 함께 나누는 것은 더할 나위 없는 큰 특권이 아닐 수 없었다.

이런 생각을 품고 나는 세계 지도를 놓고 연구하기 시작했다. 동시에 나는 다른 문화권의 사람들에게 그리스도를 효과적으로 전달하는 데 필요한 성경적 지식과 올바른 경건 훈련을 제공해 줄 수 있는 기독교 학교들을 찾기 시작하였다. 이에 하나님의 평강의 인도를 받아 나는 1953년 가을에 프레리 성경 학교에 등록하였던 것이다.

이 학교에서 얻게 된 동적인 가르침과 비슷한 목적을 지닌 다른 학생들과의 교제와 세계 각지에서 방문차 온 선교사들의 생생한 체험과 간증으로 인해 나는 하나님께서 나를 해외에서 자신을 섬기도록 부르시고 있다는 강한 확신을 소유하게 되었다. 그러나 선택의 폭이 너무 넓었다. 사역자들을 부르는 선교지도 많았고, 복음을 듣기 원하는 부족들도 많았다. 그래서 이 넓고 넓은 세계 가운데서 하나님께서 내게 가기를 원하시는 곳은 어디인가라는 문제가 크게 부각되었다.

그러나 3년 동안 이 질문에 대한 답을 나는 좀처럼 얻을 수가 없었다. 마침내 1955년 내가 바인 총무의 강연을 곰곰이 생각하던 순간, 내 속에서 "바로 이것이다"라고 말하는 것처럼 느껴지자 내 마음은 두근거리기 시작하였다. 하나님의 부르심과 그에 대한 나의 응답이 그 후 때로는 심각한 시험대에 오르기도 하였다. 때로는 좌절과 연기가 그 길을 가로막는 것처럼 보일 때도 있었으나 하나님의 부르심, 즉 하나님께서 손짓하고 나를 이끄시는 인도는 계속되었다.

에벤에셀 바인이 네덜란드령 뉴기니아에 대한 감동적인 강연을 하였을 때, 그 강당에 앉아 있던 프레리 성경 학교 학생 가운데는 오하이오 주의 신시내티 출신인 금발 머리의 사랑스런 캐롤 소더스트롬(Carol Soderstrom)도 있었다. 우리는 처음에는 따로따로 그러나 후에는 함께, 뉴기니아에서 오지 선교 연합회 선교사들과 같이 하나님을 섬길 수 있도록 준비를 갖추었다. 프레리 성경 학교를 졸업한 후 3년 동안 캐롤은 간호사로 훈련을 받았으며, 나는 목사로서 그리고 청소년 지도자로서 훈련을 받았다.

그 후 1960년 8월에 우리는 결혼하였다. 그 다음해 여름에 우리는 시애틀에 있는 워싱턴 대학의 여름 언어 학교에서 개최한 어학 강좌에 참석하였다. 그러고 나서 1961년 11월에 첫 아이인 스티븐이 태어났다. 그리고 얼마 안 있어 네덜란드령 뉴기니아에 입국할 수 있는 비자가 나왔다. 1962년 3월 19일 우리는 밴쿠버에서 배를 타고 출항하여, 4월 13일 네덜란드령 뉴기니아의 북쪽 해변에 있는 공항인 센타니에 도착하였다. 그로부터 일주일 후 항공 선교회의 비행사인 데이브 스타이거(Dave Steiger)가 우리를 처음으로 내지에 실어다 주었다. 이에 우리는 오지 선교 연합회의 블랙 밸리 선교 본부가 있는 카루바가에 도착하였다.

우리는 그 곳에서 거의 전라에 가까운 원주민 남자들이 돌도끼를 가지고 장난을 치는 모습과 끈으로 만든 치마를 입은 원주민 여인들이 나무 막대기를 가지고 감자 밭을 일구는 모습을 보았다. 필립과 필리스 마스터스 부부와 전에 같은 반 학우였던 데이비드와 마가렛 마르틴 부부와 위니프레드 프로스트 그리고 다른 오지 선교 연합회 선교사들이 수백 명의 대니족 원주민들에게 둘러싸인 채 활주로에서 우리들을 영접하였다.

인사를 나누고 서로 소개한 후, 데이비드 마르틴과 나는 밖으로 나와 들판을 거닐었다. 데이비드는 내게 대니 부족의 문화와 이 곳에서의 오지 선교 연합회 역사를 간략하게 설명하여 주었다. 그러다가 우리는 마침내 캐롤과 내가 어떤 일을 맡아야 할 것인가에 대한 화제에 도달하게 되었다.

데이비드는 멈춰 서더니 풀로 가득 덮인 카루바가 고원을 넘어 대니 부족 마을들이 줄줄이 늘어서 있는 산등성이를 바라보았다.

"이 블랙 밸리에서도 아직 할 일은 많소. 그러나 우리는 최근 선교 현장 회의에서 아직 복음을 듣지 못한 부족들에게 복음을 전해야 할 필요성에 관해 많은 의견을 나누었소. 사실상 우리는 이 산맥의 남쪽부터 아라푸라 해에 이르는 광대한 습지를 책임지기로 복음주의 동맹 선교회와 협의를 보았소.

"플로리다 출신의 존과 글렌나 맥케인(John and glenna McCain) 부부가 이미 그 지역으로 내려갔소. 그들은 카야가르라고 불리는 종족 가운데서 사역을 시작한 지 벌써 5개월이 되었소. 그들의 보고에 따르면 그 곳은 말할 수 없이 험악하다고 하오. 그 지역의 많은 종족들이 아직도 인두 사냥과 식인 풍습을 즐기고 있으며, 일반적으로 서로를 신뢰할 수가 없다는 것이오. 게다가 기후는 더할 나위 없이 덥고 후덥지근하여 건강에 해롭다는 것이오.

"그럼에도 불구하고 우리는 당신과 캐롤에게 그 지역을 고려해 보라고 요청하기로 의견의 일치를 보았소. 우리는 당신이 어린 스티븐을 그런 곳에 데려가는 것에 대해 걱정이 앞설지도 모른다는 것을 잘 알고 있소. 따라서 다른 곳에서 일하고 싶다면 기탄없이 말씀하도록 하시오. 그러나 우리가 책임지기로 한 남부 지역에 거주하는 부족들에게 가는 것에 대해 하나님께서 당신에게 마음의 평안을 주신다면 그렇게 하도록 하시오."

이틀 동안 기도를 하면서 하나님의 인도를 기다린 후에 우리는 데이비드 마르틴에게 이같이 말하였다.

"좋습니다. 우리는 남부의 원주민들에게 기꺼이 가도록 하겠습니다. 언제쯤 떠날 수 있습니까?"

5월 19일에 항공 선교회 소속 비행사인 행크 워팅톤(Hank Worthington)이 우리를 카루바가에서 남부 저지대로 데려다 주었다. 우리는 윌헬미나(Wilhelmina) 산 주위의 5,000미터 이상의 산들이 갑자기 낮아져 해면의 높이와 같아지는 모습을 그저 놀라 바라보기만 하였다. 우리 앞에는 초록색 습지가 가물거리며 한없이 펼쳐져 있었고, 그 사이를 강들이 넘쳐 흐르고 있었고, 사고 야자나무 숲이 끝없이 펼쳐져 있었다. 그 곳 어디엔가 우리는 살 집을 지어야만 하고, 인두 사냥을 즐기는 식인종들 사이에서 살아야만 할 것이다.

행크 워팅톤이 세스나 경비행기의 기수를 우리의 목적지인, 피리마푼이라고 불리는 네덜란드 정부의 작은 전초 기지가 있는 곳으로 돌리자, 마침내 아라푸라 해의 바닷가가 한눈에 들어왔다. 피리마푼에는 복음주의 동맹 선교회 소속의 선교사들인 켄 드레서(Ken Dresser) 박사와 아내인 실비아가 남부 아스맛 부족 가운데 선교 교두보를 설치해 놓고 있었다. 그리고 우리 오지 선교 연합회 소속의 동료 선교사인 존과 글렌나 맥케인 부부도 그 곳에 있었다. 그들은 우리를 데리고 그들의 집이 있는 카야가르 부족 마을로 인도하기 위해 8미터짜리 보트를 타고 습지를 건너와서 기다리고 있었던 것이었다.

그 날 오후 우리 여섯은 알루미늄으로 만든 드레서 부부의 응접실에서 찬 음료를 마시면서 대화를 나누었다. 그 때 캐롤과 나는 우리보다 앞서서 이 "지구의 끝"에 건너온, 기지가 풍부한 두 쌍의 부부에 대해서 더 잘 알게 되었다. 존과 글렌나는 플로리다의 서부를 따라 나 있는 에버글레이드(미국 플로리다 주 남부의 소택지 – 역자 주)에서 성장하였기 때문에 습지 환경에 대해서는 원래부터 잘 알고 있던 사람들이었다. 조용하면서도 의지력이 있어 보이는 이 부부는 카야가르 부족민들 – 벌써 한 선교사 부부가 왔다가 병으로 인해 되돌아간 적이 있었다 – 을 그리스도께로 인도하는 데 깊이 헌신한 자들이었다.

뛰어난 캐나다인 의사였던 켄 드레서는 많은 이들이 결코 극복하기 어려울 것이라고 흔히 생각하는 난관들과 좌절들을 여러 번 겪은 사람이었다. 게다가 그는 앞으로도 그런 어려움을 더 겪어야 할 것이라는 사실을 스스로 인정하고 있었다. 그럼에도 불구하고 그의 평온한 눈은 평화와 기쁨으로 가득 차 있었으며, 언제까지라도 그 평안이 떠나지 않을 것만 같았다. 그의 아내 실비아는 남편의 용기와 인내를 함께 소유하고 있었으며, 간이 병원 수술실에서 즐겁게 남편의 일을 거들었고, 자녀들을 보살피는 일에 피곤함을 모르고 있었다. 이 부부의 영적인, 그리고 육체적인 친절을 아스맛 인들이 진심으로 이해하기 위해서는 아직도 수년이 더 흘러야만 할 것 같았다.

대화 도중에 켄 드레서는 우리에게 이 오지의 역사에 관해 들려 주었다. 약 200년 전에 영국 함장 제임스 쿡(James Cook)이 바로 이 곳에 닻을 내리고 신선한 물을 찾기 위해서 짐마차를 내보낸 적이 있다고 한다. 그러나 드레서 박사가 알기로는 아스맛 부족은 이 역사적인 사건에 대해서는 그 어떠한 기억도 갖고 있지 않다는 것이었다.

게다가 그들은 불과 7개월 전에 전 뉴욕 주 주지사였던 사람의 아들인 미카엘 록펠러(Michael Rockefeller)가 비참하고 불가사의하게 드레서의 집 북방 35킬로미터 되는 지점에서 사라진 사건도 이야기해 주었다. 맥케인 부부와 드레서 부부는 그들이 카야가르 부족과 아스맛 부족들 가운데서 겪은 재미있는 경험을 밀도 있고 유익하게 들려 주었다.

맨 나중에 나는 존 맥케인에게 오지 선교 연합회의 할당 구역내의 부족들 가운데서 캐롤과 내가 들어가야 할 부족이 어디라고 생각하느냐고 물어 보았다. 그러자 존은 이같이 대답하는 것이었다.

"관련된 모든 요소들을 종합해서 판단해 본 결과 글렌나와 나는 당신에게 카야가르 부족 서북쪽에 거주하는 사위족에게 가도록 권하는 것이 좋겠다고 의견의 일치를 보았소."

수년간의 준비와 기다림이 있었기 때문에 우리가 인생을 바쳐야 할 부족의 이름을 듣는 것만으로도 흥분하지 않을 수 없었다.

사위족! 나는 그 이름을 마음속에서 곰곰이 되뇌어 보았다. 나는 혀 끝으로 그 맛을 볼 수 있을 것만 같았다. 그 맛은 드레서의 집 뒷문 밖으로 펼쳐진 정글 깊숙이 숨겨진 불가사의한 신비의 맛과도 같았다.

그 다음날 아침 우리는 드레서 식구들에게 작별 인사를 하고 피리마푼을 떠나, 사고 야자나무 습지 깊숙이 60킬로미터 가량 떨어진, 카웸이라는 카야가르 부족 마을에 있는 존과 글렌나의 집을 향해 쿠크 강을 거슬러 올라갔다.

7

경질목 장막을 뚫고

존 맥케인의 26미터짜리 대형 보트인 "에벤에셀"(에벤에셀 바인 총무의 이름을 본뜬)은 우리가 희미한 새벽녘에 연료와 물자를 싣자 부두에서 좌우로 쉽게 흔들렸다. 알루미늄으로 만든 맥케인 부부의 집 안에서는 낯익은 석유 램프 불빛이 흘러나오고 있었다. 그 안에서는 글렌나와 캐롤이 여행 중에 우리가 먹을 음식을 꾸리고 있었다. 그리고 더 멀리에는 카야가르 부족의 오두막집들의 컴컴한 형체가 달빛에 반짝이는 쿠크 강 옆으로 두 줄로 나란히 서 있었다.

새벽 5시 30분에 우리는 출발했다. 보트의 폭스바겐 엔진에 시동이 걸렸고, 존은 하류쪽으로 배의 방향을 돌렸다. 글렌나와 캐롤은 부두에서 손을 흔들었다. 캐롤은 금방 잠에서 깬 스티븐을 안고 있었다. 스티븐은 캐롤의 금발 머리에 바싹 붙어 있었기 때문에 그의 조그만 얼굴은 희미한 새벽 빛에서 보일 듯 말 듯 하였다. 그들 옆에는 헤렙이 서 있었다. 헤렙은 카야가르족 추장으로서, 존이 이 고립된 선교 전초 기지에 식구들과 재산들을 놓고 자리를 비울 때 충실하게 식구들과 재산들을 보호해 주었다. 또한 그들을 두번째로 지켜 준 것은 맥케인의 사나운 개 패치스였다. 게다가 맥케인의 집에 있는 라디오 발신기는 어려움이 생길 때마다 급히 두 여인이 도움을 얻을 수 있도록 장치되어 있었다.

새벽 동이 환하게 터올 때 우리는 피리마푼을 향해서 서쪽 쿠크 강의 좁은 수로를 지나가고 있었다. 우리 주위에는 온통 초록 빛 초원이 파노라마처럼 펼쳐져 있었고, 우아한 종려나무와 빽빽한 사고 야자나무가 해오라기와 파스텔 오리 떼의 광대한 낙원을 이루고 있었으며, 우리가 지나갈 때마다 목부위가 검은 거위들이 하늘로 날아 올랐다. 더 높은 하늘에는 거대한 박쥐 떼가 어떤 음흉한 존재의 조종이나 받는 것처럼 방향을 바꾸지 않고 남쪽으로 날아가고 있었다. 별빛 아래서 밤새도록 먹이를 찾는 데 지친 나머지, 박쥐들은 곧 멀리 떨어진 어느 정글 아래에 수천 마리씩 매달려서 두툼한 날개 속에 그 괴상한 머리를 숨기고 하루 종일 잠을 잘 것이다.

네 시간 후 우리는 피리마푼에 도착하였다. 그 곳에는 복음주의 동맹 선교회 소속의 켄 드레서 박사가 우리와 합류하여 사위 부족과 접촉해 보려고 기다리고 있었다. 우리는 에벤에셀이 무인 지대 한가운데 외진 곳에서 고장이 날 것에 대비하여 드레서 박사의 섬유 유리로 만든 소형 보트와 선외 발동기를 끌고 갔다. 우리는 피리마푼을 떠나 아라푸라 해를 건너 사위 부족의 거주 지역으로 통하는 강 하구를 향해 항해를 계속하였다.

3일 후에 에벤에셀은 크론켈 강 입구로 들어서서 약 2년 전 네덜란드 정부 소속의 두 척의 배가 거슬러 올라갔던 꾸불꾸불한 그 강줄기를 거슬러 올라갔다. 그 동안 우리는 아우 강을 탐색하면서 마우로, 하하미, 에로라고 불리는 세 사위 부족 마을 사람들과 접촉을 가졌었다. 이 세 마을들에서는 우리가 접근하자 부녀자들과 아이들은 정글로 도망쳤으나 남자들 몇 명은 강변에서 우리를 맞이하였다. 나는 이 짧은 접촉에서 여러 개의 사위어를 배울 수가 있었다. 이것은 수천 개의 단어로 구성된 새로운 언어를 공부하는 첫 단계였다.

네번째 마을인 사토에서는 우리가 접근하자 주민들이 다 도망을 쳐 온 마을이 텅텅 비어 있었다. 나는 한 오두막집에 올라가서 방 한가운데 호의의 표시로 선물을 하나 놓고 왔다. 후에 안 사실이지만 우리는 모시와 타모르 마을은 놓치고 그냥 지나쳤었다. 왜냐하면 두 마을이 정글 깊숙이에 있었기 때문이었다. 그러나 우리는 어쨌든 아우 강가를 따라 상당수의 사위 부족민들이 살고 있다는 사실만큼은 확인한 셈이었다.

이에 우리는 크론켈 강을 따라 더 많은 수의 부족민들을 볼 수 있을 것이라고 기대하였다. 크론켈 강의 꾸불꾸불한 강줄기를 따라 가다 보니 금방 남은 해가 저물었다. 따라서 두 개의 큰 아스맛 부족 마을에서 안전하게 떨어진 크론켈 강 하류의 한가운데 닻을 내리고 저녁 식사를 준비하였다.

그 다음날 아침 우리는 속도가 느린 에벤에셀을 정박시켜 두고, 켄 드레서의 5미터짜리 배를 타고 강의 발원지까지 올라가 보기로 결심하였다. 우리는 약 25노트의 속력으로 아스맛 부족의 거주 지역을 속히 벗어났다. 그러자 사위족이 거주했던 희미한 증거가 부패되어 버리고 간 오두막집들의 형태로 눈에 들어오기 시작하였다.

우리는 하내 지류의 입구를 지나치고 있었다. 이 지류를 거슬러 올라가면, 그 당시 우리가 알지는 못하였으나, 수개월 전에 해남인들이 와소휘 마을에서 방문 온 손님 네 명을 죽여 먹어 버린 사건이 일어난 은신처에 도달할 수가 있었다. 심하게 굽은 강줄기를 돌자, 2년 전에 네덜란드 정부 소속 배 두 척이 해남인들과 카무르인들을 놀라게 했던 그 옛 마을터가 눈에 들어왔다. 그러나 나무들이 많이 자랐기 때문에 우리는 그 속을 거의 알아볼 수가 없었다.

그 다음에는 — 후에야 비로소 내가 키다리라고 불리는 곳이라는 것을 알게 된 — 곧게 뻗은 긴 강줄기가 있었다. 나는 존 맥케인에게 말했다. "이 강줄기는 항공 선교회의 수상 비행기 활주로로 적합한 것 같지 않소?"

우리는 키다리의 맨 끝 부분에 상당히 부패한 오두막집들이 버려져 있는 것을 발견할 수가 있었다. 우리는 좀더 나아가면 카야가르 부족 영토로 들어가게 된다는 것을 알았다. 따라서 또 다른 지류가 북쪽으로부터 크론켈 강에 합류하는 지점인, 그 옛 마을터에 배를 정박시켰다. 우리는 2년 전에 키고와 하토와 누무가 과감하게 앞으로 나와 무섭게 다가오는 네덜란드 정부 소속의 배 두 척에 맞섰던 그 언덕에 올라섰다.

그러나 우리를 마중 나온 사람들은 아무도 없었다. 깊은 생각에 잠긴 듯한 정글은 하늘을 배경으로 높이 우뚝 서 있었다. 그 모습은 마치 막 다가올 치열한 전투의 장소를 제공이나 해주려는 듯이 수풀로 뒤덮인 옛 마을터를 둘러싸고 있었다. 나는 버려진 집들 사이로 쌩쌩 부는 바람소리와 연기로 그을린 초가 지붕을 스치는 바람소리를 들을 수 있었다. 또한 고기 한 마리가 나무 그늘이 진 맑은 강물 표면에 올라와서 노는 모습도 볼 수가 있었다.

황량한 주위 분위기가 마치 나를 놀리는 것만 같았다. 그 곳의 분위기가 나를 조롱하면서 다음과 같이 말하는 것처럼 들렸다. "나는 너의 고향인, 길들여지고 마음대로 조종할 수 있는 캐나다와 같지 않다. 나는 뒤엉켜 있다. 나는 너무 숲이 우거져 있기 때문에 네가 함부로 걸어 들어올 수도 없다. 나는 후덥지근하고, 무더우며, 비로 홈뻑 젖어 있다. 나는 배꼽까지 빠질 정도로 진창이며, 약 15센티미터 정도 길이의 사고 야자나무 가시들로 가득 차 있다.

나는 죽음의 뱀, 타이판스, 거머리, 악어이다. 나는 말라리아, 이질, 필라리아, 간장염이다.

"너의 그 이상주의는 여기서는 통하지 않는다. 너의 그 기독교 복음이라는 것도 내 아들들의 양심을 건드리지는 못할 것이다. 너는 그들을 사랑한다고 생각하겠지만 제발 그들을 알 때까지 기다린 다음에 그런 소리를 하도록 해라. 물론 네가 그들을 알 수 있을지조차 모르지만! 너는 나와 싸울 각오를 하고, 나의 신비를 이해하고 나의 본성을 이해하기 위해 만반의 준비를 한 것처럼 자부할는지 모른다. 그러나 나는 너 같은 것 하나쯤은 얼마든지 쉽게 이길 수가 있다. 나의 음침함, 나의 소원함, 나의 잔인함, 나의 나태함, 나의 부끄러워할 줄 모르는 뻔뻔스러움, 한마디로 말해 나의 이색적인 성격으로 너 하나쯤은 쉽게 누를 수가 있다.

"섣부른 망상에 일생을 맡기기 전에 다시 한번 생각해 보아라. 내게는 네 아내가 있을 곳이 없음을 눈으로 보지 않았는가? 내게는 네 아들이 있을 곳이 없다. 그리고 네가 있을 곳도 없다……."

숲속에서 들려오는 소리는 커지는 것 같더니 곧 꼬불꼬불한 덩굴손들과 비비 꼬인 덩굴들이 얽혀 있는 숲으로 사라져 갔다. 나는 뒤를 돌아 배 옆에서 기다리고 있는 존과 켄을 바라보았다. 그들 뒤에는 곧바로 난 강줄기가 태양빛에 반짝이고 있었다. 내가 선 땅은 꽤 높아 보였다. 다 허물어져 가는 오두막집들은 우리 주위의 정글 속에 원주민들이 숨어 있다는 증거였다. 작은 지류를 타고 거슬러 올라가면 북쪽에 거주 지역이 나타날 것만 같았다.

그것은 단지 허세에 불과하다고 나는 생각했다. 이 습지도 역시 나의 성부 하나님의 피조물에 불과하다. 다른 곳과 마찬가지로 여기서도 하나님의 섭리가 나를 보호하실 것이다.

그 순간 하나님의 평강이 내게 임하였다. 그러더니 이 낯설기만 한 곳이 아늑한 집처럼 느껴지는 것이었다. 내 집이다. 나는 켄과

존을 향해 돌아보며 외쳤다.
"이 곳이 바로 내가 원하는 곳이오!"
그들은 동의한다는 뜻으로 고개를 끄덕거렸다. 이미 주사위는 던져졌다. 머리 위에는 흰 앵무새가 경질목의 대들보처럼 삐져 나온 나뭇가지로 올라가더니 전혀 본 적이 없는 이상한 옷을 입은 세 사람과 배를 향해 머리를 내밀고 기웃거리고 있었다. 그 앵무새는 노란 벼슬을 펄럭이면서 쏜살같이 내려오더니 마치 경고를 하듯이 이상한 소리를 내면서 쏜살같이 날아가 버렸다.
그 때 나무 숲속 깊숙한 곳에서는 섹이라는 청년이 바짝 엎드려서 우리의 행동을 불안한 듯이 엿보고 있었다. 우리가 다시 배에 올라타자, 섹은 카무르 마을에 우리가 온 것을 알리기 위해 숲속으로 급히 뛰어갔다.
우리는 에벤에셀로 돌아오기 전에 사위 부족 거주지의 또 다른 증거를 찾아보기 위해 상류로 더 거슬러 올라갔다. 그러나 거기서도 우리는 다 허물어져 가는 집들과 수풀이 무성하게 우거진 옛 마을 터만을 볼 수 있었을 뿐이었다.

그런데 그 때 우리는 카누를 탄 두 명의 카야가르인을 만날 수 있었다. 그들은 쿠크 강을 여러 번 방문한 자들이었기 때문에 존 맥케인을 알아 보았다. 카야가르어를 알고 있는 존 맥케인은 그들로부터 상류에는 사위 부족 마을이 없다는 사실을 알아냈다. 그리고 우리가 방금 떠나온 버려진 마을이 카무르 마을이었다는 사실도 알 수가 있었다. 그들은 우리가 보았던 지류의 발원지에 카무르인들이 새로 마을을 건설했다고 알려 주었다.
우리는 그들에게 카무르인들의 새 마을까지 인도해 달라고 부탁하였다. 그들은 처음에는 머뭇거렸다. 그러나 우리가 대가를 주겠다고 제의하자 그들은 그렇게 하겠다고 우리의 제의를 받아들였다. 우리는 그들에게 그냥 그들의 카누에 타고 대신 카누의 뾰족한 끝에 밧줄을 걸라고 지시하였다. 켄은 선외 발동기의 시동을 걸었다. 이에 우리는 곧 하류쪽으로 치달았다. 카야가르인은 눈을 크게 뜨고 무서워서 카누의 양쪽을 굳게 움켜 잡고 있었다.

우리가 그 지류의 입구에 도착했을 때 조수가 흘러드는 것이 그쳤기 때문에 쓰러진 수많은 나무들이 수로를 차단하고 있는 것이 드러났다. 켄의 배가 쓰러진 나무들 사이로 나아갈 수 없을 것임이 너무나 분명하였다. 그러나 카야가르인의 카누는 가볍기 때문에 충분히 그 사이를 통과해 전진할 수 있으리라고 생각되었다. 따라서 켄은 배에 그냥 남고, 존과 나는 좁은 카누에 옮겨 타고 지류를 거슬러 올라가기 시작하였다. 그러나 불과 백미터도 못 가서 카야가르인의 카누로도 거슬러 올라갈 수 없을 정도로 물이 적다는 것이 드러났다. 따라서 우리는 계획을 취소하고 크론켈 강 본류에 남아 있던, 켄이 있는 배로 돌아왔다.

우리는 카야가르인들에게 도와준 데 대한 보답을 한 후에 에벤에셀이 정박하고 있는 하류로 되돌아가기 시작하였다. 우리는 크론켈 강에서 단 한 명의 사위 부족민도 만나지 못한 것에 대해 크게 실망하였다. 그러나 우리의 실망은 너무 이른 것이었다.

해 남 마을과 요휘 마을 출신의 39명의 전사와 카니는 하내 지류의 굽이가 심한, 숲으로 가득 찬 수로를 검은 카누를 타고 경계를 늦추지 않으며 나아가고 있었다. 노 젓는 전사들의 발 사이에는 신선한 사고 야자 가루와 구운 딱정 벌레 유충을 담은 자루들이 놓여 있었다. 줄에 매여 퍼덕이는 진홍색 잉꼬들은 마치 청색, 홍색, 녹색이 춤을 추는 것 같았다. 그리고 토종 닭들도 사고 가루가 담긴 자루 위에서 주위를 두리번거리고 있었다.

그 40명의 전사들은 새로운 종류의 모험에 나선 것이었다. 즉, 피리마푼이라는 정부의 새로운 전초 기지를 향해 교역 여행을 떠난 것이었다. 그들은 약 2년 전부터 쿠크 강변에 거주하는 카야가르인들과 아토화엠 마을 주민들로부터 피리마푼에 관한 귀가 번쩍 뜨이는 소문을 들어 왔다. 그들은 여러 번 목숨을 건 여행에 나서려고 시도하였으나 두려움이 앞서 번번이 주저앉곤 하였다. 그러나 이제 죽기 아니면 살기였다.

그 전날 그들은 부녀자들과 아이들을 정글 깊숙이 피신하게 하고 노인들에게 그들을 돌보게 하였다. 그러고는 해가 뜨자마자 카누 네 척을 새로 만들어 대기시켜 놓은 하내 지류 발원지에서 모두 모였다. 그들은 이제 여행의 제 1 단계로서 하내 지류 입구를 향해 다가가고 있었던 것이다.

카니는 선두 카누의 앞부분에 몸을 숙이고 앉아서 앞을 가린 나뭇가지 사이를 통해 넓은 크론켈 강을 유심히 살펴보았다. 갑자기 넓은 데로 나갔다가 아스맛 부족의 전투 카누 부대를 만나기라도 하는 날이면 살아 남을 길이 없기 때문이었다. 크론켈 강에는 아무도 없었다. 따라서 카니는 노를 깊이 저어 넓은 강으로 쑥 빠져 나왔다. 그러자 다른 카누들도 똑같이 그 뒤를 따랐다.

그들은 창으로도 사용하는 노를 머리 위로 비스듬히 세우고 강물을 저으면서 카야가르 부족의 거주 지역을 향해 상류로 거슬러 올라갔다. 그들은 크론켈 강 하류를 지키고 있는 적대적인 아스맛 부족과 맞닥뜨리는 것을 피하기 위해 피리마푼으로 가는 우회로를 택한 것이었다.

그들은 카야가르 부족 거주 지역의 초지에 물이 범람한 것을 이용하여 가로지르면 쿠크 강에 도달할 수 있다는 사실을 알고 있었다. 게다가 카야가르인들은 적으로 간주했던 사위족에 대해 최근 놀라울 정도로 우호적이 되어 있었다. 따라서 그들은 카야가르인들에게서 방해를 받을 생각은 조금도 하지 않았으나 만약의 경우를 대비해서 카누 안쪽에 야자나무로 만든 활 40개와 뾰족한 촉이 달린 수백 개의 화살을 늘어놓았다.

그들이 키다리에 들어서서 한참 전진하고 있을 때 갑자기 그들의 용기를 극도로 시험하는 한 사건이 터지고 말았다. 비록 눈에 보이지는 않았지만 키다리 끝의 강이 굽어진 곳쯤 되는 앞쪽에서 성난 말벌 소리 같은 것이 아침의 적막을 깨며 들려 왔다. 게다가 그것도 그들을 향해 점점 다가오며 크게 들려 오는 것이었다.

그러더니 갑자기 뒤에 큰 물보라를 일으키며 노란 배 한 척이 쏜살같이 달려오는데 그 배에는 흰 피부를 가진 세 사람의 모습이 보이는 것이었다.

뚜안족이다! 이에 네 척의 카누 안은 온통 아수라장이 되고 말았다.

우리가 키다리로 들어서자 켄은 갑자기 손가락으로 바로 앞을 가리켰다. 우리가 돌아보니 네 척의 카누에 사람들이 가득 타고 있었는데, 사위족임이 틀림없었다. 그들을 보자 내 마음은 흥분되기 시작하였다.

우리 배가 나타나자 그들은 완전히 혼란에 빠져 버렸다. 어떤 자들은 카누에서 물 속으로 뛰어들어 갈대 숲속으로 도망쳤으며, 어떤 이들은 놀라서 몸의 균형을 잡으려고 노를 미친 듯이 흔들어 대고 있었다. 카누에 그대로 남아 있는 자들은 미처 도망할 겨를이 없었기 때문에 그대로 남아 있었던 것뿐이었다.

몇 초 만에 우리는 그들에게 다가갔고, 존이 카야가르어로 그들을 부르면서 두려워하지 말라고 했다. 그들 중에는 자기 부족어뿐 아니라 카야가르어와 사위어에 능통한 하디라는 아토화엠 전사가 있었다. 안심하라는 존의 말을 들은 하디는, 놀라서 고함을 지르는 40명의 전사들이 쉽게 알아들을 수 있도록 상냥한 목소리로 그 말을 통역해 주었다.

경질목 장막을 뚫고   113

그들은 모두 유연하고 강인해 보였으며 근육이 잘 발달되어 있었다. 게다가 그들은 팔찌와 장식을 제외하고는 벌거벗은 것이나 다름이 없었다. 그들은 대부분 실제로 떨고 있었다. 그래서 그들이 타고 있는 카누마저도 떨리고 있었다. 이에 크론켈 강의 검푸른 강물 표면도 40명의 전사들의 감정에 맞추어 떨리고 있었다. 마치 인간과 카누와 자연이 혼연 일체가 된 듯한 느낌이 들었다.

우리는 배를 한 카누 옆으로 대고는 가까이에 있는 전사들에게 손가락 끝을 대면서 코나하리오!라고 사위 부족 인사말을 건넸다. 이 인사말은 우리가 아우 강변의 마을들을 방문했을 때 큰 효력을 발휘한 인사말이었다. 그 말을 듣자 크론켈 강의 이 사위부족인들은 기쁜 반응을 보였다. 그들은 긴장을 풀면서 코나하리오!라고 대꾸하는 것이었다. 그 외침이 얼마나 컸던지 귀가 떨어져 나갈 정도였다.

그러자 갈대 숲속에 숨어 있던 자들이 하나 둘씩 나와서 다시 카누에 올라탔다. 우리는 그들에게 이럴 경우를 대비해서 남겨 놓았던 열 두어 개의 빈 깡통을 건네 주었다. 그들은 그것들을 재빨리 받아 들었다. 물을 담을 수 있는 용기라고는 속이 빈 대나무 그릇밖에 없었던 이들은 깡통을 매우 귀하게 여겼다. 그들은 이런 깡통을 버리지 않았다. 그들은 깡통이 부식되어 구멍이 날 때까지 사용하고 또 사용할 것이다.

존은 하디로부터 그들이 피리마푼으로 향하는 길이라는 사실을 알아냈다. 켄 드레서는 크게 외쳤다.

"이것은 그들에게는 큰 모험이 아닐 수 없소! 아마도 그들이 자신들의 경계를 벗어나 문명 세계와 접촉하기 위해 여행을 떠난 것은 역사상 이번이 처음일 것이오. 그들이 여행을 떠나 불과 몇 킬로미터 가기도 전에 우리와 만날 수 있었던 것은 하나님의 섭리임이 분명하오!"

켄의 말이 옳았다. 왜냐하면 우리가 몇 분 일찍 귀로에 올랐다 하더라도 이들이 나타나기 전에 하내 지류의 입구를 지나쳤을 것이기 때문이었다.

우리의 관심은 카니, 마하엔, 마움 같은 인물이 아니라 하디에게 쏠렸다. 하디의 밝은 성격과 두려워할 줄 모르는 대담성, 게다가 통역자로서의 능력은 앞으로 내가 사위족과 접촉할 때 큰 도움이 될 것이라는 사실에 우리 모두의 의견이 일치되었던 것이다. 존은 하디에게 함께 에벤에셀이 정박되어 있는 곳으로 가서 그 배를 타고 피리마푼과 카웸으로 먼저 가서 거기서 동료들과 만나는 것이 어떻겠느냐고 제의하였다. 그렇게 된다면 나는 여행 중에 그와 개인적으로 친하게 사귈 수 있고 사위족의 언어도 더 배울 수가 있을 것 같았다.

우리의 초대를 듣자 하디는 검은 피부를 갖고 있었음에도 불구하고 얼굴이 창백해졌다. 그의 마음이 심하게 동요하는 것을 느낄 수 있었다. 우리의 제안을 받아들인다는 것은, 세 명의 이상하고 어쩌면 인간이 아닐지도 모르는 외계인에게 생명을 맡기는 일이었을 뿐 아니라 그들과 함께 잔인 무도한 아스맛 부족의 영역을 통과해야 하는 모험을 감수하는 일이었다. 비록 아스맛 부족의 경계를 무사히 통과한다 하더라도 바다를 건너야 하는 모험을 무릅써야 하는데, 이것은 그가 한번도 경험해 보지 못한 것이었다.

하디는 아라푸라 해로부터 항공로로 30킬로미터밖에 안 되는 곳에서 지금까지 살아왔음에도 불구하고 한번도 바다를 본 적이 없었다. 그러나 바다가 어떻게 생긴 것인지에 관해서 두세 다리 건넌 소문으로 전율을 느끼면서 들은 경험은 있었다.

서쪽에서 불어오는 계절풍으로 인해 우기가 계속되는 동안에 하디는 가끔 밤낮으로 수천, 수만의 파도가 아라푸라 해의 진흙 해변을 두들기는 어렴풋한 소리를 듣고, 그 무서운 소리 가까이에 있으며 얼마나 두려울까라고 혼자 생각해 본 적은 여러 번 있었다.

그러나 반면에 그 여행은 얼마나 크고 멋진 모험인가! 만일 무사히 돌아올 수만 있다면 그는 마을 사람들 가운데서 얼마나 큰 영예를 누리게 될 것인가! 게다가 그의 긴 방랑 모험 여행 이야기는 적어도 세 부족 사람들의 마음을 매혹시킬 것이다. 왜냐하면 하디는 세 부족어를 능통하게 할 수 있었기 때문이었다. 더욱이 그의 여행은 그의 부족 역사의 중요한 전환점이 될 것이다. 왜냐하면 그의 부족민들과 장차 접촉을 갖기 원하는 뚜안족들에 대해 더 많은 것을 배울 수 있을 것이기 때문이다.

하디는 유익될지도 모르는 점들이 위험할지도 모르는 요소보다 더 많다고 결론을 내렸다. 그는 떨리는 목소리로 존에게 "내가 당신들과 함께 가겠소!"라고 말하였다.

하디의 친구들은 그의 안전이 걱정스러운 듯한 얼굴을 하고 있없으나 우리는 매우 기뻤다. 하디의 친구들은 하디와 똑같은 평가를 내릴 만한 시간적 여유가 없었기 때문에 걱정한 것이었다.

이에 존은 여행 중에 하디가 느낄지도 모르는 고독감이나 불안의 고통을 조금이나마 해소시켜 주기 위해 하디와 동행할 두번째 사람을 초대하기로 지혜로운 결정을 내렸다. 이에 두번째로 선택된 인물은 에르라는 명랑한 청년이었다. 에르는 자기보다 연장자인 하디의 뒤를 따라 용감하게도 우리의 초대를 받아들였다.

우리는 나머지 사람들에게 이튿날 카웸에서 하디와 에르를 무사히 만나게 될 것이라고 확신시킨 후에 두 사람을 배 위에 태웠다. 그리고 우리는 마지막으로 그들에게 코나하리오!라고 작별 인사를 했다. 이에 그들은 약간은 뭐가 뭔지 모르겠다는 표정으로 선외 발동기가 내는 물보라를 물끄러미 바라보고 있었다. 우리는 몇 초 만에 키다리를 벗어나 아직 65킬로미터나 남은 강줄기를 따라 아라푸라 해로 돌아가는 항해길에 올랐다.

30분 후에 우리는 에벤에셀을 묶어 놓은 곳으로 돌아와 에벤에셀로 옮겨 타고 아라푸라 해를 향해 출발하였다. 하디와 에르와 나는 선실 맨 위쪽에 앉아서 하디로부터 사위어를 계속해서 배웠다. 물론 우리 뒤에서 조타를 잡은 존 맥케인의 카야가르어 통역의 힘을 빌린 것은 더 말할 나위도 없다.

마침내 첫번째 아스맛 마을이 바라다보이는 곳에 접근하자 하디와 에르는 공포로 긴장하기 시작했다. 그들은 더 이상 내가 던지는 질문에 제대로 대답을 하지 못할 정도로까지 긴장하고 있었다. 따라서 나는 그들이 무서워하는 곳을 지나갈 때까지 언어 공부를 잠시 중단하기로 결정했다. 바싹 마르고 배고파 보이는 아스맛인들은 단지 강가에 늘어서서 에벤에셀이 내는 파도를 멍하니 바라보기만 하였다.

우리가 크론켈 강의 마지막 굽이를 돌아 넓은 바다를 바라보게 되자 그 때서야 하디와 에르는 한숨을 내쉬었다. 강하구 양편의 홍수림 습지 가운데 아라푸라 해의 수평선이 팽팽한 철사줄처럼 펼쳐져 있었다. 늦은 오후 태양빛에 수평선이 어찌나 밝게 빛나고 있던지 계속 바라보면 눈이 상할 것만 같았다. 에벤에셀이 점차 희미해지며 환하게 빛나는 수평선을 향해 대담하게 돌진해 나가다가 피리마푼을 향해 남쪽으로 뱃머리를 돌리자, 하디와 에르에게는 아무 목적 없이 여행하는 것처럼 보였다.

한번은 에벤에셀이 바다의 파도에 떠밀려 요동하자 하디와 에르는 배가 뒤집힐까봐 두려운 눈초리로 난간을 움켜 잡았다. 나는 손을 하디의 어깨 위에 얹고 그가 몇 시간 전에 나에게 가르쳐 준 두 마디의 사위어로 조용하게 속삭였다. "타단 놈! - 무서워하지 마시오!"

하디는 나를 쳐다보았다. 그러고는 확신이 생기는지 천천히 얼굴에 웃음을 띠었다. 그러고 나서 하디는 "타단 하세르! - 나는 두려워하지 않소!"라고 대답하면서 난간을 놓았다. 그러자 에르도 그대로 따라서 하는 것이었다.

피리마푼에서 쿠크 강 하구로 들어서면서 켄 드레서는 그의 보트를 해체하고 우리와 작별을 고하였다. 존과 나는 계속해서 내리깔리는 어둠을 뚫고 불을 비추면서 쿠크 강의 강줄기를 거슬러 올라갔다.

새벽 한 시에 도착한 존 맥케인의 낯익은 집은 별빛 속에서 우뚝 솟아 있었다. 사위족에 대한 첫번째 여행이 끝난 것이었다. 나는 부두로 내려가서 어둠 속에서 캐롤과 포옹하였다.

"아무 일 없었소?" 나는 캐롤의 귓가에 속삭였다.

"전혀 아무 일도 없었어요"라고 캐롤은 흥분해서 대답했다.

"그런데 말이오. 배 위에는 지금 두 명의 사위인이 타고 있소!"
나는 하디가 아토화엠 부족이라는 사실을 그 때까지는 모르고 있었기 때문에 이같이 말하였다.

캐롤이 내 어깨 너머로 에벤에셀의 선실 불빛에 의해 희미하게 보이는 하디와 에르의 모습을 호기심 가득한 눈초리로 바라볼 때, 나는 아내의 가슴에 터질 듯한 기쁨이 요동치는 것을 느낄 수가 있었다.

하디와 에르의 잠자리를 마련해 준 후에 캐롤과 나는 존 맥케인이 정성껏 만들어 준 간이 침대에서 스티븐이 자고 있는 모습을 보기 위해 방으로 몰래 들어갔다. 둥근 뺨과 금발의 머리카락이 보이게끔, 그러나 잠이 깨지는 않도록 등불을 가까이 댄 다음 우리는 서로 손을 잡고 서서, 천사와 같은 평온한 얼굴로 잠을 자는 아들의 얼굴을 찬찬히 바라보았다. 우리가 사위족 가운데서 어떤 운명에 처하든간에, 그것이 좋은 것이든 나쁜 것이든간에, 스티븐도 우리와 함께 똑같은 운명에 처할 것이다. 그러나 우리는 그 운명이 좋은 것이리라 확신하였다.

하나님을 신뢰하는 우리의 확신은 높은 수준에 있었고, 점차 더 높은 단계로 나아가고 있었다. 우리는 확신에 차 있었기 때문에 습지의 무서운 질병이 스티븐의 건강한 홍조빛 혈색을 빼앗아갈지도 모른다는 걱정은 아예 하지도 않았으며, 그 밖의 다른 위험이 우리 식구들을 위협할지도 모른다는 염려도 하지 않았다.

"하나님이 우리와 함께하시면 누가 감히 우리를 대적하리요!"
가 밤낮으로 우리를 확신에 차게 만든 표어였다.

더욱이 이 같은 확신에 찬 태도는 우리 스스로가 만들어 낸 것이 아니었으며, 하나님의 임재하심을 통해 우리에게 전달된 확신이었다. 우리를 통해 하나님께서 사위족에게 행하시려고 하는 일을 그 동안 하나님께서 계속 준비하며 기다리셨는데, 이제 그 때가 왔음을 기뻐하시는 하나님의 기쁨이 우리에게까지 전달된 듯한 느낌이었다. 나는 전에는 하나님께서 흥분하신다고는 생각하지 못했다. 공간뿐 아니라 시간에 있어서도 무소 부재하신 하나님께서, 실제적으로 지구의 한 부분을 따로 떼어 내서 생각하시고, 마치 그것을 한번도 체험하신 적이 없는 것처럼 미래를 기대감을 가지고 기다리실 수 있다는 사실은 전에는 한번도 생각해 보지 못했었다.

그러나 하나님께서도 흥분하신다는 것은 사실이었다. 그리고 우리들은 그분의 자녀로서 아버지되시는 성부의 기쁨에 함께 기뻐하며 흥분하고 있는 것이었다. 이 같은 직관은 하나님께서 우리와 사위족을 위해 준비하고 계시는 것이 무엇이든지간에 우리를 더 큰 기대감으로 가슴 부풀게 할 뿐이었다.

우리는 그리스도 안에서의 메시지가 사탄의 장벽이든 문화의 장벽이든간에 모든 장벽을 꿰뚫고 급속히 전파되기를 간절한 마음으로 하나님께 간구하였다. 더욱이 우리가 그 날 아침 크론켈 강에서 만났던 두려움에 떠는 낯선 이들에게 그 같은 하나님의 기쁨이 옮겨질 수 있도록 해 달라고 하나님께 간절히 기도하였다. 얼마나 오랜 시간이 걸릴 것인지는 나는 추측조차도 할 수가 없었다. 단지 내가 아는 것이라고는 그 일이 이루어질 때까지 내 생명이 마쳐지지는 않을 것이라는 점뿐이었다.

카 웸 마을 맨 끝에서 웬 고함소리가 들려 왔다.
"사위족이 오고 있다!"

하디와 에르와 나는 하고 있던 언어 공부를 중단하고 맥케인의 부두 끝까지 걸어 나갔다. 그들이 정말 오고 있었다. 네 척의 카누가 카웸 마을과는 멀리 떨어지도록 쿠크 강의 북쪽 강변을 따라 일렬 종대로 다가오고 있었다. 하디와 에르는 그들에게 알리기 위해 손을 번쩍 들었다. 그러자 네 척의 카누가 재빠르게 우리를 향해 곧장 나아오는 것이었다.
　38명의 전사들은 부두 근처에 카누를 끌어 올리면서도 긴장하고 불안해 하는 눈치였다. 이제 그들의 영토에서 멀리 떨어졌기 때문에 낯선 분위기를 그만큼 더 날카롭게 느끼는 것이었다. 게다가 앞으로도 피리마푼에 도착하기 위해서는 65킬로미터를 더 노를 저어야만 했다.
　카야가르 부족의 추장인 헤렙은 카웸 마을에서 달려와서 그들을 영접하였다. 그러자 사위인 중 두 세 사람이 일종의 무사 안전 통행료로, 구운 딱정 벌레 유충으로 장식된 서너 개의 막대기를 헤렙에게 주었다.
　그러는 사이에 하디와 에르는 우리에게 부족의 언어를 가르쳐 주기 위해 카웸에 우리와 함께 계속 머물러 있기로 동의하였다. 이에 사위인들은 그들을 놔두고 계속 여행하였다.

　이틀 후에 그들은 "큰 도시"인 피리마푼에서 그들의 물건을 판 후에 카웸 마을로 되돌아왔다.
　물결을 거슬러 65킬로미터나 노를 저어 왔기 때문에 그들은 뼈까지도 욱신거릴 정도로 피곤하였다. 따라서 그들은 노 위나 카누의 난간에 앉아 휴식을 취하였다. 그러는 사이 우리는 나흘 동안 언어를 가르쳐 준 대가로 하디와 에르에게 여러 가지 물건을 주었다.
　하디와 에르가 각기 다른 카누에 올라타자 존 맥케인은 하디에게 마지막 비밀에 싸인 메시지를 전하였다.
　"당신과 당신 친구들은 며칠 동안 크론켈 강에서 고기를 잡도록 하시오."
　하디는 그 뜻을 알아차리고 웃으면서 그 메시지를 사위인들에게 통역해 주었다. 그 말 뜻은 우리가 다시 그 곳을 방문할 예정이므로 우리를 맞이할 망보는 자들을 배치해 두라는 뜻이었다. 그러나 정확한 날짜는 말할 수 없으므로 며칠 동안 그렇게 하라는 것이었다.

우리는 크론켈 강변에 거주할 의사가 있다는 사실을 카야가르어나 사위어로 말할 수가 없었다. 왜냐하면 각 마을간에, 그리고 각 부족간에 경쟁심이 매우 강하였으므로 이 같은 소식이 너무 일찍 알려지면 여러 가지 위험을 초래할 가능성이 컸기 때문이었다. 더욱이 카야가르인들은 캐롤과 내가 그들의 영토 안에 거할 것이라고 완전히 믿고 있었다.

네 척의 카누가 떠나자, 하디와 에르는 뒤로 돌아서서 손을 흔들어 댔다. 그 둘은 단호하고 냉혹한 표정을 한 무리 가운데서 유일하게 열정적이고 개방적인 낙관론자처럼 보였다. 하디와 에르와 사귀는 것은 비교적 쉬웠다. 그러나 다른 사람들과는 어떨 것인가?

대다수의 사람들의 기본적인 자세가 무엇인지를 알기에는 너무 일렀다. 그러나 우리는 그것을 곧 알게 될 것이다.

8

한 시대의 종말

1962년 6월 그 날 아침 7시경 두 척의 카야가르 카누에 짐이 실렸으며 노 저을 사람 여섯 명이 대기하고 있었다. 한 척의 카누는 200리터 용량의 빈 쇠 드럼통의 무게로 인해 불안정하게 흔들렸다. 다른 카누에는 거대한 모기장과 침낭과 일주일분의 식량과 건축 도구와 일꾼들에게 줄 물건들이 잘 포장되어 실려 있었다. 내 장비가 북미에서 아직 도착하지 않았기 때문에 이 모든 것은 맥케인에게서 빌린 것이었다.

나는 작별 인사로 캐롤과 스티븐에게 키스를 하고 뒤의 카누에 올라탔다. 그러자 글렌나가 내게 끓인 물이 담긴 물병과 점심 도시락을 건네 주었다. 존이 노 젓는 카야가르인들에게 신호를 보내자 카누가 움직이기 시작했고, 나는 글렌나에게 고맙다고 인사를 했다. 나는 카누로 습지를 가로질러 크론켈 강에 도착하여 사위족과 다시 접촉을 가진 후 가건물을 지을 계획이었다. 그 동안 존은 에벤에셀을 타고 피리마푼으로 가서 창고를 짓던 일을 마무리하기로 했다. 그리고 5, 6일 지난 후에 북쪽 해안을 끼고 크론켈 강으로 와서 강을 거슬러 온 다음, 나와 합류하여 크론켈 강변에 나의 임시 가옥을 완성하기로 했다.
 우리가 물이 범람한 초지 위를 가로지르기 시작하자 망망한 광야의 침묵이 우리를 엄습하였다. 소리라고는 노 젓는 소리와 카누가 풀에 닿아 스치는 소리밖에는 들리지 않았다. 태양빛이 머리 위에 드리운 구름 사이를 뚫고 간간이 비쳤으며, 초지 너머에 있는 빽빽한 사고 야자나무 숲이 신비롭게 반짝이며 아른거리고 있었다.
 우리는 순식간에 사고 야자나무 숲을 통과하였다. 그러자 갑자기 수로가 좁아지는 것이었다. 우리는 두 시간 동안 매우 굴곡이 심한 수로를 따라 노를 저었다. 그리고 나자 크론켈 강으로 물이 유입되는 넓은 초지 위에 다시 들어서게 되었다. 바로 이 때, 시끌벅적한 카야가르인들을 가득 태운 카누 세 척이 우리를 가로막았다. 그들은 우리를 완전히 에워싸고는 카누 안을 들여다보더니 내 팔을 꽉 잡았다. 그러고는 큰 소리를 지르면서 하늘을 가리키는 것이었다.

 그들은 마치 다음과 같이 이야기하는 것처럼 보였다.
 "뚜안, 사위족의 마을로 가지 마시오. 그들은 사람을 죽이고 잡아먹는 놈들이오. 우리 마을로 오시오. 우리 마을에는 높은 지대가 많이 있소. 우리가 당신에게 멋진 집을 짓는 것을 도와주겠소. 우리 마을로 오시오. 우리 마을로 오시오. 우리 마을로 오시오."
 우리가 크론켈 강쪽으로 계속 떠내려 가자 그들의 외침은 폭동으로 번질 것만 같았다. 나는 그들의 희망을 가라앉히려고 애를 썼으나 소용이 없었다. 나는 빈약하기 그지없는 인도네시아어와 카야가르어 실력을 동원해서 내가 탄 카누의 노를 젓는 자들에게 나는 카무르라고 불리우는 사위족 마을로 향하고 있는 것이라고 설명하라고 부탁했다. 그러나 그들도 나의 이야기를 그들에게 전하는 것에는 별로 마음이 내키지 않는 모양이었다.

나는 그제서야 공모가 일고 있다는 것을 알아차렸다. 결국 내가 데리고 온 노 젓는 자들도 카야가르인이었으며, 따라서 내가 시간이 지나면 사위족에게 건네 줄 것이 분명한 쇠도끼와 큰 칼과 그 밖의 물건들이 사위족의 손에 들어가는 것을 원하지 않는 것이었다. 나는 그 때 나의 거주지로 아미얌 마을을 택하라는 압력이 서서히 내게 가중되어 오는 것을 느낄 수 있었다.

존 맥케인은, 얼마 안 있어 그 지역 주민들은 나를 손아귀에 넣고 주무를 수 있는지를 알아보기 위해 내 의지를 시험하려고 할 것이며, 그 때는 꼭 그 시험을 통과해야만 한다고 경고한 적이 있었다. 그 시험을 통과하지 못하면 그 때부터 캐롤과 나는 수많은 난관에 부딪히게 될 것이고, 그러다 보면 건강을 잃고 마침내는 낙망과 좌절 속으로 굴러 떨어지게 된다는 것이었다. 그런데 바로 그 시험이 목전에 다가온 것이라고 나는 생각하였다. 따라서 나는 마음을 굳게 먹기로 단단히 결심했다.

고함치는 소리와 압력은 그 후로 두 시간이나 더 계속되었다. 아미얌 마을인들이 탄 카누가 더 가세하자 소동은 더욱 커졌다. 그들이 이해할 수 있는 언어로는 그들과 조리 있게 싸워 이길 승산이 없었기 때문에 나는 단지 조용히 앉아 기다렸다. 그런데 불행하게도 그들은 나의 침묵을 굴복으로 받아들이고는 한목소리로 소리치며 기뻐하기 시작했다. 더욱이 그들은, 행운의 여신이 미소를 짓기 시작했으며 그들 모두가 부자가 될 수 있는 "그들의 뚜안"을 갖게 되었다고 한목소리로 떠드는 것이었다.

따라서 나는 눈을 들어 바로 앞에 있는, 아미얌 마을임에 틀림없는 마을을 바라보았다. 내 주위를 둘러싼 카누 안의 카야가르인들은 아미얌의 뚜안이 그의 찬란한 새 수도에 승리의 입성을 하는 것을 알리기 위해 자신들이 든 노의 날로 카누의 난간을 두드리기 시작하였다. 우리가 그 마을과 평행선을 이룬 지점에 도착하자 내 카누의 노를 젓는 자들은 아미얌을 가리키면서 그 곳에 멈추는 것이 좋겠다는 식으로 나를 쳐다보았다.

나는 카야가르어와 인도네시아어가 뒤섞인 문장으로 단호하게 말했다. "세비 테루스 케 카무르! - 카무르를 향해 전진하라!"

그러자 그들은 실망한 빛을 감추지 못하면서 다시 노를 젓기 시작하였다. 그런데 바로 그 때였다. 매우 빠르고 큰 카누 한 척이 오른쪽에서 튀어 나오더니 우리 앞을 가로막고는 마을 앞 강변에 카누를 대도록 강요하는 것이었다. 그러는 사이에 마을 사람들은 강변으로 뛰어나와 나를 부르고 손짓하고 애원하다시피 하였다.

나는 그들을 실망시키고 싶지 않았다. 그러나 좁은 카누 안에서 균형을 잡으려고 애를 쓰면서 나는 벌떡 일어섰다. 그러고는 외쳤다.

"카무르로 직진하라!"

그러자 갑자기 조용해졌다. 몇 초 동안은 그들이 내 주장을 받아들인 것인지 아니면 분개하고 있는 것인지가 분명하지 않았다. 그러나 매우 부루퉁한 얼굴로 내 앞을 가로막고 있던 자들이 옆으로 비켜나기 시작했다. 이에 우리는 천천히 노를 저어 강 가운데로 들어섰으며 여행을 계속하였다.

나는 첫번째 시험은 무사히 통과하였다. 그러나 그토록 갈급해 하는 사람들의 진정어린 초청을 거절할 수밖에 없었다는 사실이 그리스도의 사자인 나로서는 매우 슬픈 일이 아닐 수 없었다. 그러나 나는 아미얌인들이 후에 그들의 언어로 존 맥케인에게서 복음을 듣게 될 것이라는 사실을 알고 있었다. 따라서 사위어로 복음을 전해 줄 복음의 전파자가 없는 사위족보다는 그 긴박성이 그래도 덜한 편이었다.

그러나 어찌 되었든간에 그 날 아미얌은 내 마음에 중요한 위치를 차지하게 되었으며, 그 후로 여러 해 동안 나는 다른 카야가르 부족 마을보다 아미얌 마을을 위해 더 열심히 기도하게 되었다.

크론켈 강의 변함없는 물줄기를 따라 우리는 노를 계속 저어 나갔다. 그리하여 문제가 많이 있던 시대에 카야가르 부족과 사위족을 갈라 놓는 무인지대로 변한 완충 지역을 재빠르게 벗어났다. 사위족의 영토로 들어서자 노를 젓던 카야가르인들은 크론켈 강으로 유입해 들어오는 여러 지류들을 가리키면서, 그 지류들을 거슬러 올라가 사고 야자나무 습지가 있는 발원지에 도착하면 거기서 찾아볼 수 있는 마을들의 이름을 열거하였다.

그 지류 가운데 하나는 숨두라고 했다.

그들은 "이리로 거슬러 올라가면 위아르 마을에 도착합니다"라고 알려 주었다.

다음 왼쪽에 있는 지류는 바이톰이라는 지류인데 요휘 마을, 즉 하디가 사는 마을이라고 했다.

"하디의 마을이라고?" 나는 되물었다. 그리고 지시했다.

"빨리! 바이톰 지류로 올라가 나를 하디에게 데려다 주시오. 카무르로 가기 전에 나는 하디를 만나고 싶소."

우리는 그늘진 바이톰 지류쪽으로 방향을 바꾸어 2킬로미터 가량 울창한 정글 속으로 물길을 따라 거슬러 올라갔다. 그런데 갑자기 강 양쪽에 개간지가 나타나면서 여섯 채의 오두막집이 나란히 늘어서 있는 것이 보였다.

내 카누의 노를 젓던 카야가르인들이 소리를 질렀다.

"하디! 뚜안 돈이 오셨다."

오두막집 안에서는 바삐 움직이는 소리가 났다. 일부 사람들은 오수를 즐기다가 잠에서 깨어 도망칠 준비를 서둘렀으며, 한 두 사람만이 누가 오는지 알아보려고 할 뿐이었다. 결국 그들은 나를 알아보았고 흥분해서 집에서 뛰어내려와 나를 마을로 인도하였다.

하디는 그 때 숲속에서 일을 하고 있었다. 그러나 쉽게 전갈이 닿아 금방 마을로 돌아왔다. 이에 그와의 만남은 마치 오랜 친구와의 재회와도 같았다.

하디는 나를 자신의 집으로 초대하였다. 나는 그에게서 배운 아직 미숙한 사위어 실력으로 그와 대화를 나누었다. 나는 한번도 분석되지 않은 이 언어의 어순을 지배하는 문법적인 법칙이 무엇인지 도저히 알 수가 없었으나 하디는 내가 하는 말을 대부분 알아듣는 것 같았다.

여기서 나는 처음으로, 내가 거할 집을 지을 곳으로 카무르의 옛 마을터를 택하였으며 지금 그 곳으로 가고 있는 중이라고 심중을 털어놓았다. 하디는 나의 불완전한 말을 잘못 알아들은 듯 의아해 하며 믿지 못하겠다는 얼굴로 잠시 어안이 벙벙하였다. 따라서 나는 그 말을 강조해서 다시 반복하였다. 하디는 그제서야 내 심중을 알아차렸다. 하디는 내 말을 주위 사람들에게 통역하였고, 즉시 탄성과 감탄의 소리가 한꺼번에 터져 나왔으며 온 마을이 흥분하기 시작하였다.

"하디, 나와 함께 카무르에 가서 집 짓는 것을 도와주시오"라고 나는 부탁했다.

"데르 - 좋습니다." 그는 환하게 웃으면서 대답했다.

"내가 내일 가겠소."

내가 떠나려고 일어서자 하디는 한 손을 내 어깨에 올려 놓고 일자집 끝에 병들어 누워 있는 한 청년을 가리켰다. 그는 헛소리를 할 정도로 심한 고통 중에 있었기 때문에 그 순간의 기쁨조차도 함께 나눌 수가 없었다.

"내 아들 암위인데 중병에 걸렸소. 도와줄 수 없겠소?"라고 하디는 내게 물었다.

나는 활과 화살과 창과 습지 지역 주민들이 사용하는 사고 야자의 즙을 내는 도구들이 가득 담긴 선반을 고개를 숙여 피하면서 쇠약해져 누워 있는 그 청년에게로 다가갔다. 나는 열대병의 증상들에 대해 아직 익숙하지 못했기 때문에 말라리아일 것이라고 추측하고는 그에 맞는 약을 복용시켰다.

그러고 나서 하디와 나는 작별 인사로 서로 얼싸안았다. 그리고 나는 요휘 마을을 떠났다. 하디는 바이톰 지류의 습지 끝까지 따라 와서는 여러 날 동안 먹을 사고 야자를 거두는 대로 카무르로 와서 나를 만나겠다고 거듭 약속하였다. 얼마 안 있어 그의 모습은 숲에 가려 보이지 않았다.

그 날 오후 다섯 시경에 우리는 다 허물어져 가고 있으나 곧 극적으로 새 모습을 갖추게 될 카무르의 옛 마을터에 도착하였다. 그러나 그 곳에는 아직까지도 어떤 사위인의 흔적도 보이지 않았다. 한 시간만 지나면 해가 질 것이었기 때문에 우리는 사위인들을 찾아볼 시간적 여유가 없었다. 따라서 우리는 오두막집들 가운데 가장 성한 곳을 골라서 그 곳에 우리의 물건들을 올려다 놓았다. 마룻바닥은 몇 군데 구멍이 난 것을 제외하고는 우리의 무게를 견딜 만했다. 우리는 저녁을 지어 먹은 후에 풀잎 방석을 깔고 잠을 청했다.

그 다음날 동이 트기 직전에 우리는 잠을 깨었으나 무서운 폭우가 퍼붓기 시작하였다. 어찌나 비가 거세게 퍼붓는지 몇 초도 지나지 않아 오두막집이 흔들리는 것 같았다. 반나절이 지난 후에야 비로소 비가 그쳐 일을 시작할 수 있었다.

여섯 명의 인부들에게 내가 원하는 대로 지시하였다. 두 명에게는 지류를 거슬러 올라가 카무르 마을을 찾아보라고 지시하였다. 나는 그들에게 선물을 들려서 추장을 만나 보게 하였으며, 선물을 주고 내가 만나기를 원한다고 초대하도록 지시하였다. 그리고 세 명은 도끼를 들려서 집의 기초를 놓을 경질목 재료들을 잘라 오라고 시켰다. 그리고 나머지 한 사람은 나를 도와 정지(整地) 작업을 하도록 조치했다.

다섯 명은 곧 떠났고, 헤딥과 나만 남아 집터로 물색해 놓은 장소를 뒤덮고 있는 엄청난 나뭇가지와 덩굴들을 제거하기 시작하였다. 우리는 큰 낫을 휘두르며 일에 착수하였다. 얼마 후 땅바닥이 서서히 마지 못해 그 모습을 드러내기 시작하였다. 그런데 그곳은 저지였다. 나는 그런 곳에 집을 지으면 우기 때문에 몇 달 동안 바닥에 물이 고여 있을 것이라는 점을 잘 알고 있었다.

따라서 우리는 숲 안쪽으로 덩굴을 베며 나아갔다. 그런데 갑자기 헤딥이 그의 낫으로 뒤엉킨 나무 뿌리쪽을 가리키는 것이었다. 내가 바라보니 분명코 지면이 위로 올라가 있었다. 우리는 있는 힘을 다해 경사진 곳을 향해 낫을 휘둘러 댔다. 놀랍게도 그 곳은 지면이 주변 습지보다 도저히 믿을 수 없을 정도로, 10센티미터나 높이 솟아 있었다. 그 같은 언덕은 주변 습지에서는 찾아볼 수 없는 고지(高地)로서, 일 년에 불과 몇 주 동안만 물이 범람할 것 같았다.

게다가 스티븐이 놀 수 있는 마른 땅으로서도 적격이 아닐 수 없었다.

우리는 두 시간 동안 계속해서 정지 작업을 벌였다. 그런데 내가 선물을 들려 보낸 두 명이 돌아오는 바람에 그 작업은 중단되었다.

그들은 환하게 웃으면서 "뚜안, 우리가 그들을 찾아냈소!"라고 말했다.

"그들이 지금 어디 있소?"라고 나는 물었다.

그러자 한 카야가르인이 그의 노를 들어 상류쪽을 가리키는 것이었다. 나는 그쪽을 바라보았다. 대여섯 척의 카누가 나무 그늘에 가려 조금씩 다가오는 모습이 보였다. 나는 카누 안에 탄 자들을 볼 수 없었으나, 그들이 나를 바라보고 있다는 사실만큼은 알 수 있었다.

두 명의 카야가르인이 그들을 불렀다. 그러자 카누가 한 척씩 앞을 가린 나뭇잎을 헤치고 나타나는 것이었다. 이에 이삼십 명의 날렵하고 강인한 체구의 사위 부족 전사들의 모습이 드러났다. 그들은 카야가르인들의 재촉에 서서히 반응을 보이며 앞으로 나오면서도 눈은 빤히 나만을 바라보고 있었으며 아무런 말도 하지 않았다. 그들이 벌거벗은 몸으로 일어설 때 야자나무로 만든 활들이 언제라도 집어들 수 있도록 발치에 놓여 있는 것이 눈에 띄었다.

나는 강가에 서서 코나하리오!라고 외쳤다.

그러나 아무 응답도 없었다. 그들의 카누들이 강가에 닿았음에도 불구하고 그들은 빤히 나만 바라보고 있었다. 나는 그들을 지척에서 바라보게 되자 그들이 사지를 떠는 것을 알게 되었다. 그리고 두려움에 눈꺼풀마저 떨리는 모습을 발견할 수가 있었다. 나도 역시 약간 두려웠다. 그러나 그 모습을 보이지 않기 위해 무진 애를 썼다. 이제는 충고를 해줄 존이나 켄도 없었으며, 사태가 악화되면 급히 뒤로 물러나 피신할 에벤에셀이나 모터보트도 없었다.

문화적으로 유사한 사람들끼리 첫 대면을 하는 것과 문화가 서로 다른 사람끼리 첫 대면을 하는 것은 천양지차이다. 우리는 서로 극단적인 문화를 가진 자들로 서로 마주하고 있었으며, 이에 주위 공기마저도 긴장으로 터질 것만 같았다.

아주 오래전에는 그들의 조상들이나 나의 조상들이 한민족이었을 것이며, 같은 도구와 무기를 사용하고, 동일한 목표를 향해서 동일한 언어를 사용하며 함께 살았을 것이다. 그러나 서로 헤어져 살게 된 후에는 기후가 다른 곳으로 흩어지게 되었을 뿐 아니라 점차 삶의 양식도 크게 달라지게 된 것이다. 이에 신진 대사, 피부색, 머리카락, 몸의 균형 면에서 유전학적인 변이가 드러나게 되었으며, 서로 격리되어 있다 보니 그 차이가 더 확연히 드러나게 된 것이다. 또한 언어의 변화가 일어나 원래의 모어(母語)가 사라지게 되면서 고아나 다를 바가 없는 여러 자어(子語)들이 나타나게 되었고, 마침내는 서로 각기 다르게 발전하여 같은 계통에서 나온 것인지조차도 분간할 수가 없게 된 것이다.

결국 오랜 세월의 변화가 축적되어 온 터였기 때문에 우리는 서로 완전히 다른 극단의 존재들로 변하고 말았으나, 하나님의 섭리로 무엇인가를 드러내 보여 주기 위해 다시 만나게 된 것이다.

젊은 자들은 그냥 카누에 남아 있었으나 연장자로 보이는 세 명이 카누에서 내려 나에게로 다가왔다. 내가 사위족에게로 가는 것을 방해하려다가 실패했던 카야가르인들은 이제 그들의 태도를 완전히 바꾼 것처럼 보였다. 그들은 이 새로운 만남을 성사시키는 중재자로서의 역할에 매우 만족해 하며 심지어는 자부심을 느끼고 있는 것 같았다. 그들은 마치 유모처럼, 입을 다물고 있는 것은 무례라고 점잖게 꾸짖으면서 사위인들에게 좀더 가까이 나오라고 강요하다시피 하였다.

갑자기 세 사람 중의 하나가 내 앞으로 바싹 다가왔다. 그의 오른쪽 눈은 이미 화살에 맞아 멀어 있었으나 왼쪽 눈은 매우 영리하게 반짝이고 있었다. 나는 그를 향해 손을 들었다. 그러자 그도 반응을 보였다.

우리는 서로 잠시 동안 상대방을 유심히 바라보았다. 그러고는 손을 잡았다. 그러자 정지되었던 감정이 서서히 움직이기 시작하였으며 서먹하기 이를 데 없던 감정이 서서히 사라지기 시작하였다. 우리는 똑같이 인간이었으며 – 피와 살을 가진 – 남자들이었던 것이다.

그는 웃음을 지어 보이면서 "나는 하토요!"라고 말을 건넸다.

이에 나도 손을 꽉 쥐면서 "나는 던이오"라고 대꾸했다.
　그러자 나머지 두 사람도 끼어 들어와서는 내 손을 잡는 것이었다. 그러고는 돌아가면서 말했다.
　"나는 키고요!"
　"나는 누무요!"
　이 세 영웅이 결국은 다시 나타났던 것이다!
　그러자 카누를 타고 있던 그들의 동료들이 카누에서 내려 몰려들기 시작했다. 이에 그들이 외치는 코나하리오! 소리로 주변은 잠시 시끌벅적하였다. 나는 새로 정지 작업을 한 땅을 가리키면서 그 곳에 집을 짓고 살 것이라고 말을 했다. 그러자 그들은 "데르! 데르! 데르! - 좋소! 좋소! 좋소!"라고 응답하였다.
　나는 그들에게 바다에 깔 야자나무 껍질을 가져다 달라고 부탁하였다. 그러자 그들은 그 다음날 가져다 주겠다고 약속하였다.

　그들의 환호성과 외침은 갑자기 커지기 시작하였다. 그들의 환호성은 커지다가 하하프 카만이라고 불리는 가슴 깊숙이에서 우러나오는 강한 외침으로 절정에 이르렀다가 끊겼다. 그 외침은 모든 사람이 함께 표현하기 전까지는 그 누구도 그 기쁨을 완전히 표현할 수가 없는 외침이었다. 그 외침은 내 속에 이상함과 희망이 뒤범벅이 된 느낌을 자아냈으며, 따라서 나의 머리가 지끈거리기 시작하였다. 그들은 나로 하여금 누군가가 월드 시리즈 야구 경기에서 홈런을 막 쳤을 때의 분위기를 느끼게 하였다. 더욱이 모든 사람의 시선이 집중한 가운데 내가 바로 그 홈런을 친 사람인 것 같은 기분을 느끼게 한 것이다. 그리하여 나는 마치 공중에 둥둥 떠다니는 것 같았다.
　그 큰 외침의 함성이 줄어들기 시작하였을 때 또 다른 환호성이 그 밑에서 솟구쳐 올라왔다. 그래서 나는 소리 나는 곳으로 몸을 돌려 바라보았다. 그랬더니 아미얌과 요휘 마을의 카누들이 크론켈 강을 따라 내려오는 것이었다. 하디와 그의 동료들이 노깃으로 카누의 양쪽 물살을 힘차게 저으면서 미끄러지듯이 달려오고 있었다. 카무르인들은 그들의 모습과 음성을 알게 되자 즉시 기뻐 어쩔 줄 모르며 다시 기쁨의 환호성을 올리는 것이었다. 카무르인들의 두번째 하하프 카만이 사라지기도 전에, 요휘와 아미얌 마을 사람들은 노 젓는 것을 그치고 노로 강물을 쳐서 물을 튀기면서 하하프 카만의 외침으로 응수하였다.

이 양편의 환호성과 외침은 마치 강과 강가에서 공을 주고받듯이 거듭해서 주거니 받거니 하며 공중으로 울려 퍼졌다. 그것은 사위 부족 고유의 21발 축포와도 같은 것이었다. 게다가 그것은 고립 시대의 종막과 상호 교류 시대의 서막을 알리는 신호이기도 하였다.

아마 내가 그 날 그 곳에서 그리스도의 대사로서 그런 축포를 울리게 하지 않았다면, 후일에 누군가가 그 축포를 터뜨렸을 것이고, 그 동기와 결과가 아마도 자못 다르게 나타났을 것이다.

이 세상에 아직도 남아 있는 원시인 부족들은 간섭하지 말고 그대로 놔두어야 한다고 주장하는 이들은 그들의 생각이 얼마나 순진한가를 잘 모르고 있다. 이 세상은 누군가가 그냥 내버려질 수 있을 정도로 큰 곳은 못 된다. 선교사들이 주기 위해 들어가지 않으면, 목재상, 악어 사냥꾼, 탐광자, 농부들이 **빼앗기** 위해 원주민에게로 들어간다는 사실은 이미 주지의 사실이 아닌가!

결국 문제는 누가 들어가야만 하는가가 아니다. 왜냐하면 누군가가 들어가려고 하기 때문이다. 오히려 문제는 가장 호의적인 사람이 제일 먼저 그 곳에 도착해야만 한다는 데 있다.

사위족 가운데 처음으로 거주하는 사람으로서, 나는 사위인과 그 문화에 대한 존중심과 하나님과 성경에 대한 충성심을 잘 연결시키는 것을 목적으로 삼고 있었다. 따라서 가장 중요한 문제는, 사위 부족의 문화와 성경이 그 기본 전제에서 완전히 상충되기 때문에 양쪽을 다 충성스럽게 섬기는 것은 불가능한 것이 아닌가 하는 문제였다. 이에 나는 그것을 기어이 발견해 내리라고 마음먹었다.

그러나 내게는 그보다 먼저 할 일이 있었다. 그것은 바로 다름이 아니라 내가 살 집을 지어야만 하는 것이었다.

9

하늘에서 내려온 신들

우리는 일꾼들이 더 늘어났기 때문에 정지 작업을 곧 마칠 수가 있었다. 그러는 사이에 카야가르인들이 경질목 건축 재료들을 가지고 돌아왔다. 따라서 나는 언덕의 중심부에 쌓아 놓고 하나씩 제자리에 세로 기둥을 세우기 시작하였다. 나는 숙련된 목공은 아니었으나 존 맥케인과 함께 피리마푼에 조그만 창고를 지었던 경험을 토대로 통나무로 집을 짓는 기본 기술을 습득할 수 있었다. 통나무로 집을 짓는 방법은 톱으로 켠 목재들을 가지고 집을 짓는 방법과는 판이하게 달랐다.

그런데 얼마 안 있어 해남 마을 사람들이 탄 카누가 도착하였다. 크론켈 강 남쪽 깊숙한 곳에 은거하고 있는 그들에게까지 내가 왔다는 소식이 들린 것이었다. 이에 나는 2백 명 가량 되는 카야가르인, 아토화엠인, 사위인 — 대개는 서로 적으로 간주하고 가끔 친구로 생각해 왔던 세 부족인들 — 가운데 홀로 하나뿐인 흰 점이 되었다. 그들은 모두 말 한마디에 무서운 분노를 순식간에 일으킬 수 있는 자들이었다. 그들은 대부분 창으로 겸용하는 노를 가지고 있었고, 또 팔찌에 단도를 차고 있었다. 게다가 카누에는 활들이 항상 쓸 수 있게 가지런히 놓여 있었다.

  나는 계속 어떤 불상사의 기미가 있지 않나 관심을 기울여야 했기 때문에 집을 짓는 일에만 전념할 수가 없었다. 그러나 그럭저럭 네모난 집의 형태는 잡을 수가 있었다.

  시간이 흐를수록 나는 하나님께서 내게 주신 깊은 평안에 놀라지 않을 수 없었다. 나는 마치 평화의 캡슐 안에 완전히 밀폐되어 있는 것처럼 느꼈으며, 게다가 돌발적인 사태의 발전을 완화시킬 수 있었고, 하나님께서는 내 음성에 권위가 흘러 넘치도록 하셨다. 이 거칠기만 한 습지 사람들은, 마치 내 말에 순종하는 길 외에 다른 도리가 없는 양처럼 내 말을 고분고분 잘 따랐다.

  나는 열 여섯 개의 기둥을 1.5미터 간격으로 세워 놓은 후에 그 기둥들을 흙 속 깊숙이 박는 일을 시작하였다. 나는 여러 그룹으로 사람을 나누어서 임시로 만든 비계 위에 교대로 올라가서 큰 망치로 기둥을 박게 했다. 이것이 주의를 딴 데로 돌리게 하는 데는 더할 나위 없이 좋은 방법이었다. 그들은 오직 기둥을 박는 데만 온 정신이 쏠려 있었다. 깔깔거리며 웃는 소리와 흥분과 기쁨의 분위기가 주변 공기를 가득 채웠다.

  그러나 기둥을 박는 일이 끝나자 투덜거리는 소리가 다시 들리기 시작하였으며 무서운 눈초리로 서로 노려보는 것이었다. 바로 그 때 야에라고 불리는 키가 큰 카야가르인 우두머리가 갑자기 무어라고 큰 소리로 마구 떠들어 대는 것이었다.

  나는 잔뜩 긴장했던 터에 그가 모인 사람들에게 진정하라고 권면하는 것인지, 아니면 사위 부족에 대한 적개심을 털어놓고 있는 것인지 알 수가 없었다. 그러나 나는 아무래도 후자의 경우인 것 같아서 그의 뒤로 가서 부드럽게 어깨에 손을 올려 놓았다. 나는 그런 경우에 대처할 만한 충분한 카야가르어 실력이 없었기 때문에 단지 영어로 부드럽게 이야기를 했다. 그러자 야에는 즉시 누그러졌다. 그리고 막 흥분하려고 했던 자들도 함께 누그러졌다.

그러나 얼마 못 가 불평의 소리와 긴장의 분위기가 다시 일기 시작하였다. 나는 내가 사위족에게 도착한 날이 사위인들에게 피를 흘린 날로 기억될까봐 여간 걱정스럽지 않았다. 일촉 즉발의 돌발적인 사태를 내 힘으로는 막을 수 없음을 깨달은 나는 연장을 내려 놓고 하나님께서 개입해 주실 것을 간청하였다. 바로 그 순간 하늘로부터 비행기 엔진소리가 들려오기 시작하였다. 그러자 불만에 가득 찼던 전사들의 투덜거리는 소리가 즉시 그쳤다.

그 소리는 당연한 것이었다. 나는 오후 내내 흥분해 있었기 때문에 존 맥케인이 무선으로 항공 선교회 비행사들에게 연락을 해서, 바로 그 날 크론켈 강에 수상 비행기를 착륙시키는 첫 시험 비행을 하고 겸사로 내게 석유를 가져다 주도록 조치해 놓은 것을 깜빡 잊어버리고 있었다. 오전에 나는 그들에게 비행기가 곧 올 것인데 오더라도 놀라지 말라고 이야기했지만, 아무리 내가 설명을 하려고 애를 써도 그들은 그 말을 알아듣지 못했었다.

하나님께서 완벽하게 시간을 맞추신 것에 감사드리면서, 나는 우리 위를 스쳐 지나가는 비행사들에게 셔츠를 벗어 신호를 보내고는 즉시 앉아서 언제라도 폭동을 일으킬 수 있는 그들의 표정을 살폈다. 이들은 모두 높이 날아가는 비행기의 모습이나 소리를 들어 본 적이 있는 자들이었다. 게다가 상당 수의 사람들은 십여 년 전에 오스트레일리아 비행기나 일본 비행기들이 서로 정찰을 하려고 낮게 날아다니는 모습을 본 적도 있었다. 그들은 모든 비행기는 초자연적인 존재로 생각하였으며 뚜안족과는 전혀 연결을 시키지 않고 있었다.

그들은 비행기가 나타나면, 울창한 숲속으로 도망쳐 들어가 공포에 떨며 엎드리는 것이 으레 보이는 반응이었다. 사실상 수년 전에 어떤 몽상가가 아라마소, 즉 "비행기"는 가시를 매우 싫어한다는 소리를 해서 이것이 널리 퍼져 있었다. 어떤 비행기도 타이어에 가시가 박히는 것을 원하지는 않으므로 이 말은 사실상 진실이었다. 그러나 이 말은 원주민들에게 말할 수 없는 고통을 안겨다 주었다. 왜냐하면 비행기가 나타나면 가시 덤불 밑에 숨었기 때문에 온몸에 가시가 달라붙어 여러 날 동안 그것을 떼어 내느라고 애를 써야 했기 때문이다. 그러나 비행기가 낮에 지나간 지도 벌써 오랜 세월이 지났다. 게다가 비행기가 그 곳 인근 지역에 실제로 착륙한 적은 한번도 없었다.

눈이 휘둥그래진 전사들은 멀리 지나갔으면 하고 은근히 바라는 마음으로, 윙윙거리는 이상한 침략자가 어디쯤에 있을까 하고 구름이 바둑판 모양을 이루고 있는 하늘을 두루 살피는 것이었다. 그런데 갑자기 구름을 배경으로 검은 물체가 낮게 떠 있는 것이 보였다. 그러더니 그 물체는 크론켈 강의 먼 굽이를 따라 돌더니 다시 한번 강줄기의 굽이를 돌고 나서는 곧바로 우리를 향해 날아오는 것이었다. 그러자 사방에서 공포에 질려 부르짖는 소리가 한꺼번에 울려 나왔다. 그러더니 모두 숲속을 향해 줄행랑을 치는 것이었다. 나는 이런 무서운 공포를 부녀자들과 아이들이 겪지 않은 것이 무척 다행스럽게 여겨졌다.

비행기가 첫번째로 우리 위를 스치며 급상승할 때 나는 셔츠를 마구 흔들어 댔다. 그러자 그것을 보았다는 신호로 비행기 날개를 약간 내렸다. 따라서 나는 비행기의 착륙을 기다리기 위해 강가로 내려갔다. 그런데 놀랍게도 일단의 사람들이 두려워 떨면서도 도망치기를 거부하고 함께 내게로 달려오는 것이었다.

키고와 하토는 그들 가운데 있었으나 누무는 이것만은 안 되겠다고 포기했는지 눈에 띄지 않았다. 나머지 두 사람은 내가 비행기가 올 것이라고 오전에 설명한 것을 대강은 알아차리고, 아라마소가 그들을 해치지는 않을 것이며, 단지 뚜안을 만나기 위해 온 것이라고 추측한 우두머리들이었다.

그들은 하늘에서 내려온 신과 땅 위의 신이 만날 때 어떤 놀라운 교류가 일어나는지를 보고 싶었던 것이다.

상고머리(항공기 탑승원들의)를 한 행크 워팅톤은 키다리의 길고 검은 물줄기를 바라보면서 수상 착륙을 방해할 만한 것이 없는지 살펴보았다. 방해할 만한 것이 아무것도 없음을 확인한 그는 이륙할 때 방해가 될 만한 것이 없는지 확인해 보기 위해 강표면을 살짝 스치고 나무들 위로 다시 날아 올랐다. 그 옆에는 금발의 폴 폰티에(Paul Pontier)가 앉아 있었다. 그는 네덜란드령 뉴기니아의 오지에 위험한 첫 착륙 비행을 여러 번 성공시킨 베테랑이었다.

두 비행사는 서로 마주보더니 같이 고개를 끄덕였다. 행크는 세스나(Cessna) 180비행기를 한 바퀴 선회 비행한 다음 우뚝 솟은 정글의 숲 벽 아래로 들어오기 시작하였다. 높이 솟은 경질목 나무들과 멀리 강굽이에 보이는 무너질 듯한 오두막집들이 마치 망원 렌즈를 통해 볼 때와 같이 갑자기 눈앞으로 다가왔다.

나는 하토를 바라보았다. 그는 성한 한 눈으로 "마이크 파파 브라보"(Mike Papa Bravo)가 낮게 비행하는 모습을 쫓으면서 온몸에 땀을 흘리고 있었다. 수상 비행기의 부주(浮舟) 아래에서 두 줄기의 물보라가 생기자 키고와 그 밖의 사람들은 부들부들 떨면서 뒤로 물러나기 시작하였다. 바로 그 때 행크 워팅톤은 물 위를 활주하여 강변으로 쉽게 올라오도록 하기 위해 갑자기 비행기 엔진의 속력을 높였다. 하토는 설 기력조차 잃고 쓰러질 듯이 내 뒤에 와서 숨었다.

나는 잠시 동안 내 주위의 공포에 질려 있는 사람들의 감정을 함께 느끼고 있었다. 나는 석기시대의 관점에서 수상 비행기를 바라보고 있었고 몸서리치고 있었다. 그러나 그것도 잠시뿐, 나는 내게 석유를 가져다 줄 수상 비행기를 기다리고 있는 20세기 인간으로 되돌아왔다.

행크가 엔진을 끄자 무리들이 외치는 고함소리가 한꺼번에 들렸다. 고개를 돌려 뒤를 바라보니 12명 가량이 몸을 숲속에 반쯤 숨기고 있었다. 여러 명이 팔을 내밀어 세스나 경비행기를 가리키고 있었는데, 손가락을 부들부들 떨고 있었다.

행크와 폴이 세스나기의 문을 열고 양쪽에서 내리자 또 다시 놀라는 고함소리가 들렸다. 그들이 부주 위로 내려오자 사방에서 놀란 비명소리가 들렸다. 바로 그 순간 큰 미스테리가 풀린 것이었다. 아라마소는 단지 뚜안족의 운반 기구에 불과한 것이었다. 그러나 부주 위에서 내게 인사를 건네는 친숙한 영어 목소리는, 그들에게는 다른 세계에서 들려오는 소리인 것 같았다.

부주는 강변에서 약 3미터 떨어진 곳에서 강바닥과 닿았기 때문에 나는 강으로 들어가서 행크를 등에 업고 강변으로 데리고 나왔다. 그 동안 폴 폰티에는 석유가 담긴 통들을 내려놓았다. 처음에는 사위족의 그 누구도 가까이 와서 우리를 도우려고 하지 않았다. 그러나 나는 천천히 하토와 키고에게 가까이 다가가라고 강요하다시피 했다. 이에 그들은 행크의 손을 잡았으며, 그가 가까이 접근할 수 있는 존재라는 사실을 알게 되었다.

그 후에야 비로소 그들은 선뜻 노랗고 검은 커다란 비행기의 날개 아래까지 들어가서 석유통들을 강가로 옮겨다 주었다. 우리는 내가 카웸에서 가져온 200리터 들어가는 드럼통을 열고 열 통의 석유를 그 안에 부었다. 석유를 붓는 동안 행크는, 다시 자신감을 약간 얻은 사위인들이 소리를 지르면서 숲속에서 뛰어나오는 모습을 물끄러미 바라보았다.

　그리고 나서 나를 호기심 있게 바라보더니 "모든 일이 잘 되어 가고 있소?"라고 물었다.

　"아주 좋소"라고 나는 대답했다. 나는 그가 도착함으로써, 적대적인 부류간에 싸움이 일어날 뻔했던 것을 간신히 면할 수 있었다는 이야기는 하지 않았다.

　"우리는 방금 카웸에서 오는 길이오. 당신 아내와 아들은 잘 있소. 아주 무사하오. 그녀가 당신에게 편지를 전해 달라고 했소." 행크는 캐롤의 글씨가 쓰인 봉투를 내게 건네 주었다.

　그러자 폴도 "그리고 또 여기 그녀가 보낸 가방이 있소!"라고 소리쳤다. 그는 비행기에서 내가 받을 수 있도록 가방을 던졌다.

　그들이 떠날 준비를 했다. 폴 폰티에는 날개에 몸을 기대고는 고개를 좌우로 흔들었다. 해는 점차 기울고 있었으며, 코에 돼지 어금니를 달고 곱슬머리에 눈을 크게 뜬 자들이 점차 다시 몰려들고 있었다.

　"내 생각 같아서는 주변을 돌아볼 때 '같이 비행기를 타고 떠나 버립시다'라고 말하고 싶소. 그러나 아마도 당신은 이 곳을 떠나고 싶지 않으시겠죠?"

　그는 내가 혹시 용기를 잃고 도움을 청하고 싶어하지나 않나 해서 그같이 말하는 것이었다.

　"그렇소, 떠나고 싶지 않소. 폴, 이제 시작에 불과하오."

　"좋소, 몸조심하시오. 우리가 당신을 위해 기도하겠소"라고 폴은 내게 대답했다.

　폴은 조종실로 올라갔고, 행크는 손을 흔들면서 문을 닫았다. 세스나기의 날개 한쪽이 손 닿는 곳에 있었기 때문에 나는 비행기를 크론켈 강의 넓은 곳을 정면으로 바라보도록 약간 돌렸다.

　프로펠러가 다시 돌아가기 시작하였고 마침내 엔진에 발동이 걸렸다. 이에 물보라가 일어나 마치 빗방울처럼 튀기자 원주민들은 바람에 날리는 낙엽과도 같이 사방으로 흩어졌다. 나는 홀로 강가에 서서 "마이크 파파 브라보"가 무섭게 키다리 하류로 줄달음치다가 나무 위로 날아 구름 속으로 사라지는 모습을 바라보았다.

이제 벌써 늦은 오후가 되었다. 그러자 대부분의 원주민들이 어둡기 전에 각자의 마을로 되돌아가기 위해 각자의 카누에 올라탔다. 그들이 떠나려고 했을 때 나는 그들에게 지시를 했다. 만일 그들이 다시 돌아올 것이라면 올 때 집을 지을 건축 재료를 가지고 오라고 말했다. 그리고 소수의 원주민은 그 다음날 아침 필요한 일을 하기 위해 쓰러져 가는 오두막집에서 밤을 보내기로 하였다.

그 날 내가 최후로 봉착한 어려운 과제는 어떻게 목욕을 해야 할 것인가였다. 나는 악어들과 독사들과 거머리들을 염려했기 때문에 크론켈 강에 뛰어들고 싶지가 않았다. 따라서 나는 강가에서 물을 퍼서 몸에 부은 다음 비누질을 했다. 그러고는 비눗기를 없애기 위해 다시 물을 퍼서 몸에 부었다.

그러자 남아 있던 이들이 요리하려고 불을 지피다 말고 와서 나의 이상한 행동을 지켜 보았다. 그들은 난생 처음 비누와 그 용도를 보게 된 것이었다. 나는 그 때 그들이 내 흰 피부를 삼키려는 듯한 눈빛을 하고 있다고 느꼈으며, 그들끼리 웅성거리며 떠드는 이야기가 무슨 소리일까 궁금했다.

후에 안 사실이었지만 그 때 그들은 나의 흰 살결에 대해서도 이야기하였지만 더 더욱 내 몸의 비눗물이 크론켈 강으로 흘러 들어가는 것에 대해 우려를 표했다고 한다. 왜냐하면 그 비눗물로 인해 어떤 큰 결과를 가져올 새로운 이질적 요소, 즉 나의 피부 기름이 크론켈 강으로 흘러 들어가고 있다는 사실을 알고 있었기 때문이었다.
 그들은 그 때 다음과 같이 생각했다는 것이었다.
 "정령들(spirits)이 어떻게 생각할까? 정령들이 어떤 반응을 보일까?"
 결과야 좋든 나쁘든간에, 나는 나의 피부 기름을 크론켈 강물에 흘리고 말았다. 나는 그들의 눈빛 가운데서 그것이 사위족의 우주에 대한 통치권을 요구하는 귀신들 앞에 과감히 도전하는 행동이라는 사실을 깨닫지 못했다.
 어쨌든 이미 도전장은 던져졌다. 따라서 이제 결투는 시간 문제가 되었다.

 나는 거대한 경질목들 사이에 서 있었다. 나는 스스로 왜소함을 느끼고 있었으며, 약간 두려워하고 있었고, 부드러운 정글 바닥에 발목까지 빠져 있었다.
 나는 혼자가 아니었다. 나무 숲 사이로 많은 사위인들이 천천히 나타났다. 앞장 선 자는 하토였다. 그는 와서 내 앞에 섰다. 그는 한 눈으로 이루 형언할 수 없는 진지한 빛을 띠면서 나를 바라보았다. 그는 입술을 움직이며 말을 하였으나 나는 아무 소리도 들을 수가 없었다. 그에게 무슨 절박한 문제가 있는 것 같았다.
 그러자 키고가 하토 곁에 와서 내가 도저히 들을 수 없을 정도로 작게 무엇이라고 말을 했다. 그의 검은 눈동자도 무엇인가 매우 애처롭게 나에게 간구하는 눈빛이었다. 누무의 아들 허스키 투모와 하디와 에르와 그 밖에 내가 이제 막 알기 시작한 자들이 나를 뚫어지게 응시하는 것이었다. 그들 중 일부는 자신들을 먼저 가리키고 그 다음에 처자식들을 가리키는 것이었다. 그 때 그들의 처자식들은 저만큼 숲이 시작되는 곳에서 걱정스러운 눈초리로 바라보고 있었다.

나는 각 개인의 본질적인 인간성에 매우 민감하게 되었다. 거칠게 보이고, 불구이며, 상처투성이에다가 얼굴 형태도 괴상하게 생겼으며, 피부병까지 걸린 그들은 침묵의 동조로, 말로 형언할 수 없는 깊은 그들의 고통을 강렬하게 호소하고 있었다.

그들은 마치 집행 유예를 기다리는 사형수와도 같았다. 그들은 마치 내가 집행 유예를 선언해야 할 사람인 양 내게 호소하고 있었다. 그들의 호소는 정말 견디기 힘든 큰 짐이 아닐 수 없었다.

나는 갑자기 정신을 차리고, 땀을 뻘뻘 흘리면서 초조해 하는 원주민들과 그들의 처자식들을 위로하고 싶은 강렬한 열망에 사로잡혔다. 나는 약 한 시간 동안 하나님 앞에서 홀로 외롭게 나의 간절한 소망을 아뢰었다. 나는 오래전에 이미 피로 써 놓으신 집행 유예장이 이 잃어버린 습지의 영혼들에게 즉시 효력을 발휘할 수 있도록 해 달라고 기도하였다. 결국 해 뜨기 직전 하나님께서는 내가 찾던 확신을 불어넣어 주셨다.

새벽이 자신의 도착을 하라구 새에게 속삭이는 소리로 일러주자, 하라구 새는 풍조에게 가르쳐 주었으며, 풍조는 앵무새에게, 앵무새는 늘보 원숭이에게 그 소식을 일러 주었다. 그러자 늘보 원숭이는 숲속의 빽빽한 다락방에 모여 사는 짹짹거리고 허풍떨며 지저귀는 모든 식구들에게 그 비밀을 알렸다. 그러자 그들은 새벽 여명처럼 찬란한 합창을 엮어 냈다.

우리는 이른 아침부터 일을 시작했다. 우리는 무거운 경질목을 기둥들 위에 올려 놓고 못을 박느라고 쩔쩔맸다. 그 후 존 맥케인은 에벤에셀 호에 장선(joist : 마룻바닥에 널판을 깔기 위해 괴는 긴 막대기 - 역자 주)용으로 쓸 홍수림 목재들을 잔뜩 싣고 왔다. 우리는 함께 힘을 합해 마룻바닥을 종려나무 껍질로 깔고, 자른 통나무로 벽과 지붕을 만들었다. 그 다음에 우리는 현관과 문과 창문과 계단과 부엌의 식탁을 만들었다. 그 사이에 사위족과 카야가르족 인부들은 사고 야자나무 잎사귀로 지붕을 잇고 벽 사이의 틈을 막았다.

  7월 10일, 우리는 인부들에게 품삯을 지불하였고, 나는 카웸 마을로 출발하면서 사위족에게 "3일 후에 아내와 아들을 데리고 돌아오겠소"라는 짧은 메시지를 남겼다.

10
카누 안의 운명

넓은 어깨와 홀쭉한 궁둥이를 가진 여섯 명의 카야가르인은 창으로도 사용하는 그들의 노를 일사분란하게 움직이면서 우리가 탄 날렵한 카누를 범람한 초지 위로 미끄러지게 하였다. 저 앞쪽에는 고독한 섬 모양을 하고 있는 아호스 나무의 가지 위에서 한 떼의 날씬한 해오라기들이 우리가 다가오는 모습을 유심히 바라보고 있었다.

카누의 뾰족한 뱃머리가 빠르게 접근하자 해오라기 떼는 갑자기 날아 올라 사뿐히 인근 아호스나무 섬으로 내려 앉았다. 그리고 그들은 거기서 우리가 따라 잡을 때까지 앉아 있다가 다시 날아 오르곤 하였다. 그렇게 하여 바다에서 신천옹(信天翁, albatross, 글라이더와 같이 나는 새의 이름 - 역자 주)이 배를 따르듯이, 해오라기 떼는 태양이 이글거리는 바다 위로 우리가 탄 카누를 인도해 나갔다.

카누의 중앙에 설치해 놓은 닫집 안에서, 무엇인가 말하려는 듯한 스티븐의 푸른 두 눈이 캐롤의 어깨 위로 주위를 살짝 엿보고 있었다. 그 두 눈은 처음에는 나를 쳐다보고 알 만한 사람이라 눈빛이 부드러워졌으나 흰 해오라기 떼가 번쩍이며 옆을 스쳐 지나가자 갑자기 눈을 동그랗게 떴다. 스티븐은 그 작은 손으로 스쳐 지나가는 쿠나이(Kunai) 풀잎을 만져 보려고 손을 내밀었다. 스티븐은 한 떼의 오리들이 머리를 거꾸로 하고 떨어지듯 비행하자 어린 아이 특유의 기쁨 섞인 낭랑한 목소리로 깔깔 대며 즐거워했다. 이상하게 생긴 코뿔새 한 쌍이 빽빽거리며 지나가자 스티븐은 장난기 섞인 얼굴로 놀라 하늘을 바라보았다.

7개월짜리 어린 아이의 예민한 지각력으로 스티븐은 새로운 환경에 응답하기 시작하였다. 스티븐은 새로운 환경이 그저 즐겁기만 한 것이었다. 그는 두려움이라고는 조금도 느끼지 않았으며 그저 주변의 아름다움을 만끽하고 있었다. 스티븐은 수많은 새로운 빛과 소리와 감촉을 충분히 느낀 후, 젖을 빨다가 카누가 부드럽게 움직이는 데 맞춰 잠이 들었다.

저 멀리에는 검푸른 숲이 늘어선 수평선이 한낮의 열기로 아물거리고 있었다. 수평선이 점차 가까이 다가왔다. 그러다가 우리는 갑자기 초지를 뒤로 하고 가지를 잔뜩 늘어뜨린 그늘 아래로 미끄러지듯이 크론켈 강의 본류로 들어갔다.

강물이 서쪽으로 흘러가고 있는 것을 힘입어 우리는 곧 아미얌 마을을 통과했다. 그 마을 주민들은 남녀 노소 할 것 없이 금발의 여인과 무릎에 누운 똑같은 금발의 아이를 믿어지지 않는다는 듯한 표정으로 쳐다보았다.

이제 시간은 정오를 훨씬 지났다. 늦은 오후의 숨막힐 듯한 공기가 습지 위에 짙게 내리깔려 있었기 때문에 노를 젓던 이들은 점차 피곤을 느끼고 있었다.

캐롤은 손수건을 강물에 적셔 스티븐의 이마를 식혀 주었다. 푹푹 찌는 듯한 무더위가 우리의 오관에 마술을 건 것 같았다. 시간은 점점 늦추어지는 것 같았고 마침내는 강물의 고기들조차도 느린 동작으로 솟아오르는 것 같았다. 그리고 크론켈 강의 굽이치는 긴 물줄기는 그전보다 더 길어 보였다.

나는 어둡기 전에 목적지에 도달하지 못할까봐 걱정이 되었다.

카누 위에 서서 나라이는 코끼리풀 덤불 속으로 노를 푹 찔러 넣었다. 그러고는 노의 깃을 카누 위에 걸쳐 놓고 그 위에 앉았다. 나라이는 이렇게 카누를 고정시킨 후 계속 상류쪽을 응시하면서 기다렸다.

나라이는 지난 몇 달 동안의 이상한 사건들, 즉 사위족의 역사상 그 전례가 없었던 사건들을 회상하기 시작하자 심장의 고동이 빨라지는 것을 느낄 수가 있었다. 두 척의 배의 전율할 만한 침공……키다리에서의 세 명의 뚜안족과의 만남……하디와 에르의 마술에 걸린 듯한 긴 방랑 모험 여행……사위족이 최초로 한 피리마푼 여행……툼두 지류 옆에 집을 짓기 위해 한 명의 뚜안이 돌아왔던 일……아라마소의 착륙……며칠 후 집 짓는 것을 돕기 위해 또 다른 카웸 마을의 뚜안이 왔던 일……그리고 마침내 두 뚜안이 떠났는데 그 중 한 명의 뚜안은 그의 아내와 자식을 데리고 3일 후에 오겠다고 했던 일.

아니 우리들이, 그 뚜안의 몸짓으로 하는 말을 오해한 것은 아니었을까?

어쨌든 그 날로부터 3일째 되는 날이었다. 하류로 5킬로미터 떨어진 지점에 해남과 카무르와 요휘 마을 사람들이 집결하여 기다리고 있었다. 강이 굽어지는 곳마다 망보는 자들을 곳곳에 배치하여 나라이가 보내는 신호를 받아 뒤로 보내게 하였다.

시간도 흐르고 크론켈 강물도 따라 흘렀다. 나라이는 어깨 뒤로 저무는 해를 바라보았다. 도대체 이해할 수 없는 이유로 어디에서인지도 모르게 나타나 툼두 지류 앞에 집을 지었던 그 뚜안족이

카누 안의 운명 149

다른 마음을 먹은 것은 아닌가라는 생각이 들었다.

그런데 저 멀리 상류 쪽에, 햇빛이 물에 젖은 노에 반짝이는 모습이 나라이의 시선을 끌었다. 그러더니 카야가르 부족의 카누 한 척이 고독한 파수꾼을 향해 아른거리는 그림자를 떨구면서 시야로 들어왔다. 나라이는 코끼리풀 수풀에서 노를 서서히 잡아 빼면서 앞으로 몸을 숙였다.

그러나 나라이는 움직이지 않고 계속 기다려 보았다. 그랬더니 카야가르 부족인들 가운데 다른 피부 색이 어렴풋하게 보이는 것이었다. 그는 몸을 펴고 카누 위에 서서 대나무 뿔피리를 입술에 대고 길고 낮은 소리를 내었다.

이 신호는 몇 초도 안 되어 멀리 떨어진 마을에까지 연결되어 전달되었다. 나라이는 기대감에 넘치는 웃음을 띠면서 다가오는 카누를 인도해서 목적지로 데리고 갈 준비를 했다. 태양은 벌써 대나무 숲에 걸려서 막 사라지려는 찰나였다.

사위족 한 명이 갑자기 나타났다. 그는 우리 옆으로 노를 저어 왔다.

코나하리!라고 나는 소리쳤다.

코나하리!라고 웃으면서 그가 대답했다.

곧 두번째 호위자와 세번째 호위자가 저녁의 짙은 안개 속에서 나타났다. 그들은 4미터도 채 안 되는 작은 카누를 타고 크론켈 강을 미끄러지듯이 나타났다. 우리가 마지막 굽이를 돌 때 작은 카누에 탄 예닐곱 명의 사위족이 우리 일행에 합류하였다. 그들은 물 흐르는 듯한 신비한 언어로 하늘을 향해 소리를 냈다. 그들의 문장은 매번 "……우우우우우"라는 소리로 끝났다.

마지막 긴 물줄기를 따라 내려가는 동안 캐롤과 나는 우리가 살 집을 보기 위해 발들과 노들 사이로 앞을 쳐다보았다. 그러나 우리는 그 때 우리가 본 사실을 받아들일 어떤 준비도 되어 있지 않았다.

약 2백 명의 무장한 전사들이 황금빛 수평선에 검은 그림자를 드리우고 강가에 몰려 서 있었다. 그들의 머리와 창에는 깃털들이 장식되어 있었다. 그리고 그 뒤에, 그러니까 존과 내가 3일 전에 지어 놓은 작은 통나무 집 근처에는 같은 수의 부녀자들과 아이들이 우리가 나타난 것을 보고 낮은 목소리로 탄성을 지르면서 모여 있었다.

내가 탄 카누의 노를 젓던 이들은 강가로 노를 저어 가면서 시종 침묵을 지켰다. 무장을 한 이들이 서 있는 강가에 카누가 닿을 때까지 그들은 계속 침묵하였다.

11

생소함의 세례

"저들을 보세요"라고 캐롤이 속삭이듯 말했다. 가까이 다가가 보니 그들은 얼굴에 화려하게 흰색과 황토색 물감을 발라 검은 안와가 입을 벌리고 있는 것처럼 보였다. 우리는 창 끝에 촉이 뾰족하게 나 있는 것을 자세히 볼 수 있었다. 게다가 우리는 그들이 흥분하여 속삭이는 말 속에서 들떠 있는 숨소리도 들을 수 있었다.

그들이 수일 전에 우리 집을 지을 목재를 부드럽게 가져다 준 바로 그 사람들이라고는 도저히 믿을 수가 없었다. 그들의 친절한 태도와 열성 때문에 그들이 아직도 인두 사냥을 즐기는 식인종이라는 사실을 쉽게 잊어버렸던 것은 아닌가? 그들이 결국 이렇게 본색을 드러낼 것인가?

내가 그들의 저의를 간파하지 못했던 것인가? 아니면 이것이 그들의 환영의 표현인가? 아니면 무슨 다른 의미가 있는 것인가? 내가 캐롤과 스티븐을 너무 일찍 데려와서 하나님의 뜻을 어긴 것인가? 나는 마치 잔향 음실(殘響音室, echo chamber)에 있는 것처럼 내 심장이 마구 고동치는 것을 느낄 수 있었다.

몇 사람이 물 속으로 들어오더니 우리가 탄 카누의 옆을 잡았다.

"주 하나님이시여, 제가 어리석었습니까? 이 자들은 주님께 경배하기는커녕 경찰관을 존중하는 법조차 배운 적이 없는 자들입니다. 그런데 저희가 바로 여기에 있습니다. 한 남자와 그의 아내와 어린 아기가, 가장 가까운 정부군 초소로부터도 무려 뱃길로 100킬로미터나 떨어진 곳에 무방비 상태로 서 있습니다. 우리를 둘러싸신 하나님의 영 외에는 아무도 저희를 보호해 줄 자가 없습니다.

"지금까지 저희를 지탱해 준 것은 주님의 평강이 아니라 단지 인간의 억측에 불과한 것이었습니까?"

사위인들이 우리의 카누를 끌어다가 진흙 위에 올려 놓았을 때 내 마음속에 응답이 왔다. 비록 그것이 인간의 억측에 불과하다 하더라도 그 평강에는 한 가지 근본적으로 유리한 점이 있었다. 그것은 위기의 순간에도 평강이 계속 마음을 지배하고 있다는 점이었다. 그렇다. 만일 그 평강이 하나님께로부터 기인한 평강이 아니라면 분명 지금 이 순간 평강은 사라졌을 것이다. 나의 오관의 놀람과 이성의 경고에도 불구하고, 그 평강은 나의 깊은 속을 지배하고 있었다.

그러나 캐롤은 어떤가? 그리고 스티븐은?

나는 무릎을 꿇고 닫집 아래로 손을 뻗쳐 캐롤의 무릎에서 스티븐을 안아 들었다. 내 팔에 안긴 스티븐은 출전(出戰)시에 바르는 물감을 잔뜩 칠한 무리들을 향해 포동포동한 팔을 늘어 뜨린 채 천사와 같은 미소를 짓고 있었다. 캐롤은 닫집에서 나와 내 곁에 섰다. 캐롤은 놀라고 흥분되어 있었으나 걱정하는 기색은 조금도 없었다.

카야가르인들은 카누 앞쪽에 있다가 경계를 게을리하지 않으면서 우리에게 길을 터주기 위해 강가로 내려 섰다. 우리는 카누 끝

생소함의 세례 153

으로 나아갔고 무리들 사이로 내려 섰다. 이에 세 명의 카야가르인이 우리의 장비와 물건들을 어깨에 지고 뒤를 따랐다.

그런데 누군가 내 오른팔을 잡았다. 하디였다. 그는 흥분해서 어쩔 줄 모르는 모습이었다. 또 누군가가 내 어깨를 잡았다. 하토였다. 그의 눈빛도 나름대로 빛나고 있었다. 나이든 사위족 여인들은 믿을 수 없다는 듯이 캐롤과 스티븐을 어루만지고 있었다. 어둠이 깔리고 있었고, 사위족 남자들이 점점 가까이 다가왔.

나는 아직도 45미터나 남아 있는 집까지 사람들 사이를 뚫고 나아가기 위해 스티븐을 캐롤에게 넘겨 주었다. 그러나 사위족 전사들이 너무 밀집해서 우리를 둘러싸고 있었기 때문에 움직일 수가 없었다. 우리는 그들의 뜻에 복종하여 서서 기다리는 수밖에 다른 도리가 없었다.

가라앉은 목소리로 속삭이던 소리가 갑자기 "에사! 에사! 에사!" 하는 고함으로 커지기 시작하였다. 내 뒤쪽 어디에서 누군가가 큰 목소리로 무엇이라고 고함을 치며 명령하였다. 무슨 신호였다. 그럼 무슨 신호인가?

캐롤과 나는 동시에 서로 마주 보았다. 스티븐은 재빠르게 우리 둘의 얼굴을 동시에 살폈다. 캐롤의 밝고 푸른 눈동자는 아직도 반짝이며 굳게 신뢰하는 눈초리였으며, "왜 우리를 이 곳으로 보내셨습니까?"라고 의심하는 눈빛은 조금도 찾아볼 수가 없었다. 스티븐은 제 엄마의 얼굴을 쳐다보고는 다시 어깨에 얼굴을 파묻었다. 나는 전에도 그랬지만 좋은 여인을 택했구나라는 생각이 들었다.

그러나 아직 시험은 완전히 끝나지 않았다.

큰 목소리의 명령이 떨어지기가 무섭게 무거운 북소리가 우리 주변에서 폭발하듯이 터져 나왔다. 이에 우리는 자기도 모르게 떨리기 시작하였다. 나는 무리들 사이로 북의 모습을 바라볼 수 있었다. 북은 허리가 잘록했으며, 양쪽 끝이 불쑥 나와 있었으며, 몸통과 손잡이 부분에 이국풍의 그림이 조각되어 있었다. 북의 머리는 반점이 있는 검은 도마뱀 가죽을 인간의 피로 접착시킨 것이었다. 사위족은 인간의 검붉은 피를 북 옆면으로 흘러내리도록 방치한 후 말려서 일종의 장식으로 만들었던 것이다.

이 얼마나 별난 천지인가?

점차 북치는 자들의 호흡이 맞아서 북소리가 일정해졌으며, 이에 맞춰 온 무리가 소리치고, 공중으로 뛰어오르고, 창을 위 아래로 찌르는 등 온통 광란의 분위기를 연출하였다. 그 광란의 한가운데 서서 우리는 그들이 완전히 감정에 몰입하여 쏟아내는 무서운 열정을 유심히 바라보았다.

그러더니 곧 아우성치는 소리는 노래로 바뀌었고, 공중으로 뛰어오르는 행동은 춤으로 변하였다. 전사들의 물결이 마치 우리를 삼키려는 듯이 점차 가까이 다가왔다. 이것은 마치 세례와도 같다고 나는 생각하였다. 그렇다. 그것은 원시 정신의 세례였다. 아니 생소함의 세례였다.

황혼의 푸른빛 가운데 갑자기 수많은 무리의 임재보다 더 강하신 분의 임재가 우리를 사로잡았다. 우리를 그리스도를 믿는 신앙 가운데로 처음 이끄셨던, 그리고 대륙과 대양을 건너 이 정글까지 오게 만드셨던 바로 그분의 임재였다. 그분의 임재 앞에서 모든 피상적인 사고나 감정은 사라졌으며, 나는 나의 진정한 동기를 다시 검토해 볼 수 있었다.

"선교사여, 너는 도대체 무엇 때문에 이 곳에 왔는가?" 그분은 이같이 묻고 계셨다.

이 질문은 내가 불신자들의 입에서 자주 들어왔던 바로 그 질문이었다. 그런데 이제 내 주님께서 그 질문을 하고 계셨으며, 그 질문 앞에서 피해 도망할 수가 없었다. 게다가 춤추고 있는 모든 사위족이 그 질문을 내게 던지는 것 같았다. 그들의 목소리가 그 질문을 노래하는 것 같았으며, 그들의 북소리가 그 질문을 계속 반복하는 것만 같았다.

나는 내가 그 동안 그 질문에 응답했던 대답들을 검토해 보면서 하나씩 하나씩 내동댕이쳤다. 2차적이고 부수적인 이유들은 더 이상 문제가 안 되었다. 마음의 저변에 깔린 야망도 우리가 담당해야 할 과업의 4차원적인 실체를 감당해 내기에는 역부족일 수밖에 없었다.

그 밑에 깔린 새로운 기반으로 내려가는 데는 몇 초가 걸렸다. 그러고 나서 나는 한숨을 쉬듯 그 질문에 답을 했다.

"주 예수님이시여! 우리가 여기 서서 물 가운데가 아니라 사위 족인들 가운데 잠긴 것은 바로 주님 때문입니다. 이것이 바로 하나님께서 창조 전부터 우리에게 기대해 오셨던 사역으로 들어가는 세례를 받는 것입니다. 우리를 신실하게 지키소서. 우리를 주님의 영으로 능력 있게 하소서.

"주님의 뜻이 하늘에서 이루어진 것같이 이 부족들 가운데 이루어지게 하소서. 우리를 통해 그들에게 선한 것이 이루어진다면 그 것은 모두 주님께 영광이 될 것입니다."

그러자 그분이 대답해 주셨다.

"지각에 뛰어나신 하나님의 평강이 그리스도 안에서 너의 마음과 생각을 지키시리라."

모든 것이 정상이 되었다. 우리의 관계는 새롭게 갱신되었다. 나는 내 안에서 새로운 평강의 샘물이 펑펑 솟아 오르는 것을 느낄 수가 있었다.

갑자기 무리들이 움직이면서 우리가 집으로 들어가도록 길을 터주었다. 그들은 내가 전에 만들어 놓은 거친 돌계단으로 올라가도록 길을 비켜 주었다. 우리는 함께 현관으로 올라가서 그들을 향해 몸을 돌렸다. 그러자 그들은 고함을 질러 댔다. 그 소리에 공기마저도 떠는 듯했다. 남자들과 소년들은 위아래로 뛰면서 힘을 다해 노래하며 북을 쳐 댔다. 그들 뒤에서는 여인들이 따로 춤을 추고 있었다. 여인들의 긴 풀잎 치마는 마치 바다의 파도처럼 넘실거렸다.

우리가 위로 향한 그들의 얼굴을 내려다보았을 때 그들이 우리를 놀라게 하려고 했던 것이 아님을 알 수 있었다. 그들은 의장대가 총검을 들고 있는 방식과 똑같은 방식으로 창을 들고 있었다. 그들의 모든 화장과 노래와 모든 행동은 우리를 기쁘게 해주기 위해서였다.

카야가르인들도 어렵게 무리들을 뚫고 우리의 물자를 집까지 가져왔다. 나는 한 짐꾸러미에서 전등을 꺼내 들고 집 안으로 들어갔다. 캐롤은 놀라 눈이 동그래진 스티븐을 안고 내 뒤를 따랐다. 우리가 집 안으로 들어가는 것을 본 사위인들은 집을 서서히 에워싸면서 춤을 추기 시작하였다. 그들의 함성과 북소리와 발소리가 뒤섞여 금방이라도 작은 집의 얇디 얇은 사고 야자나무 잎으로 된 벽을 뚫고 들어올 것만 같았다.

우리는 함께 전등 불빛 아래서 집 구석구석을 살펴보았다. 발 아래에는 수십 마리의 메뚜기 떼가 숨기 위해 이리저리 뛰어다니고 있었으며, 머리 위에는 툭 튀어나온 눈을 가진 초록색의 큰 청개구리가 이 서까래에서 저 서까래로 미친 듯이 뛰어다니고 있었다. 그러나 우리를 바라보는 검은 눈은 오직 청개구리의 눈만은 아니었다. 뒤를 돌아보자 노래를 그친 여러 명의 사위인들이 현관으로 몰려와 창문막이를 통해 우리를 들여다보는 것이었다.

그들이 날카롭게 주시하는 가운데 나는 압력 석유 램프를 펌프질한 후 불을 켰다. 나는 이것이, 사위인들이 보는 가운데 이런 류의 물건을 처음 사용하는 것이라는 사실을 까마득하게 잊어버리고 있었다. 이에 예기치 않았던 불빛이 눈에 확 들어오자 사위인들은 미친 듯이 줄행랑을 쳤다. 그들은 계단을 찾을 여유가 없었다. 그들은 마치 난간을 뛰어넘어 배를 탈출하는 선원들 같았다. 다행스럽게도 우리 집의 현관은 주변보다 불과 1.5미터 정도밖에 높지 않았다.

밖에서는, 북소리가 갑자기 멈추더니 노랫소리가 통곡소리로 바뀌었다. 게다가 수백 명이 어둠 속으로 우르르 도망치는 발소리가 들렸다. 나는 램프를 식탁 위에 올려 놓고 사위인들을 안심시키기 위해 밖으로 달려 나갔다.

밖에 나가서야 나는 그들이 왜 도망쳤는지 그 이유를 알 수 있었다. 우리 집 전체가 거대한 수렵용 조명등처럼 환하게 빛나고 있었기 때문이었다. 사고 야자나무 잎으로 만든 벽의 수많은 틈새와 모든 문과 창문을 통해서 작은 5백 촉광짜리 비단 덮개 램프의 찬란한 불빛이 어둠을 꿰뚫고 있었다.

생소함으로 세례를 받은 자는 우리만이 아니었다.

"타난 노모! 타난 노모! 케 나와인! – 두려워하지 마시오! 두려워하지 마시오! 다시 돌아오시오!"

하토와 하디와 그 밖의 사람들이 서서히 돌아왔다. 그들은 강렬한 불빛이 단지 어떤 기구에서 흘러나오는 것이지, 캐롤과 스티븐과 내가 갑자기 무서운 초자연적인 능력을 방출하는 신들로 변한 것이 아니라는 사실을 확인하고는 다시 안심하는 것 같았다.

몇 분이 더 지나자 북소리가 다시 울리기 시작하였고 사위인들은 마음의 평정을 회복하고 다시 집 주위를 둘러쌌다. 물론 그들은 전보다 더 넓게 집 주위를 에워쌌다.

캐롤이 휴대용 스토브 위에서 간단히 음식을 요리하는 동안 나는 한 구석에 침낭을 깔고 그 위에 모기장을 쳤다. 가능한 한 빨리

생소함의 세례 159

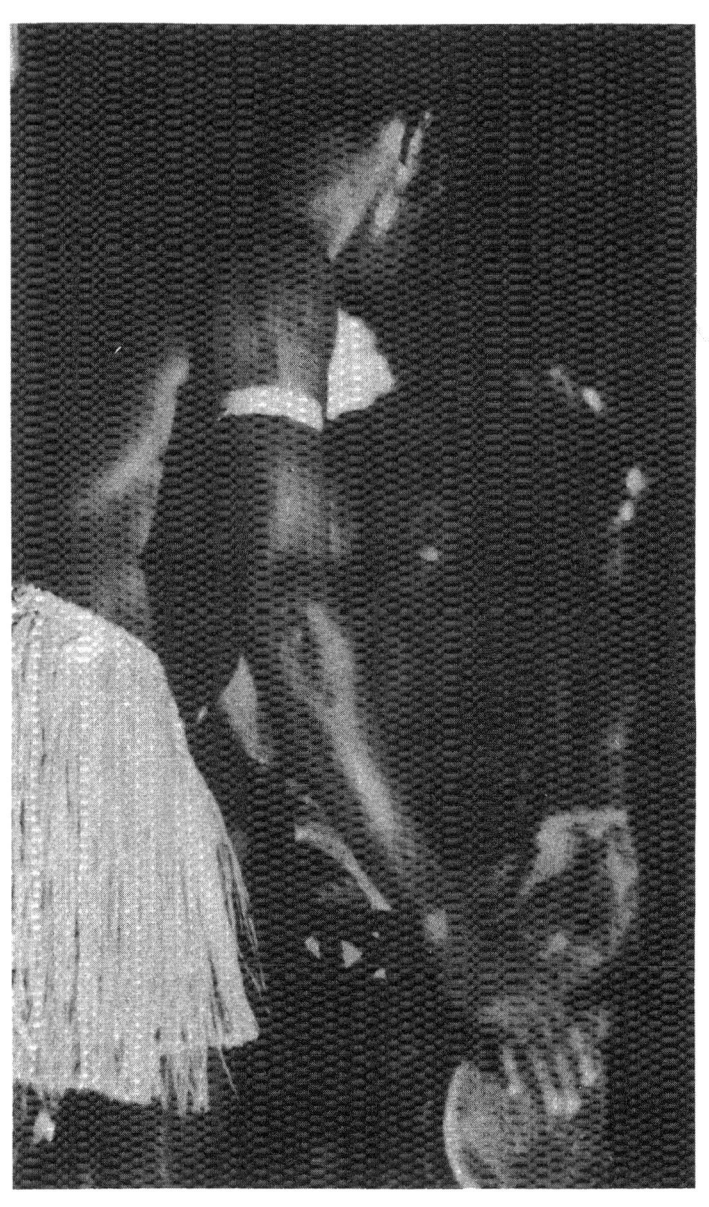

우리 셋은 모기장 속으로 들어갔다. 우리 집 벽 바로 밖에서 북소리가 요란스럽게 울리는데도 스티븐은 몇 분도 채 안 되어 쌔근쌔근 우리 옆에서 잠이 들었다. 캐롤과 나는 잠이 드는 데 시간이 좀더 걸렸다.

춤추는 사위인들 가운데 일부는 이제 횃불을 들고 있었다. 그 불빛은 우리 집의 사고 야자나무 잎 벽을 통해 은은히 스며들고 있었다.

"여보, 눈을 감고 당신이 무엇을 보는지 말해 봐요"라고 내가 말했다.

그러자 아내가 말했다.

"저는 수마일 되는 초지가 스쳐 지나가고 해오라기가 우리 주위를 날아다니는 모습을 봐요. 그리고 카누가 좌우로 흔들리는 것을 느껴요. 이제 나는 태양이 지는 것을 보며 모든 사람들이 우리 주위에서 춤추는 모습을 봐요. 그러나 나는 두렵지 않아요. 나는 전혀 느낌이 달라요. 마치 하나님께서 나에게 이 곳에서 살 수 있도록 새로운 감정을 주신 것 같아요."

하나님께서는 캐롤에게 진정으로 그렇게 하셨다. 물론 하나님께서는 내게도 같은 능력을 베푸셨다.

저 빽빽한 인간의 원은 색다른 소리와 영혼이 고동치는 일종의 자궁이었으며, 이 원시 세계에서 우리가 하나님을 섬길 수 있도록 하기 위해, 중독되지 않고 이 원시적인 세계의 분위기에서 숨쉴 수 있게 우리를 변화시킨 하나님의 주형(鑄型)이었다.

물론 그것도 우리가 먼저 그 언어에 익숙해지고 그 신비를 꿰뚫고 깊이 이해할 때만이 가능한 것이었다.

12

툼두 지류의 족장

산돼지 한 마리가 어두운 그늘에서 불쑥 나타나더니 신선한 사고 야자나무 열매의 냄새를 맡고 냄새 나는 쪽을 향해 서서히 움직였다. 산돼지는 그 큰 코로 풀잎을 밀어 대면서 쉽게 앞으로 나아갔다. 그 놈은 나뭇가지와 덩굴을 헤치면서 전진했다. 그러고는 달빛에 파묻힌 한 작은 공터로 불쑥 들어섰다. 그 공터의 반대편 끝에는 사고 야자나무 한 그루가 넘어져 있었고 나무 몸통은 그 놈 쪽을 향하고 있었다. 산돼지는 그쪽을 향해 무겁게 움직였다.

산돼지는 공터 중앙에서 갑자기 멈춰 서더니 어떤 방향에서 누가 공격해 오더라도 즉각 반격할 태세로 부드러운 정글 바닥에 네 발을 떡 버티고 섰다. 신선한 사고 야자 열매 냄새와 함께 새로운 냄새가 섞여 있었다. 그것은 바로 인간의 냄새였다.

산돼지는 짧게 콧김을 불어 대고는 좌우를 기민하게 둘러보면서 그 거대한 머리를 좌우로 두리번거렸다. 거대한 박쥐들이 별들을 가로질러 날아가는 그림자 외에는 어떤 움직임도 없었으며, 근처 늪지에서 들려오는 매미 울음 소리와 개구리의 합창 소리 외에는 그 어떤 소리도 들리지 않았다.
 그 산돼지는 인간의 냄새를 알고 있었다. 그 놈은 가끔 인간과 마주친 적이 있었다. 특히 이와 같은 공터에서 사고 야자나무와 씨름을 하는 인간들과 마주쳤었다. 그러나 인간들은 낮에 일하였다. 따라서 밤은 산돼지의 것이었다.
 용기를 얻은 산돼지는 사고 야자나무 줄기가 갈라져 상큼한 냄새가 나는 곳으로 가까이 다가갔다. 그런데 줄기 안은 이미 비어 있었다. 그 놈은 먹을 것을 더 찾아내기 위해 안쪽으로 머리를 집어 넣었다.
 그 산돼지는 마지막으로 잡목 수풀쪽으로 눈을 돌렸다. 이에 굽은 이빨이 달빛에 빛났다. 그러고 나서 그 놈은 사고 야자나무 줄기 안쪽으로 고개를 디밀고는 신선한 사고 야자나무 녹말 섬유를 먹기 시작하였다. 사고 야자나무 줄기에 난 구멍은 딱 알맞는 크기였다.

 그러나 곧 근처의 사고 야자나무 잎 뒤에서 긴 대나무 화살이 날아왔다. 풀잎 뒤에서 당길 때 나는 희미한 "틱" 소리가 있었으나 그 놈은 그 소리를 듣지 못했다. 그 놈은 자신의 우적우적 씹는 소리 외에 다른 아무 소리도 들을 수 없었다. 그러나 갑자기 통증이 느껴지기 시작하더니 순식간에 심장에까지 그 통증이 전달되었다. 화살이 명중해 몸을 꿰뚫었던 것이다.
 활시위가 떠는 것을 멈추기도 전에 그 산돼지는 허파에서 바람이 빠지는 요란한 소리와 함께 나무 사이에서 나와 비틀거렸으며, 비명을 지르더니 피를 줄줄 흘리면서 공터 반대쪽으로 쏜살같이 달려갔다.
 그러더니 갑자기 적이 누군가 살피기 위해 얼굴을 돌렸다. 그러나 적의 모습은 눈에 보이지 않았다. 그러고 나서는 앞으로 고꾸라지는 것이었다. 그 놈은 피를 토하면서 옆으로 쓰러지더니 잠잠해졌다.

　몇 분이 지나자 사냥꾼이 두번째 화살을 활시위에 당기고 풀잎 뒤에서 나타났다. 그는 천천히 산돼지가 쓰러져 있는 곳으로 다가 오더니 발로 툭툭 찼다. 산돼지가 죽은 것이 확인되자 그는 활시위를 늦췄다.

　하토는 풀잎 있는 데로 가서는 약간 작은 사고 야자나무 잎 여섯 장을 들고 왔다. 그는 산돼지 주위에 두 장씩 엎어서 세짝으로 벌려 놓은 다음, 땅에 무릎을 꿇고 두 장씩 꿰메기 시작하였다. 꿰매는 일이 끝나자 그는 작은 주머니에서 좁은 대나무 칼을 꺼내 죽은 산돼지 위에 몸을 구부린 다음 장시간이 걸리는 도살을 시작하였다.

　그가 일을 하는 동안 부드러운 빛의 섬뜩한 후광이 그를 둘러싸고 있었다. 이것은 그를 둘러싼 수백 마리의 모기들이 날개에 달빛이 반사되어 생긴 현상이었다. 머리 위에는 높이 솟은 열대산 덩굴의 시렁 사이에 개똥벌레들이 희미하게 빛나고 있었으며, 어두운 정글 속 후미진 곳에서는 부패한 식물들에서 나오는 인광(燐光)이 군데군데 수많은 밝은 눈들처럼 빛나고 있었다.

　달빛 아래의 하토.

　하토는 우주가 어디에서인가 인간에게 습지 외의 다른 환경을 제공해 주리라고는 꿈에도 생각지 못하였다. 비록 그런 생각을 했다 하더라도 하토는 그가 살고 있는 습지 세계보다 인간에게 더 쾌적한 환경이 있으리라고는 생각하지 못했다.

　하토는 산돼지 시체를 살코기와 내장과 뼈의 세 무더기로 나누었다. 그는 꿰맨 사고 야자나무 잎 가운데 그것들을 놓았다. 그러고는 잎을 덮어서 꿰맸다. 이에 세 개의 튼튼한 고기 꾸러미가 만들어졌는데 하나에 약 25킬로그램의 고기와 뼈가 담겼다. 마지막으로 그는 덩굴로 만든 끈으로 짐을 묶어 나뭇가지에 매달아 놓고 하나만 등에 짊어졌다.
 그러다 보니 벌써 날이 밝고 있었다. 하토는 짐을 지고 허리가 구부정한 채 활과 화살을 주워 들었다. 화살 가운데는 산돼지에게 명중되었던 피묻은 화살도 포함되어 있었다. 이른 새벽녘의 희미한 빛 아래 서 있으니 그는 모든 면에서 그의 선조 가운데 한 사람으로 오인될 정도로 똑같았다. 오직 한 가지 점만을 제외하고는······.
 하토는 산돼지를 사냥할 때 숨어 있던 곳으로 되돌아와서는 허리를 굽혀 새 쇠도끼를 주워 들었다. 그 도끼는 하토가 뚜안이 집을 짓는 것을 도와준 대가로 얻은 것으로서, 숨어 있기 위해 사고 야자나무를 쓰러뜨릴 때 사용한 것이었다.
 이제 정글은 잠에서 깨어났고 수많은 새들이 아름다운 합창을 울려 대고 있었다. 하토는 툼두 지류 발원지에 있는 그의 오두막집으로 향했다. 나머지 고기가 담긴 짐은 여러 아들 중 두 아들을 보내 가져오게 할 것이었다.

 하토의 네 아내 가운데 둘인 시로위와 이마티는 키가 큰 사고 야자나무 반대편에 자리를 잡고 있었다. 그들은 돌도끼로 둔탁하게 사고 야자나무 양편을 두들겨 댔다. 나무의 섬유질이 점차 약해져 갔고 거대한 나무가 마침내 흔들리더니 쓰러지고 말았다. 이 야자나무는 자체의 중량을 못 이겨 약 3분의 1가량 흙 속에 파묻혔다.
 이마티가 한쪽 면에서 나무 껍질을 벗겨 내는 동안 시로위는 사고 가공용 그릇을 세웠다. 사고 야자나무의 속이 드러나자 두 여인은 돌까뀌로 녹말가루를 담고 있는 섬유질 과육을 파냈다. 그 다음에 그들은 섬유질 과육을 사고 가공용 그릇 속에 넣고 물로 씻은 다음, 용해된 사고 야자 녹말 가루의 수분을 증발시켰다.

한쪽에는 두 주일된 이마티의 아기가 부드러운 풀잎 위에 누워서 푸른 하늘을 바라보고 있었다. 하토의 손녀 중 하나인 야미가 정글 어디에서나 볼 수 있는 파리들이 아기의 얼굴에 앉지 못하도록 풀잎을 흔들고 있었다.

머리 위 높은 곳에는 바뎁이라는 소년이 카비나무 맨 위 가지에 달라붙어, 인두 사냥을 즐기는 아스맛 부족의 침략자들이 여인들이 사고 야자나무를 두들기는 소리를 듣고 몰래 다가오지나 않나 망을 보고 있었다. 그는 특히 숲 여기저기서 맴돌고 있는 앵무새 떼의 움직임을 유심히 살펴보았다. 앵무새 떼가 혼란을 일으킨다는 것은 적의 접근을 알려 주는 징조였기 때문이다. 사위족이 앵무새를 라게뎁, 즉 "계시자"라고 부르는 것도 다 이유가 있는 것이다.

하토의 아들 가운데 하나인 유연한 몸매의 십대 소년 아미오는 툼두 지류의 발원지인 습지 사이를 소리 없이 미끄러지듯이 돌아다니고 있었다. 그의 위에는 24미터의 사고 야자나무가 태양을 향해 찌를 듯이 솟아 있었으며, 그 큰 잎들은 함께 어우러져 아래에 있는 그늘진 연못들의 천장을 이루고 있었다. 아미오는 괴상하게 생긴 이 나무뿌리에서 저 나무뿌리로 뛰어다니면서 아주 가볍게 큰 연못들 주위를 돌아다녔다.

그런데 갑자기 한 연못에서 메기 한 마리가 뛰어오르는 모습이 그의 눈에 확 들어왔다. 그는 활과 화살을 손에 들고 나무뿌리에 앉아 기다렸다. 그랬더니 두번째 메기와 세번째 메기가 잇달아 뛰어오르는 것이었다. 아미오는 일어서서 주변 나무들을 살펴보았다.

마침내 그는 기둥처럼 서 있는 야자나무 사이에 오스나무가 있는 것을 발견하였다. 아미오는 몸에 걸친 유일한 의복인, 풀로 엮어 만든 허리띠에서 새 쇠칼을 꺼내어 그가 선택한 나무의 껍질을 여러 군데 벗기기 시작하였다. 이에 껍질이 벗겨진 곳에서 두껍고 흰 수액이 흘러나왔다. 아미오는 그 수액을 그 연못가로 가지고 가 물 속에 넣고 손으로 비벼 댔다.

그러자 곧 수액이 흰 구름처럼 연못 중앙과 밑바닥으로 퍼지기 시작하였다. 이미오는 연못가 곳곳에서 똑같은 행동을 하였다. 이에 마침내는 흰 수액이 연못 전체에 용해되었다. 아미오는 나무 껍질을 옆으로 버리고 활을 집어든 다음 낚시용 화살을 활시위에 당겼다. 그는 오래 기다릴 필요가 없었다.

곧 한 마리의 메기가 눈에는 흰 물질이 덮인 채 고통으로 숨을 할딱거리며 물 위로 올라왔다. 아미오의 첫번째 화살이 메기의 몸을 꿰뚫었다. 이에 메기는 화살이 꽂힌 채 물 표면에서 이리저리 움직였다. 아미오는 가까이 다가가서 화살 끝을 잡고는 고기를 물 밖으로 꺼냈다.

이쯤 되니까 여러 마리의 눈먼 메기들이 물 위로 올라왔다. 아미오는 그것들을 모두 잡았다. 그리고 나서 그는 사고 야자나무 잎으로 꾸러미를 만들어 그 안에 잡은 물고기들을 집어 넣었다. 그러나 아미오는 그렇게 하기 전에 먼저 메기의 등지느러미에서 독이 묻은 가시를 제거하였다. 그렇게 하지 않으면 가시가 잎을 뚫고 등을 찔러서 등에 걸머질 수가 없기 때문이다.

아미오는 오두막집으로 향했다. 그가 집에 도착할 때쯤 해서 그의 형인 하나이와 와가이는 하토가 밤 사냥을 하여 잡아서 정글에 놓고 온 신선한 산돼지고기 두 꾸러미를 가지고 돌아왔다. 그 사이에 하토의 다른 두 아내는 하토가 이미 가지고 온 산돼지고기를 요리하고 있었다.

하토의 큰 딸들인 키미와 사요는 아직 어린 야자나무 사이를 빠져 나가면서 조용하게 이야기를 나누고 있었다. 사고 야자나무가 어릴 때에는 그 줄기와 뿌리를 보호하기 위해 15센티미터 정도 길이의 가시들이 많이 나 있다. 그들이 가시를 우아한 몸짓으로 이리저리 피하며 지나가자 그들의 긴 풀잎 치마가 이리저리 흔들렸다. 그들은 툼두 지류의 한 연못에 서서 물 속으로 손을 집어 넣어, 그들이 이틀 전에 갖다 놓은 사고 야자나무 잎으로 만든 두 개의 꾸러미를 들어 올렸다.

두 개의 꾸러미 안에는 두 소녀가 쓰러진 사고 야자나무 꼭대기에 새로 난 새싹들을 잘라 내어 만든 부드럽고 솜 같은 풀잎들로 가득 차 있었다. 물이 꾸러미 안에서 서서히 **빠져** 나가자 그들은 많은 새우들이 그 안에서 꿈틀거리는 모습을 보고 기쁜 얼굴을 했다. 새우들은 이처럼 이상적인 은신처를 거부한 수가 없었던 것이다.

키미와 사요는 2미터나 되는 긴 코끼리풀을 여러 개 솜씨 있게 잘라 내어 살아 있는 새우들을 그 속에 쌌다. 그러고는 다시 두 개의 새우잡이 그물을 툼두 지류의 검푸른 물 속에 넣었다. 그들은 이런 식으로 이 연못에서 저 연못으로 옮겨 다니며 새우를 거둬들였고, 짐 꾸러미와 땅 파는 막대기를 놓아 둔 지점까지 한바퀴를 완전히 돌았다.

그들은 새우를 담은 작은 꾸러미들을 짐이 많이 들어가는 큰 주머니에 넣고 끝이 뾰족한 야자나무 막대기를 집어들고는, 수면 바로 위에 있는 코끼리풀들을 잘라 내 길을 내면서 앞으로 나아갔다. 그들은 많은 풀잎을 잘라 내고 먹을 수 있는 부분만 도려 내어 주머니 속에 집어 넣었다.

그들은 큰 주머니를 등에 지고 오두막집으로 향했다. 그들은 집으로 향하는 도중에 이곳저곳에 멈추어 서서 **시나함**나무의 새순을 따기도 하고, 아카코르나무를 흔들어 익은 과실을 따기도 하였다. 그들은 때로는 허리를 숙이고 발이나 발목에서 **흡혈** 거머리를 떼어 내어 옆으로 집어 던졌다. 그러면서도 그들의 대화는 전혀 끊기지 않았다.

그 사이에 시로위와 이마티는 약 30킬로그램의 녹말가루를 큰 통에서 씻었다. 그들은 이 녹말가루가 물에서 완전히 가라앉자 물을 따르고 각 사고 녹말 덩어리의 끈적끈적한 바깥 부분을 응고시키기 위해 횃불로 바깥 부분을 태웠다. 그 다음 불에 탄 껍질을 벗겨 내고 그 자리에 있는 식구들에게 영양가 넘치는 점심 간식으로 나눠 주었다.

이 특별 간식을 먹기 위해 오두막집에서 여러 아이들이 뛰어나왔다. 아이들은 손을 내밀어 고무 같은 두 라이프, 즉 "사고 덩어리"를 받아 한입 깨물면서 잔잔한 웃음을 머금었다. 아이들이 간식을 먹는 동안 시로위와 이마티는 축축한 사고 빵들을 집으로 가져 가기 위해 짐을 꾸렸다.

식량을 구하러 나갔던 이들은 그들의 오두막집 아래 도착하자, 가져온 식량 꾸러미들을 툼두 지류 갈대 숲 사이에 파 놓은 세 개의 굴 속에 보관한 다음 오두막집으로 올라갔다. 하토가 그날 모든 식구들에게 마을로 돌아오라고 명령했기 때문에 무거운 짐들을 오두막집에 올려다 놓을 데가 없었던 것이다.

음식은 그야말로 충분했다. 산돼지고기와 사고와 물고기와 새우와 코끼리풀 속과 식용 풀잎과 열매 외에도, 꿈틀거리는 딱정벌레 유충과 하나이가 돼지고기를 가져오면서 화살로 잡은 독사와 바뎁이 아스맛 침략자들을 망보면서 잡은 새가 있었다. 게다가 어린애들이 잡은 개구리와 도마뱀도 여러 마리 있었다.

식구들은 하토가 산돼지를 잡은 이야기에 귀를 기울이면서 오두막집에 모여 앉아 구운 돼지고기를 먹었다.

아침에 휴식을 취하고 나서 상쾌하기 그지없었던 외눈의 하토는 이야기를 하는 동안 산돼지 귀 한쪽을 들고 있었다. 새 집을 찾는 나무 진드기 한 마리가 그 귀에서 기어 나와 하토의 손바닥으로 떨어졌다. 하토는 아무렇지도 않다는 듯이 그 진드기를 옆에서 타고 있는 불 속에 던져 넣었다.

하토는 소형 대나무 칼을 이용해서 털이 난 산돼지 귀의 가운데 부분을 동그랗게 도려 냈다. 그러고는 다시 도려 낸 고기 가운데에 구멍을 내어 고리를 만들었다. 그는 이 고리를 활 끝에 끼어 맞추어 아래로 끌어내렸다. 그 곳에는 그가 이미 잡았던 산돼지들을 기념하기 위해 비슷하게 만든 고리들이 나란히 끼워져 있었다.

하토가 이야기를 하는 동안 피문은 1미터 길이의 화살이 그 옆 풀잎 방석 위에 내내 놓여 있었다. 그 화살은 용케도 뼈를 맞추지 않고 산돼지 몸통을 완전히 꿰뚫은 유일한 화살이었다. 그 당시만 하더라도 돼지 몸통을 완전히 꿰뚫을 정도로 힘있게 활을 쏠 줄 아는 전사는 흔하지 않았다.

그런데 하토가 바로 그런 전사였다. 그는 평화롭게 관계를 유지하고 있는 네 아내가 있었으며, 아버지를 존경하는 11명의 아들딸이 있었고, 무럭무럭 잘 자라는 여러 손자들이 있었다. 게다가 사방의 적들이 하토를 두려워하였다. 하토, 그는 툼두 지류 발원지에 사는 족장이었다.

하토에게 더 필요한 것은 무엇인가? 그는 새 쇠칼을 내려다보았다. 그는 그 칼의 날카로운 날에 그만 손가락을 베었다. 그에게 정녕 더 필요한 것이 무엇인가?

물론 더 많은 쇠칼과 쇠도끼와 쇠나이프였다. 자기의 쇠칼과 아미오의 나이프가 그가 가진 쇠 연장의 전부였다. 하토는 아내들과 자식들이 적어도 쇠칼과 쇠도끼와 쇠나이프는 하나씩 모두 가졌으면 좋겠다고 생각했다. 그러나 그렇게 되려면 많은 시간과 노력이 필요할 것 같았다. 왜냐하면 뚜안족이 이런 것들을 선물로 마구 나눠 줄 것 같지는 않았기 때문이다. 그러나 이것이 하토에게는 문제가 되지 않았다. 하토와 그의 식구는 모두 일이라면 무엇이든지 해낼 수가 있었기 때문이다.

 그렇다면 그 외에 하토에게 더 필요한 것은 무엇인가? 그 뚜안과 그의 뇨냐(부인)는 사위족의 우주를 재구성하려고 한다는 사실이 이미 분명히 드러났다. 그러나 하토는 그 우주가 어떤 형태를 가지게 될는지 전혀 추측도 할 수가 없었다. 따라서 그는 그들의 의도에 대해 더 많이 알고 싶은 호기심으로 가득 찼다.

 "에스 아파엠 케 하펨! - 그 마을로 가자!" 그는 일어서면서 말했다.

 하토의 식구들은 대나무 병에 든 물을 뿌려 불을 끄고 풀잎 방석을 둘둘 말았다. 친척들의 해골들은 후에 그들이 그 오두막집으로 돌아올 때까지 서까래에 붙들어 매 놓았다. 어린 아이들은 멜빵에 넣어 어머니들 등에 짊어졌다. 그리고 긴 행렬을 지어 계단을 내려와 음식을 보관해 둔 굴로 향했다.

하토와 그의 식구들은 툼두의 굽이치는 강줄기를 따라 한 시간 가량 노를 저어 크론켈 강과 만나는 곳에 다다랐다. 뚜안이 사는 네모난 작은 집이 눈에 들어왔고, 그 양 옆으로 넓은 공터가 보였다. 그 넓은 공터에는 카무르인, 해남인, 요휘인들이 후에 더 영구적인 집을 짓기 위해 임시로 지은 집들이 널려 있었다. 새로 만든 초가지붕 위에서는 회색 연기가 모락모락 피어 오르고 있었다.

 그런데 하토의 눈에는 갑자기 단순한 연기 이상의 것이 거주지 위로 날아가는 것이 보였다. 흰 막대기가 태양에 반짝이는 바늘처럼 나무 위로 날아가다가 땅에 떨어지는 것이었다. 게다가 멀리서 고함치는 소리가 들렸다. 그리고 통곡하는 소리도 들려왔다.

 "서둘러라." 하토가 외쳤다.

 "뚜안의 마당에서 전투가 벌어지고 있다."

13
우리 집 문 앞에서 벌어진 전투

"캐롤!" 나는 갑작스럽게 내 주위가 소란해지는 것을 느끼고 큰 목소리로 고함을 질렀다. "아기는 창문에서 치우시오."
 나는 내 언어 공부용 공책을 손에 움켜 쥐고는 카무르인 방향에서 갑자기 나타난 전사들 사이를 이리저리 피하면서 집으로 쏜살같이 달려 들어갔다. 그러는 사이에 내게 사위어를 가르쳐 주는 조수인 나라이가 반대 방향 숲속으로 사라졌다.
 나는 달려가면서 해남인 방향을 바라보았다. 그랬더니 성난 두 번째 무리들이 이미 공격자들을 향해 활을 날리고 있었다. 나는 화살 세 개가 머리 위로 날아오는 것을 보고 누구를 향해 쏜 화살인가 생각해 보았다. 그랬더니 바로 나를 겨냥해 쏜 화살인 것처럼 보였다. 따라서 나는 집 뒤로 달려가 지붕 아래에 숨었다. 화살 세 개는 모두 우리 집에서 12미터 반경내에 떨어졌으나 내가 생각했던 것만큼 가깝지는 않았다.
 바람이 불지 않는 쪽 계단을 통해 집 안으로 들어가는 동안 전투의 고함소리와 팽팽한 활시위 소리가 어우러져 들렸다. 캐롤은 내 경고를 듣고 오수를 즐기고 있던 스티븐을 끌어 안고 창고 안으로 들어가 있었다. 창고는 안쪽에 벽이 있어서 창문이나 벽 틈 사이로 우연히 날아 들어올는지도 모르는 화살을 막아 줄 수 있었다. 캐롤이 스티븐 곁에 있는 사이에 나는 현관 문으로 나와 밖을 내다보았다.

대부분의 카무르인들은 벌써 우리가 우리 집과 크론켈 강 사이에 닦아 놓은 공터 위에 퍼져 있었다. 그리고 나머지 사람들은 내가 단어 공부를 하기 위해 사용하는 작은 피신처의 맨 끝에 자리를 잡고 있었다. 한편, 해남인의 선두 그룹은 사이를 가로막은 습지의 맨 끝에 길게 늘어서 있었다. 그들은 그 누구도 어떤 은폐물 뒤에 숨지 않았다. 그들은 공터에서 싸우기를 원하는 것이 분명했다.

창을 들고 있던 이들은 활을 쏘기 위해 창 끝이 위로 오게 해서 땅에 꽂아 놓았다. 잡아먹을 듯한 눈초리로 적을 쏘아 보면서 그들은 지그재그로 움직이기 시작하였다. 그러고 가능한 한 높이 화살을 쏘고는 가능한 한 표적을 작게 하기 위해 몸을 웅크렸다가 번개같이 날아오는 화살을 이리저리 피하였다.

그들은 서로를 살상하는 일에 완전히 몰두해 있었다. 화살이 시속 160킬로미터 이상의 속도로 날아왔기 때문에 잠깐만 한눈을 팔아도 큰일을 당하기 십상이었다.

양편 모두 전쟁에 능한 노련한 전사들이 전방에 나서고 있었다. 그들은 약 60미터 반경의 주변에서 활을 쏘기도 하고 활을 피하기도 하였다. 대부분 10대 소년인 초년병들은 주로 뒤에 멀찌감치 떨어져서 적이 서 있는 곳에 화살이 비오듯 떨어지게 하기 위해 높이 화살을 날렸다.

따라서 각 전사들은 가까운 지면에서 무서운 속도로 정확하게 쏘아 대는 화살에 온 신경을 곤두세워야 했음은 물론 위에서부터 머리나 어깨 위로 떨어지는 화살들도 유심히 살피고 피해야만 했다. 전사들은 각자가 소유하고 있던 화살들을 다 소비하자 이번에는 주변의 땅 위에 떨어져 있는 적의 화살을 주워 쏘아 댔다.
 이 전쟁터 뒤에서는 여인들이 사고 야자를 두들기는 나무 막대기를 위협적으로 흔들며 자기들 편의 머리 위로 적들을 향해 저주를 퍼부어 댔다. 여인들은 분노하여 발을 마구 구르거나 걱정이 되어 울음을 터뜨리기도 하였다. 그 훨씬 뒤에서는 어린 아이들이 전쟁하는 모습을 더 잘 보기 위해 나무 위로 기어올라 가고 있었다.
 전투를 하는 자들이나 구경하는 자들 모두가 누가 첫번째로 화살에 맞을 것인가 기다리는 동안 긴장은 매우 고조되어 가고 있었다. 왜냐하면 한 사람이 화살에 맞으면 그가 잠시 동안 힘을 못 쓰고 주의를 소홀히 하는 틈을 타서 치명상을 입히려고 적들이 그에게 집중적으로 화살을 쏘아 댈 것은 너나 할 것 없이 잘 알고 있기 때문이었다. 따라서 전사들은 첫번째로 화살에 맞지 않으려고 사력을 다해 기민하게 이리 뛰고 저리 뛰었다.

 잔뜩 흥분한 나는 무슨 행동을 취할 태세로 현관 밖으로 움직였다. 그러나 아직 결정은 내리지 못하고 있었다. 몇 초가 지났다. 그 순간 갑자기 이것은 실제 상황이다라는 생각이 떠올랐다.
 "이 사람아, 무엇인가 조치를 취하라. 너는 지금 영화를 보고 있는 것이 아니다. 물론 꿈을 꾸고 있는 것도 아니다.
 "그들은 실제 인간들이고, 그들은 실제로 서로를 죽이려고 하고 있다. 그들은 모두 죽음의 굶주린 심연(深淵) 위에 유혹의 미끼처럼 대롱대롱 달린 것이나 같다. 네가 방금 접촉을 시작한 살아 숨쉬는 한 인간이 영원히 멸절될지도 모른다. 그들이 결코 들어 본 적이 없는 메시지를 나눌 찰나에 영원히 죽는다면 어떻게 할 것인가!
 "이 사람아, 무엇인가 행동하라! 가만히 있지 말고 무슨 조치를 취하라. 그러나 행동하는 동안 이것은 실제 **상황**이라는 사실을 잊지 말라!"

나는 계단 맨 위쪽으로 나아갔다. 나는 그들에게 멈추라고 소리지르기 위해 입을 열었다. 그러나 나는 주저했다. 만일 내가 소리친다면 누군가가 내 고함에 한눈을 팔다가 화살에 맞으면 어떡하나라는 생각이 들었다. 자칫하면 누군가가 죽거나 부상당하는 일에 내가 두번째 원인이 될 수도 있는 노릇이었다.

그러므로 손을 흔들면서 그 곳으로 뛰어나가는 것이 더 나을 것 같았다. 그렇게 된다면 그들은 모두 화살을 쏘아 대는 것을 멈출 것이다. 그들은 나를 죽인다면 나 대신 올 뚜안이 많지 않다는 것을 잘 알고 있을 것이 분명했다. 그러나 반면에 그들에게는 이번 전쟁에 이기는 것이 한 명의 뚜안인을 근처에 갖고 있는 것보다 더 많은 의미가 있을지도 모르는 일이었다.

바로 그 순간에 누군가 내게 한 충고가 떠올랐다. "중재를 하려고 할 때는 조심하도록 하시오. 화살 한 방이면 끝나는 것이오. 비록 생명이 끝나지 않는다 하더라도 당신의 사역은 거기서 끝나는 것이오."

"그것은 맞는 소리다"라고 나는 생각했다. 저 사람들을 보라. 저들은 날아오는 화살 가운데서도 이리저리 몸을 피할 줄 아는 자들이다. 그러나 나는 그렇게 못하지 않는가! 내가 단지 기도만 하고 기다린다고 해도 아무도 다치지 않을지도 모른다. 내가 그들의 언어조차 모르는 판국에 하나님께서 내가 개입하는 것을 분명히 원하시지 않을지도 모른다…….

그 때 큰 고함소리가 전쟁터에서 터져 나왔다. 해남인들은 그들이 쏜 화살 하나가 투모를 맞힌 줄로 생각한 것이었다. 그러나 그들의 기쁨의 탄성 소리는 때가 이른 것이었다. 마지막 순간에 투모가 공중으로 몸을 날려 화살이 허벅지 아래로 지나간 것이다. 투모는 내가 꿈 속에서도 구원을 열망하던 자들 중의 하나였다.

해남인들이, 투모가 몸의 균형을 잠시 잃은 것을 기회로 화살을 연거푸 날리는 것을 보고 내 속에서 뜨거운 열정이 용솟음쳤다.

"만일 그가 죽는다면 카야가르인들은 복수하기까지 싸움을 멈추지 않을 것이다. 따라서 누군가가 피를 흘리기 전에 이 싸움은 끝나야만 한다"라고 나는 생각했다.

"화평케 하는 자는 복이 있나니 저희가 하나님의 아들이라 일컬음을 받을 것임이요"라고 한 목소리가 내 속에서 속삭이는 것 같았다.

"화평케 하는 일은 나의 임무 가운데 하나이다"라고 나는 결론지었다. 그러한 엄숙한 임무를 행하는 것이 쉽고 고통이 없고 위험이 없을 것이라고 기대하는 근거는 도대체 무엇인가? 아마도 진정으로 화평케 하는 모든 행동은 필연적으로 그 임무를 맡은 자에게 위험이 따르게 하는 것인지도 모른다.

게다가, 여기서 벌어지고 있는 전투는 카무르인과 해남인의 전투가 아니라 이 야만성과 나의 복음간의 전투가 아닌가! 내가 이들 가운데서 행하는 모든 일은 선례(先例)가 되는 것이다. 만일 내가 여기 단지 서 있기만 한다면 나는 불개입의 선례를 세우게 되는 것이다. 나는 아예 처음부터 분명한 선례를 세울 필요가 있다. 내가 장차 서서히 보강하고 확고하게 할 선례를 처음부터 분명히 보여 줄 필요가 있었다.

나는 내가 배운 사위어들 가운데서 가장 알맞은 단어인 "에스!—그만하면 충분하오!"를 외치면서 계단에서 뛰어내렸다. 한편으로는 몸을 낮게 숙이고 힘있게 기도하면서, 그리고 다른 한편으로는 해남인들에게 화살을 쏘지 말라고 손짓을 하면서 카무르인들이 진치고 서 있는 끝쪽으로 가까이 다가갔다. 그러자 내 근처에서는 화살을 쏘아 대는 것을 멈추었으나 중앙에서와 반대편 끝에서는 아직 전투가 계속되었다. 나는 용기를 가지고 계속 가까이 접근하였다. 양편의 일부 사람들이 내게 뒤로 물러서라고 손짓을 했으나 나는 조금씩 계속 접근했다.

나는 하나님의 크신 능력이 내 속에서 힘있게 움직이는 것을 느낄 수가 있었다. 당황한 카무르인들은 해남인들의 화살이 내게서 멀리 떨어지도록 하기 위해 강쪽으로 움직였다. 그러나 나는 이미 전투의 흐름을 바꾸어 놓았다. 전투의 절정은 이미 지나갔다. 나는 기쁨으로 가득 찼다.

화살을 쏘아 대는 것은 그쳤으나 그 대신 사방에서 고함소리가 터져 나왔다. 그들은 활시위를 당기는 대신 활을 마구 흔들어 대기 시작하였다. 그들은 아직도 매우 화가 나 있었다.

이제 활을 쏘아 대는 것을 중지시킨 이상, 무엇 때문에 싸움을 시작하게 되었는지 그 문제를 해결해야 한다. 이 문제에 대한 적절한 해결책이 제시되지 않으면 언제라도 동일한 다툼이 재연될 것이 분명했기 때문이었다. 그러므로 이제는 말을 하는 것이 필요했다. 그러나 나는 무리들의 가장자리에 말 없이 서 있었다.

그 때 누군가가 내 왼쪽 팔꿈치를 강하게 잡았다. 나는 얼굴을 돌렸다. 그랬더니 하토의 한쪽 눈이 보이는 것이었다. 그의 눈은 매우 단호하게 빛나고 있었다. 또한 그의 가슴은 잔뜩 부풀어 오르고 있었다.

"뚜안, 당신은 뒤에 서서 기다리시오. 내가 이 문제를 해결하겠소"라고 말하고 있는 것처럼 보였다.

하토가 내 앞을 지나가 카무르 전사들 앞에 우뚝 설 때 나는 안도의 한숨을 쉬었다. 하토는 두려움도 없이 해남인들에게 등을 돌리고 카무르 전사들을 바라보고 섰다. 그는 천둥치는 듯한 사위어로 동족을 나무라기 시작하였다. 이에 카무르인들은 분노를 누그러뜨리고 그들의 무기를 내려 놓았다.

그러나 해남인들은 아직도 분노를 삭이지 못하고 있었다. 누군가 내가 호소할 수 있는 사람이 분명히 있을 것이라는 생각이 들었다. 나는 혹시 누가 없을까 찾아보기 위해 습지를 빙 둘러서 재빨리 해남인들이 있는 곳으로 다가갔다.

그 때 나는 하디가 팔짱을 끼고 일어나고 있는 상황을 잠자코 바라보면서 나무 그루터기 위에 서 있는 모습을 발견할 수 있었다. 하디다! 하디가 틀림없다!

"하디!" 나는 고함을 질렀다. 그러고는 더듬거리며 말을 했다. "당신이……당신이 좀 말하시오!"

하디는 내 명령에 놀랐던지 잠시 입을 멍하니 벌렸다. 그러더니 그루터기에서 뛰어나와 해남인들의 정면에 서서 우렁찬 목소리로 그들을 진정시켰다.

세 마을이 한 마을로 연합해서 산다는 것은 사위인들에게는 생각할 수도 없는 일이었다. 왜냐하면 그런 일은 너무나 쉽게 피를 보고, 유혈 참극으로 끝이 나기 때문이다. 최근에 있었던 일만도 그렇다. 키다리 맨 끝에다 두 마을이 연합해서 한 마을을 이루려고 했던 시도도 그만 유혈 참극을 빚고 말았고, 이 전투에서 하토는 그만 오른쪽 눈을 잃고 말았던 것이다. 아무리 친근한 이웃 부족이라 하더라도 수마일에 걸치는 정글을 완충 지대로 남겨 놓고 사위족들이 서로 떨어져 사는 것은 그리 놀랄 일이 못 된다.

이번 경우에 카무르인과 해남인과 요휘인이 함께 살겠다고 마음먹게 된 데는 그럴 만한 이유가 있었다. 그들과는 전적으로 다른 존재와 함께 산다는 사실이 신기하기도 하였을 뿐 아니라 실제적인 도움, 더 나아가서는 특권까지도 누릴 수 있지 않겠느냐는 기대감이 작용했기 때문이었다.

그들은 뚜안족을 도끼, 큰 칼, 칼, 면도날, 거울, 낚시 바늘과 낚싯줄, 그 밖의 것들을 무한정 얻을 수 있는 공급원쯤으로 생각하고 있었다. 카무르인들은 뚜안이 그들 땅에 집을 짓기로 결정한 이상, 자기들이 뚜안 옆에 살 권리가 있다고 생각하였다. 한편 해남인과 요휘인은 그들이 뚜안과 첫 접촉을 나누었기 때문에 뚜안 옆에서 살 권리가 충분히 있다고 믿었다.

따라서 그들은 뚜안을 공유하기로 합의를 보았던 것이다. 내가 카웸 마을에서 캐롤과 스티븐을 데리고 오는 데 걸렸던 3일 동안, 집 짓는 것을 도와주었던 사위인들은 당시 깊은 사고 야자나무 습지에서 일상 생활을 영위하고 있던 처자식들을 데리고 오기로 결정했던 것이다. 그들은 전체 가족처럼 함께 일하면서 땅 위에 급하게 사우라이, 즉 "임시" 가옥을 지었던 것이다. 그들은 우리가 도착하는 것을 환영하는 동안과, 계절풍과 함께 폭우가 쏟아져 습지가 온통 물바다가 되기 전에 영구적인 아네프, 즉 "높은" 집을 짓기 전까지 은신처로 사용하기 위해 임시 가옥을 건축한 것이었다.

따라서 북소리가 요란했던 사위족 가운데서의 첫날 밤이 지나고 새 아침이 밝았을 때 세 부족이 평화스럽게 우리 주변에 정착할 것 같아 우리는 몹시 기뻐하였다. 우리는 이것이 사위족과의 접촉을 아주 수월하게 해주고, 그들이 매우 필요로 하는 의술(의학)의 도움을 손쉽게 제공해 줄 수 있으리라고 기대하였다.

그들 전주민들은 거의 3일 밤낮을 북을 치고 노래하며 춤을 추었다. 항공 선교회 소속의 수상 비행기가, 무엇보다도 우리와 외부 세계와의 유일한 직접적인 접촉 수단인 소형 송신기를 가져다 주기 위해 두번째로 크론켈 강에 상륙했을 때를 제외하고는 거의 3일 밤낮을 춤추고 노래하며 보냈다. 길고 긴 환영식이 끝나자 대부분의 사람들은 하토와 마찬가지로, 새 마을터 위에 영구적인 집을 짓는 일을 시작하기 전에 음식물을 모으기 위해 정글에 있는 각자의 집으로 돌아갔다.

이제 우리가 도착한 지 약 일주일 가량 되었고, 사위족 주민들은 카누에 신선한 음식물을 가득 싣고 기분 좋게 정글에서 돌아왔다. 그러나 카무르인들과 해남인들이 우리 집 문 앞에서 충돌을 벌이고 나자 그들이 3일 동안 춤추며 즐겼던 동료 의식은 순식간에 사라지고 말았다. 우리는 그들의 태도가 순식간에 바뀌는 모습을 보고 놀라지 않을 수 없었다.

새로 결성된 우리 공동체의 앞날은 그저 어둡게만 보였다. 우리가 그들의 언어를 배울 수 있을 때까지만 실제적인 유혈 참극이 일어나는 것을 막을 수만 있다면 세 마을을 하나로 연합시킬 수 있을 것이라고 우리는 생각하였다.

그러나 그것은 부질없는 소망이었다.

14
뚜안이 사람의 골을 먹는다

일단의 호기심 많은 사위족 소년들이 전에는 장로들만이 감히 가까이 가던 곳에 접근하고 있었다. 그들은 불빛 비치는 창문쪽으로 서서히 기어갔다. 처음에는 뚜안의 램프에서 나오는 불빛에 눈이 멀 것만 같았고 램프에서 나오는 이상한 소리에 겁이 덜컥 났지만 차츰 눈에 익숙하게 되었고 용기도 되살아났다.

그들은 창문 안을 들여다보았다. 익숙한 것이라고는 사고 야자나무 잎으로 된 벽뿐이었다. 램프부터 시작해서 번쩍이는 노란색 커튼까지 모든 것이 그 이상 낯설 수가 없었다. 식탁이며, 탁자며, 의자며, 탁자보며, 접시며, 대접이며, 나이프며, 포크며, 숟가락이며, 벽에 걸린 그림이며, 석유 스토브며 할 것 없이 모든 것들이 호기심 많은 습지의 소년들에게는 그저 신기할 뿐이었다.

그들은 다시금 용기를 내서 뚜안과 뇨냐가 그들의 아기와 함께 앉아 있는 모습을 쳐다보았다. 그들은 뚜안이 김이 나는 대접에서 무엇인가를 덜어 내어 접시에 담는 모습을 유심히 바라다보다가 한편으로는 신기하기도 하고 다른 한편으로는 크게 놀라지 않을 수 없었다.

뚜안이 사람의 골을 먹는다   181

그들은 서로 바라보고 몸을 부들부들 떨기 시작하였다.
그 때 한 소년이 모두가 생각하고 있던 바로 그 말을 입 밖으로 내뱉었다. 아솀 모호프 케 만켄!
그들은 갑자기 현관에서 뛰어내리더니 어둠을 뚫고 카무르 마을로 달려가면서 집집마다 찾아가서 낮은 목소리로 도저히 믿어지지 않는 소문을 퍼뜨렸다. 오두막집 안에서는 장로들이 그들에게 "너희들이 잘못 본 것이 분명하다"고 대꾸했다.
그러자 소년들은 "그러면 빨리 가서 직접 보세요!"라고 우겨 댔다.
이에 장로들은 호기심이 잔뜩 생겼고, 즉시 무리를 지어 뚜안의 현관 앞에 몰려들었다.
우리는 고개를 들다가 그들의 눈동자가 어둠 속에서 빛나는 것을 볼 수 있었다. 우리는 그들에게 인사를 했으나 그들은 반응이 없었다. 그들의 눈은 우리가 먹는 음식을 뚫어지게 바라보고 있었다.
"그것은 사실이다." 그 중의 하나가 우리가 알아들을 수 없는 소리로 외쳤다.
"정말이다. 뚜안이 사람의 골을 먹고 있다."
나는 왜 그들이 흥분하는지 의아해 하면서 마카로니를 포크로 찍어 입에 넣었다.

내가 램프 불을 끄려고 할 때 우리는 한 여인이 매우 슬피 우는 소리를 들을 수 있었다. 나는 전등을 집어 들고 연기가 솟아오르는 카무르의 오두막집들을 향해서 나무뿌리와 그루터기 사이를 살피며 나갔다.
"저 여인은 도대체 왜 우는 것이오?" 나는 마을 끝에서 소리를 질렀다.

그러자 아시만이라는 자가 문 앞에 서서 나에게 가라고 손짓을 했다.

나는 그 자리에 꼼짝 않고 서서 다시 물었다. "저 여인이 왜 우는 것이오?"

아시만이 무엇이라고 대꾸를 했으나 다 알아들을 수는 없었고, 마지막 말인 "아미나하이! - 가시오!"라는 소리만 알아 들을 수 있었다.

다른 이들도 문 앞에 서서 나더러 가라는 손짓을 계속 했다. 그 사이 그 여인은 울음을 멈추었다.

나는 그들의 설명을 이해할 수 없는 데다가 내가 잘못 침범했다는 사실을 직감으로 느끼고는 영문도 모르는 채 집으로 돌아왔다. 우리는 잠들기 전에 때때로 그 여인이 다시 우는 소리를 들을 수 있었다. 그리고 날이 밝기 직전에 우리는 카무르 마을에서 나는 큰 울음소리에 잠이 깼다.

아침에서야 우리는 마소라는 여인이 쌍둥이를 분만하다가 세상을 떠났다는 사실을 알았다. 물론 쌍둥이도 죽었다는 것이었다. 비록 쌍둥이가 다 살았더라도, 그들의 부친이 그 중에 하나를 죽였을 것이다.

왜냐하면 쌍둥이로 태어난 두번째 아이는, 진짜 어린 아이로 화하여 어린 아이와 함께 태어남으로써 사위족 공동체에 침입하려고 애쓰는 악한 정령이라고 믿는 사위족의 신앙 때문이었다. 귀신으로 가득 찬 사위족 세계에서는, 심지어는 어머니의 태조차도 사탄의 침입에서 제외되지 않았던 것이다.

우리는 마소의 죽음을 놓고 사위인들과 함께 슬퍼하면서, 사위인들이 분만과 같은 개인적인 일들에서조차 우리가 도울 수 있음을 깨닫고 그 도움의 손길을 마음 놓고 받아들일 수 있는 때가 어서 속히 오기만을 고대하였다.

캐롤은 하이마이를 잡일꾼으로 훈련시키려고 애를 썼다. 그가 석유로 움직이는 세탁기 안에 뜨거운 물을 가득 채우자, 캐롤은 그에게 비눗물 넣는 법을 가르쳐 주었다. 그 다음 캐롤은 세탁할 옷들을 챙기다가 사용하고 남은 찻주머니가 싱크대 옆에 있는 것을 보고는 그것을 하이마이에게 주면서 서투른 사위어로 쓰레기통에 버리라고 지시했다. 그러자 그는 뭐가 뭔지 모르겠다는 표정으로 그것을 들고 밖으로 나갔다.

몇 분이 지난 후 캐롤은 내게 세탁기 엔진을 돌려 달라고 부탁했다. 엔진이 돌아가자 캐롤은 교반기를 돌리기 위해 레버를 잡아당겼다. 캐롤은 돌아가는 비눗물 속에 세탁물을 집어 넣으려다가 갑자기 소리를 지르는 것이었다. "돈, 내 깨끗한 세탁물에 이 검은 것들은 도대체 뭐예요?"

나는 세탁물을 한 줌 퍼내 그 검은 반점들을 살펴보았다. 그것은 다름 아닌 차잎이었다.

아침 일찍 키가 큰 아토화엠인인 야쿱은 미망인 파사하를 세번째 아내로 취하겠다는 의사를 밝혔다. 그러자 한쪽 해남인들은 그 의사에 찬성하였으나 다른쪽에 있는 나이르는 그 여자가 자기 아내가 되어야 한다면서 이의를 제기하였다.

정오에 파사하의 친척들이 나이르의 항의를 거부하는 결정을 내리자, 나이르는 형제인 파하의 도움을 얻어 집을 뛰쳐 나오면서 야쿱을 없애 버리겠다고 위협하였다. 그러자 야쿱의 두 친구인 마부와 시나르가 나와서 화가 나 달려드는 두 사람을 가로막았다. 이에 네 사람은 금방 싸움을 벌이게 되었고, 그들과 관련된 부녀자들의 고함소리와 비명은 사이렌 소리처럼 온 마을을 흔들었다.

그 싸움은 몇 초 만에 끝이 났다. 남에게 제일 먼저 부상을 입힌 사람은 마부였다. 그는 촉이 여러 개 달린 창인 카팜으로 파하의 엉덩이를 찔렀다. 나이르는 자기 형제가 피를 흘리는 것을 보고는 대나무 화살을 시나르에게 쏘았다. 이에 화살은 시나르의 상박을 뚫고 갈비뼈까지 들어가 박혔다. 이에 마부는 그에 대한 보복으로 화살을 나이르의 허벅지를 꿰뚫고 들어가게 쏘았다.

내가 그 사건 현장에 도착했을 때 마부가 계속 날뛰고 있었으나 아무도 피로 얼룩진 마을 공터에서 아우성치는 마부의 도전에 응하는 자가 없었다. 나는 부상의 정도를 살펴보고는 캐롤에게 붕대와 페니실린을 가져오라고 말한 후, 마부가 부상당한 적들에게 더 이상 해를 가하지 못하도록 그 곳을 떠나지 않았다. 상처를 소독하고 붕대를 감은 후 페니실린 주사를 놓고 나자 우리들의 손은 온통 피로 물들어 있었다.

나는 그 곳을 떠나면서 무엇인가를 말하고 싶은 눈초리로 마부의 눈을 뚫어지게 바라보았으나 무슨 말을 해야 좋을지 알 수가 없었다. 내가 두 사람을 거의 죽일 뻔한 일로 그를 나무란다면 그는 어깨를 움츠리며 "그래서 어쨌단 말이오?"라고 말할 것을 나는 알고 있었다. 따라서 나는 그 대신 모호하게 이야기했다.

"당신 때문에 내 아내의 손에 피가 묻었소."

이 말에 그는 크게 놀란 표정이었다. 그는 재빨리 캐롤의 손을 흘끗 쳐다보더니 자신이 일으킨 행동이 잘못되었다는 사실을 갑작스럽게 깨닫고는 놀란 표정을 지었다. 마부는 자신이 고의는 아니지만 우주적 결과를 초래하는 어리석은 잘못을 저질렀다는 사실에 두려움을 느낀 듯이 몸을 움츠렸다.

나는 그에게 크신 어떤 분이 그를 위해 손에 피를 흘렸다는 사실을 말하고 싶었다. 그분이 손에 피를 흘렸다는 사실이 진정으로 우주적 결과를 초래했다는 점을 이야기하고 싶었다. 그러나 어떻게 표현해야 좋을지 알 수가 없었다. 아직 언어 실력이 부족했던 것이다. 그래서 나는 그냥 그를 놔두고 떠나야만 했다. 후에 마부가 내게 고백한 일이지만 그는 그 당시 내심 매우 떨렸다고 한다.

감염을 막기 위해서 페니실린 주사를 계속 맞자 그들은 부상에서 신속하게 회복되기 시작했다. 사실상 그대로 내버려 두었다면 생명까지도 위태로울 그런 부상이었다. 죽음을 막아 냄으로써 우리는 한번 시작되면 수년 동안 지속되는지도 모르는 피의 불화를 다시 한번 막을 수가 있었다. 이번 경우는 해남 마을 자체내에 있는 적대적인 씨족간의 불화가 문제였다. 그러나 더 큰 문제는 해남인과 카무르인간의 피의 불화가 큰 규모로 발생하느냐에 달려 있었다. 따라서 우리는 이들이 유혈 참극을 벌이지 않도록 최대한 주의를 기울여야 했다.

우리의 임무가 생사가 달린 긴급한 문제라는 생각이 들었기 때문에 우리는 영구적인 거처를 짓는 것을 1년간 연기하기로 결정했다. 즉, 가능한 한 빠른 시간내에 사위어의 암호를 푸는 데 총력을 기울이기로 결정한 것이다. 만일 우리가 벽 널판 아래위와, 사고야자 나뭇잎 벽 사이로 파고 들어오는 수많은 곤충들과 야생 동물을 견뎌 낼 수 있는 한, 여기저기 몇 군데 손을 보고 공간을 효율적으로 사용하기만 한다면, 사방 6미터짜리 작은 "초가 상자"는 충분히 살만 하였다.

살기 위해서는 지면의 습기와 접촉을 해야 하는 흰개미와 기어 다니는 곤충들이 접근하는 것을 막기 위해 집을 떠받치고 있는 기둥에 약을 뿌렸다. 그러나 바퀴벌레나 귀뚜라미나 파리나 모기 같은 날아다니는 곤충들은 끊임없이 우리들과 우리들의 생활 필수품을 공격하여 괴롭혔다.

여러 종류의 야생 동물들은 서로서로 동맹을 체결한 것처럼 보였다. 예를 들면 어둠을 이용해서 귀뚜라미가 우리의 모기장에 구멍을 뚫어 놓으면 말라리아 기생충과 뎅그열 바이러스와 필리리아 유충 같은 병균 등을 탄두로 장식한 모기들이 우리의 수비망을 뚫고 공격해 왔다. 또한 쥐가 우리의 음식물이 담긴 플라스틱 용기에 구멍을 내면 바퀴벌레나 흰개미가 들어가 음식물을 못쓰게 만들곤 하였다.

그렇다고 우리를 돕는 동맹군이 전혀 없는 것은 아니었다. 뛰어다니는 작은 거미와 색깔이 변하는 초록색의 도마뱀이 자주 우리 집 벽과 창문을 방문하여 낮에는 파리들을, 밤에는 모기와 나방들을 사냥하였다. 게다가 많은 야조와 박쥐 떼들이 매일 밤 집 주위에 몰려와 램프 빛에 끌려온 모기들과 나방들을 먹어 치웠다.

일년 중 어떤 때에는 날아다니는 개미 떼들이 집 주위 정글에 수천 마리씩 부화하여 저녁 어두워질 때 램프를 켜기만 하면 집을 온통 에워싸곤 하였다. 개미 떼들은 밝게 빛나는 우리의 거실로 몰려들어 와서는 램프 유리에 세게 몸을 부딪히고 죽거나 기절하여, 읽고 있는 책이나 치고 있던 타자기의 키 사이로 마치 비오듯이 떨어져 내렸다. 게다가 개미 떼들은 머리카락 사이에 뒤엉키기도 하였고, 입고 있는 옷의 소매 속으로 기어들어 가기도 하였다.

결국 이런 이유로 우리는 일찍 잠자리에 드는 습관이 생겼다.

나는 매일같이 열 시간은 사위어를 배우는 데 바치기로 목표를 세웠다. 서너 시간은 언어를 가르쳐 주는 사람들과 시간을 보내면서 새로운 단어들과 어구들과 문법적 구조를 분리해 내느라고 애를 썼다. 그리고 나머지 시간은 사위족 가정들이나 남자들의 집을 방문하거나, 그들과 같이 정글이나 다른 마을을 여행하거나 저녁 때 강가에서 사위족인들의 대화를 들으면서, 의미가 통하는 질문을 던지거나 대답하려고 애쓰면서 사위어를 공부하려고 하였다.

우리에게는 통역자가 없었기 때문에 단지 추측만으로 단어들의 의미를 추적해야만 하는 경우가 많았다. 내가 나무 막대기 위에 올라서서 나무를 부러뜨리면, 사위인은 게타르 하세르!라고 외쳤다. 하세르는 "아니다"라는 의미임을 알고 있었기에, 게타르는 "강하다"라는 의미이고, 전체 뜻은 내가 올라선 나무가 "강하지 않다"라는 것임을 추측하였다.

이 추측의 진위를 가리기 위해 나는 강하지 않은 것을 가리키고 게타르 하세르라고 말을 했다.

그러면 그 사위인이 동의를 하면서 에사와브! 오 타이 게타르 하세르—이나피!라고 대답하였다.

그러면 나는 대담하게 에사와브는 "그렇소", 오 타이는 "그것 역시", 이나피는 "약하다"를 의미한다고 추측하였다. 결국 내 이론에 따르면 그의 말은 "그렇소. 그것 역시 강하지 않소. 그것은 약한 것이오!"였다.

그러나 이런 방법은 빈약하기 그지없는 것이었다. 특히 추측할 수 있는 단서가 매우 적은 초기에는 더욱 그러하였다. 때로 사위인들이 어색한 표정을 짓고 폭소를 터뜨릴 때면 우리는 다시 원점으로 돌아가서 재추측을 시작해야만 했다.

한번은 좁은 사위족 카누 안에 서서 노 젓는 법을 배우다가 나는 그만 균형을 잃고 물 속에 빠지고 말았다. 그러자 나를 호위하던 사위인이 안된 표정으로 고개를 흔들면서 뚜안, 고 니기 카비 마르야!라고 하였다.

나는 그가 "다른쪽으로 기댔어야 하는 건데"나 혹은 "악어를 조심하시오"라고 말한 것으로 추측하였다. 그러나 여러 달이 지난 후 나는 노트를 검토하다가 그 뜻이 "뚜안, 당신은 우리 카누와 관계가 좋지 않군요!"라고 말했다는 것을 알게 되었다.

매일 매일, 한 단어 한 단어씩 우리는 우리의 언어 교두보를 확장해 나갔다. 그리하여 우리는 "기쁘다", "슬프다", "고집세다",

"바보스럽다", "화나다" 등을 의미하는 사위어를 발견하게 되었다. 따라서 우리는 이제 우리의 감정을 표현할 수 있게 되었다.

후에 우리는 "생각하다", "후회하다", "용서하다", "심판하다", "사랑하다" 등의 사위어의 도움을 얻어 추상적 표현의 내부 밀실에까지 파고들기 시작하였다. 우리는 더 멀리 자유스럽게 돌아다닐 수 있었고……신임을 얻을 수가 있었으며……준비를 갖출 수가 있었다. 완전한 의사 소통의 희열이 조금 가까와 보였다.

그러나 실제로는 전과 똑같이 먼 것은 아니었는가?

15
남자들의 집에서의 만남

밤새 내리던 폭우의 남은 빗줄기가 경질목 위에 아직도 흩날리고 있었다. 나는 손에 노트를 들고 웅덩이와 물방울과 뿌연 안개로 이루어진 이른 아침을 거닐면서 서서히 해남과 요휘 마을의 남자들의 집을 향해 나아갔다.

남자들의 집은 강가에 홀로 서 있었는데 최근에 해남인들과 요휘인들이 세운 두 줄의 오두막집을 지키는 쓸쓸한 파수꾼 같았다. 바깥 사람에게는 남자들의 집은 사위인들의 평상 거처와는 약간 달라 보였다. 남자들의 집은 줄에서 약간 왼쪽으로 삐져 나와 있었으며, 문설주에 인간과 동물들의 해골이 걸려 있어 그 곳 남자들의 무용을 과시하고 있었다.

그러나 사위인들의 눈에는 남자들의 집은 단순한 거처가 아니었다. 그 곳은 사위 문화의 파르테논 신전과도 같은 곳이었다. 즉, 지체 높은 손님을 접대하는 연회석이요, 전쟁의 전략을 짜내는 사고 은행(think-tank)이었으며, 웅변과 상스런 농담과 자기 자랑의 광장이었다. 또한 그 곳은 때때로 동성 연애가 이루어지는 소굴이었으며, 식인 축제를 위한 도살장이기도 하였다.

나는 그 곳을 살아 계신 하나님의 아들을 선포하는 아레오바고 (Areopagus, 최고 재판소 : 아테네의 아레오바고 언덕 위에 있었음 - 역자 주)로 만들 계획을 세웠다. 해남과 요휘 마을 오두막집의 연기 나는 모든 난로까지 복음이 다다르도록 만드는 통로로 만들 전략을 세웠다. 그러나 그것은 투쟁 없이 얻어질 것은 아니었다.

첫째 장벽은 언어였다. 사위어를 말한다는 것이 간단한 단어들을 단순하게 늘어놓는다고 되는 것은 결코 아니었기 때문이다. 때로는 단순한 한 단어가 그 뒤에 수도 없이 많은 접미사가 붙을 수 있는 어간인 경우가 한두 번이 아니었다.

예를 들어 각 동사는 직설법만 보더라도 시제가 19개나 되었다. 그러나 그 당시 나는 19개의 시제 가운데서 3분의 1에 해당하는 시제의 기능만을 아는 정도에 그쳤다. 게다가 19개의 시제는 각기 일인칭과 비일인칭 형태가 있었기 때문에, 사위어로 단순한 직설법 문장 하나를 만들려고 할 때도 38개의 동사 어미 가운데서 하나를 취해야만 했다.

또한 가정법, 그러니까 "만일……한다면"(if), "……할 수 있었을 텐데"(could have), "……했을텐데"(would have), "……해야만 했을텐데"(should have)를 표현하는 표현법의 동사 어미 그룹이 서서히 그 모습을 드러내고 있었다. 게다가 나는 명령법의 어미, 즉 "나로……하게 하라"(let me), "우리……하자"(let us), "그로……하게 하라"(let him)뿐 아니라 2인칭의 명령을 나타내는 두 쌍의 어미를 어렴풋하게 감을 잡고 있었다.

우리가 한 동사 어간에 접미사를 붙여 확장시키기 전에도 동사 어간이라는 것은 15개의 다른 형태를 취할 수가 있는 유령이었다. 어간의 형태는 주어가 단수냐 복수냐에 따라, 목적어가 단수냐 복수냐에 따라 달라졌다. 또한 동사 어간은 그 동작이나 기능이 습관

적이냐, 점진적이냐, 반복적이냐, 상호적이냐, 시험적이냐, 결론적이냐, 부분적이냐, 과도적이냐, 차단된 것이냐에 따라 달라졌다.

사위어에서는, 모든 순서는 시간적 전후 관련과 정확히 일치해야 했으며 비약이란 있을 수가 없었다. 따라서 문법도 긴 행동의 연속을 부드럽고 유창하게 다룰 수 있도록 제시되어야만 했다.

모든 진술은 직접적인 정보와 간접적인 정보로 분류되어야만 했다. 사위어는 다른 이의 생각을 마치 자기 것인 양 이야기하는 것을 용납하지 않았다. 게다가 자기가 말한 것에 대해서는 책임을 지도록 만들었다.

사위어는 모호함을 증오하였으며 넌센스를 용납하지 않았다. 사위어는 마치 기름이 물을 거부하듯이, 이상한 나라의 앨리스(Alice in Wonderland) 같은 책의 번역은 거부할 것이다. 외과 수술처럼 정확한 표현이 사위어의 목표인 것이다.

때때로 나는 내가 사위어를 마스터하기도 전에 내 두뇌 회로가 다 차 버릴 것 같은 느낌을 받았다. 그러나 사위어를 배우는 것은 큰 모험이었다. 나는 문제를 풀다가 마술처럼 작용하는 새 공식을 발견해 낸 수학자들이 느끼는 기쁨을 느끼곤 하였다.

사위어는 그 어휘에 있어서 황홀할 정도로 구체적이고 섬세한 언어이다. 영어에서는 "눈을 뜨다", "가슴을 열다", "문을 열다", "깡통을 열다", "다른 사람을 이해시키다"라고 할 때 모두 "열다"(open)라는 단조로운 동사를 사용한다. 그러나 사위어에서는 "눈을 뜨다"라고 할 때는 파가돈, "마음을 열다"라고 할 때는 아나하그콘, "문을 열다"라고 할 때는 타가본, "깡통을 열다"라고 할 때는 타리판, "다른 사람을 이해시키다"라고 할 때는 다르가몬이라는 동사를 사용한다.

누군가 내게 사위어의 문법에 대해서 한마디 하고 그런 문법을 만든 자들이 어떤 유형의 사람들일 것이라고 추측하느냐고 물었다면, 잡다한 많은 것들을 능률적으로 다루는 일에 몰두하는 현학적인 체하는 철학자 같은 유형의 종족들일 것이라고 대답했을 것이다.
　그러나 더 깊이 관찰한다면 그들은 또한 시인들이기도 하다고 추측했을 것이다. 왜냐하면 사위어 동사의 한 부류가 온통 무생물을 인격화하는 것들로 이루어져 있기 때문이었다. 꽃이 향긋한 향기를 풍기면 사위인들은 그 꽃이 우리 코에 포크! 포크!라고 말하고 있다고 생각하였다. 꽃이 아름다우면 그 꽃이 우리 눈에 가! 가!라고 말하는 것으로 생각하였으며, 별이 반짝이면 그 별이 세바이르! 세바이르!라고 속삭이는 것으로 간주하였다. 사람 눈이 반짝이면 시! 시!라고 우리를 부르는 것으로 여겼다. 또한 진흙이 발 밑에서 우지직 소리를 내면 소스! 소스!라고 불평하는 것으로 생각하였다. 사위족의 우주에서는 사람뿐 아니라 모든 만물이 의사 소통을 하고 있는 것이다.

　　나는 사다리를 올라 남자들의 집에 들어가서 해남인과 요휘인들 가운데 있는 풀잎 방석에 자리를 잡았다. 그들은 그들의 언어가 암시하는 것과 같이 철학자이며 시인들같이 보이지 않았다. 나는 신비한 존재들 가운데 앉아 있는 듯한 느낌을 받았다. 야만스럽기 그지없는 문화를 가진 이들이 어떻게 그토록 정교하며 논리적이며 능률적인 언어를 발전시킬 수 있었을까? 아마도 극단적인 상황에서 생존해 나가려면 없어서는 안 될 신속한 두뇌 회전과 재빠른 반사 작용이 사위어의 탁월성에 기여하지 않았나 하는 생각이 들었다.
　그렇지 않다면 사위어는 고도의 문명을 지녔던 초기 시대의 고기물(古器物)인가? 나는 사위인들이 조상들에 대해 깊다 못해 거의 강박 관념에 가까운 존경심을 지니고 있다는 사실을 깨닫고 있었다. 아마도 여기에는 단지 감정적인 이유 이상의 무엇이 있을지도 모른다는 생각이 들었다.

나는 몇 분 동안 그들 가운데 조용히 앉아서, 내가 대화를 나누어야 할 이들과의 이질감과 슬프게 보이는 해골들과 무기들과 풀잎 방석들과 깜빡이는 화로 불과 연기에 그을린 거미줄로 가득 찬 남자들의 집의 생각에 잠긴 듯한 분위기에 나 자신을 새롭게 동화시키려고 애를 썼다.

그들의 삶을 보면 놀랄 일이 한두 가지가 아니었으나 나는 그들을 존경하지 않을 수 없었다. 그들은 어려서부터 수많은 식물과 동물들의 이름과 삶의 방식을 배워 온 뛰어난 박물학자였다. 나같으면 외부 세계와 단절되는 경우에 서서히 사라져 없어질 그런 황량한 세계에서 그들은 누구 하나 빼놓지 않고 독립해서 살아갈 수 있는 그런 자들이었다.

그들은 모두 대단한 용기와 강철 같은 의지의 소유자들이었다. 그들은 비오듯 하는 화살 사이를 요리조리 쉽게 피할 줄 아는 자들이었고, 무시무시한 산돼지의 이빨 앞에서 대항할 용기를 낼 줄 아는 자들이었다. 더욱이 놀라운 것은, 겉으로는 적대적으로 보이는 숲을 없는 것이 없는 슈퍼마켓으로, 즉 자연의 과정을 해하지 않고서도 얼마든지 필요한 것을 얻을 수 있는 곳으로 바꿀 수 있는 능력의 소유자들이었다.

근본적으로 나는 사위인들과 두 가지 전제를 공유하고 있었다.

첫째, 사위인과 나는 초자연적 세계에 대한 신앙을 함께 소유하고 있었다.

둘째, 초자연적인 세계와 인간의 상호 교통의 중요성을 동시에 인식하고 있었다.

사위인들은 비록 사악하지는 않지만 무관심한 귀신들과 죽은 자들의 영이 존재한다는 사실을 믿고 있었다. 그러나 나는 공의로

우시고 인자하신 하나님, 무한하시면서도 인격적이신 하나님을 믿고 있었다.

사위인들은, 불행은 우연히 일어나는 법이 없다고 확신하였다. 그들은 불행이란 마술에 의해 고무되거나 억제될 수 있는, 귀신들에 의해 일어나는 것이라고 굳게 믿고 있었다. 나는 모든 일이 기도에 의해 영향을 받을 수 있는, 하나님의 섭리에 의해 명령되거나 허용된 것이라는 사실을 확신하고 있었다.

그러나 이 점을 제외하고는 세계관에 있어서 사위인과 나 사이에는 공통점이 없었다. 이것이 언어의 장벽보다 더 큰 장벽이었다. 따라서 어떻게 해서든지간에 나는 의미 있는 방법으로 그 장벽을 넘어야만 했다.

나는 앞에다 노트 몇 장을 펼쳐 놓고 시작했다. 먼저 나는 사위어로 하나님의 이름을 창안해 냈다. 나는 그 이름을 미아오 코돈—"최대의 영"(the greatest Spirit)이라고 지었다. 그리고 나서 그를 묘사하려고 애를 썼다. 나는 하나님은 사위 하마르스처럼 물에 잠긴 통나무나 사고 야자나무 가운데 사시는 분이 아니라 온 하늘과 온 땅을 채우고 계신 분이라고 설명했다.

"사실상 우리는 지금도 그분 안에서 여기 앉아 있는 것입니다"라고 덧붙였다.

그들은 이 말에 놀라 서로 바라보았다.

나는 계속 말을 이었다.

"하마르스의 경우에 있어서, 여러분은 그들이 여러분의 마을이나 가정이나 몸에 들어오는 것을 막기 위해 마술을 사용합니다. 그러나 미아오 코돈을 쫓아낼 수 있는 주문이나 마술은 없습니다. 그분은 마술 따위는 눈여겨 보지도 않습니다. 그분은 어디에나 계십니다. 따라서 그 누구도 그분 앞에서는 피할 수가 없습니다."

남자들의 집에서의 만남   195

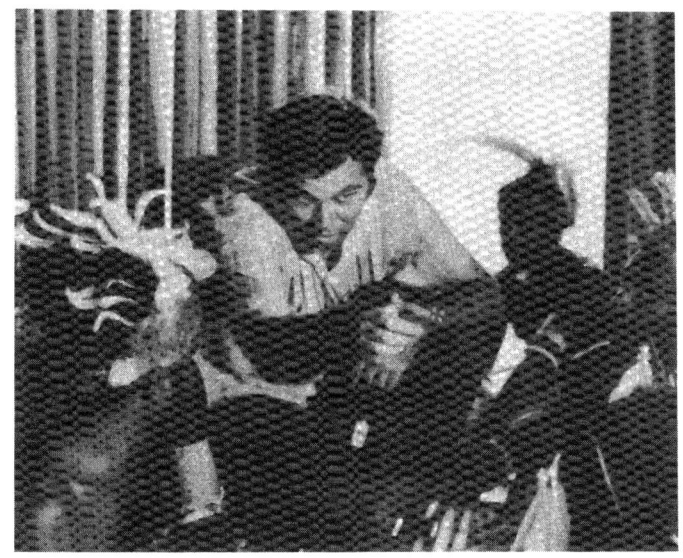

몇 사람의 얼굴에 크게 놀라는 표정이 역력히 나타났다.
"또한 모든 것, 즉 달이나 태양이나 기후나 강이나 숲이나 동물이나 인간이나 할 것 없이 만물이 모두 그 안에 있기 때문에 하나님께서는 모든 것에 대한 모든 것을 알고 계십니다. 하나님께서는 모든 인간이 말하고 행동하고 생각하는 것을 알고 계십니다. 우리는 그분을 볼 수가 없으나 그분은 우리를 보고 계십니다!
"우리가 우리 몸의 근육의 운동을 마음대로 조정하듯이 하나님께서는 만물을 조정하고 계십니다. 그분이 없이는 바람도 불 수가 없으며 비도 내릴 수가 없습니다. 그분의 능력이 없이는 태양도 비칠 수가 없으며 달도 뜰 수가 없습니다. 그분의 공급이 없이는 식물도 자랄 수가 없으며 아이도 잉태할 수가 없습니다."
카니와 그 밖의 사람들이 귀를 기울이며 앞으로 몸을 숙였다. 그들은 그 전까지만 하더라도 외부 세계에서 오직 철물들만을 받아들였었다. 그런데 이제 그들은 사상을 듣고 있었다. 그들은 흥분한 것처럼 보였다.

　내가 말을 계속 이어 가는 동안 가르라는 자가 나를 정면으로 바라보고 앉았다. 그는 내 말을 주의 깊게 듣고는 동료들을 바라보고 내가 한 말을 세심하게 반복하였다. 그는 자주 내 말을 사위어로 더 분명하게 재표현하면서 자신의 주를 달았다. 물론 그가 주를 단 내용 가운데 우습게도 완전히 빗나간 것도 더러 있었다.

　그것은 예의의 표시였다. 나는 처음에는 크게 당황하였으나 시간이 지나자 오히려 이런 풍습에 큰 고마움을 느꼈다. 가르가 내 생각을 재표현하는 것을 들음으로써 나는 사위인의 정신 세계를 이해하는 데 더할 나위 없는 좋은 기회를 갖게 되었다. 게다가 가르가 말을 하는 동안 다음 문장의 구조를 미리 생각해 볼 수 있는 시간적 여유를 가질 수가 있었다. 더욱 중요한 것은 가르는 내 말을 되풀이하면서 매번 내 말의 메시지가 지루하지 않도록 보강해 준 것이었다.

　나는 사위인의 삶의 모든 국면 위에 그 무시무시한 그림자를 드리우고 있는 보잘것없는 사위족의 정령들(귀신들)과 공의와 인자 때문에 자신을 희생하면서까지 잃어버린 인간을 찾아 나서신 무한한 창조주 하나님을 대조해 가면서 한 줄 한 줄 설명해 나갔다.

　나는 그들에게 그 귀신들과 하나님 중에 어느 한쪽을 마음대로 고를 수 있는 분명하고도 폭 넓은 근거를 제시하고 싶었다. 일부는 무관심한 것처럼 보였다. 그러나 다른 이들은 놀라 입을 딱 벌리고 내 말에 귀를 기울였다. 사위어의 소유자들인 그들조차 꿈꾸지 못한 개념들이 사위어로 표현되는 것을 듣고 꽤나 충격을 받은 것 같았다.

　나는 하나님께서 아름답고 풍성한 세계 가운데 인간을 창조하신 것과 악이 인간 세계에 들어온 것과 구세주를 보내 주시겠다는 매우 오래된 약속이 있다는 사실과 마지막으로 그 구세주가 마침내 나타나셨다는 사실을 말하였다. 나는 이야기의 절정에 도달하여 유대인들 가운데서의 예수님의 사역을 설명하였다. 바로 그 때 마음이 갑자기 크게 하품을 하더니 옆의 풀잎 방석 위에 놓인 칼과 반을 쪼갠 나무 줄기 하나를 집어 들었다.

그는 나무 한쪽 끝을 발가락 사이에 넣어 고정시키더니 팽팽하게 잡아당기고 나서 칼로 다듬기 시작하였다. 그는 새 활을 만들기 시작한 것이었다. 그는 완전히 딴전을 부리고 있었다.

다른 이들도 마찬가지로 자기들 이야기를 조끔씩 나누기 시작하였다. 만일 내가 유대인 대신에 아스맛인이나 카야가르인이나 아유인에 대해 이야기했다면 그들이 계속해서 귀를 기울였을 것이라는 사실을 알 수 있었다.

어쨌든 나는 그들이 귀를 기울일 수 있는 한도까지 계속 이야기를 했다. 유대인들이 누구이든지간에, 사위인들에게는 아무 상관 없는 먼 나라 이야기로 들렸다.

나는 계속해서 남자들의 집을 방문하면서 예수님의 생애와 사역을 확대해서 설명하면서 그분의 실재와 그들의 삶과의 관련성을 이해시키려고 애를 썼으나 겉으로 보기에는 전혀 성공이 없었다. 사위인들은 자기들의 문화와 전적으로 다른 문화와 배경에 대해서는 생각할 줄 모르는 자들이었다.

그런데 단 한번 내 말이 그들에게서 큰 반향을 일으킨 적이 있었다. 그 때 나는 가룟 유다가 하나님의 아들을 배반한 이야기를 설명하고 있었다. 내가 반쯤 설명을 마쳤을 때 나는 그들이 주의 깊게 귀를 기울이는 모습을 볼 수가 있었다. 그들은 상세한 데까지 주의를 기울이고 있었다. 나는 3년간 유다가 예수님과 친하게 가까이 지내면서 같은 음식을 나누고 어디든지 함께 다녔음을 이야기하였다.

예수님을 아는 어떤 자들도 그토록 위대한 인물을 배반할 생각을 품는다는 것은 도저히 있을 수 없는 일이었다는 사실을 나는 강조하였다. 그러나 누가 그런 생각을 품는다 하더라도 설마 예수님이 신뢰하는 제자 중 하나가 그러리라고는 아무도 생각지 못하였다는 점을 분명하게 제시하였다. 그런데 예수님의 제자 중 하나인 유다가, 동료 제자들이 눈치 채지 못하게 예수님을 배반하기로 결심하고 홀로 그 무서운 행동을 실행에 옮겼다는 점을 설명하였다.

내 이야기가 절정에 도달하자 마음은 경탄한 나머지 새 울음 소리 같은 찬사를 내뱉았다. 카니와 그 밖의 사람들은 너무나 놀란 나머지 손가락 끝을 가슴에 갖다 대었다. 게다가 다른 이들은 모두 낄낄 대며 웃는 것이었다.

처음에 나는 어안이 벙벙하여 멍청히 그 자리에 앉아 있었다. 그런데 바로 그 때 한 생각이 떠올랐다. 그들은 지금 유다를 이야기의 영웅으로 환호하고 있는 것이구나! 그렇다. 내가 사탄의 사주를 받아 진리와 거룩을 대적한 적대자로 묘사한 유다를 영웅으로 여겨 갈채를 보내고 있는 것이었다.

갑자기 식은땀이 흘렀다. 나는 예수님께서 선하신 분이요, 그분이 바로 구세주이신 하나님의 아들이었다고 거세게 이의를 제기하였다. 나는 예수님을 배반한 것은 악한 것이라고 강조하였다. 그러나 그 어떤 말도 그들의 눈에서 야만적인 기쁨의 눈빛을 지울 수가 없었다.

그 때 카니가 앞으로 몸을 굽히더니 "그것이야말로 진정한 투위 아소나이 만이로구나!"라고 외치는 것이었다.

도대체 **투위 아소나이 만이**란 무슨 뜻인가!

나는 강박에 가까운 무력감을 느끼면서 일어나 남자들의 집을 떠났다. 나는 습지 건너편에 있는 우리가 지은 작은 집을 바라보았다. 캐롤은 현관에서 약을 나누어 주고 있었고 스티븐은 엄마 뒤의 풀잎 방석에서 놀고 있었다. 저것이 우리가 사위인들을 위해서 할 수 있는 최선의 것인가? 그들의 내면은 멀리 떨어져 있어 아직 접근할 수 없는데, 육체의 질병만을 고치는 것이 우리가 할 수 있는 전부인가?

내가 집을 향해 발걸음을 내딛기 시작할 때까지도 사위인들은 내가 한 이야기를 토론하며 웃어 대고 있었다. 나는 연구하기 위해 홀로 자리를 잡고 앉아서 하나님께 기도하기 시작하였다. 그러나 기도하는 동안 카니가 말한 이상한 표현이 계속 내 머리 속을 맴돌았다. 한참 후 나는 펜을 들고 카드 위에 그 이상한 표현을 적어 보았다.

투위 아소나이 만! 그 기본 부분들은 매우 단순하였다. 투위는 "돼지"라는 뜻이고 아손은 "잡는다"는 말이며, 어미 아이는 "잡았다"는 것을 가리키는 접미사이고, 만은 단지 "행하다"란 의미였다.

"돼지를 잡았다. ……을 행하기 위해서."

그렇다면 무엇을 행하기 위해서인가?

나는 문으로 가서 나의 언어 조수 중 하나인 나라이를 불렀다. 그가 오자 나는 투위 아소나이 만의 뜻을 설명해 달라고 요청하였다. 나라이는 창문을 통해 내다보면서 턱끝으로 하토가 전에 정글에서 잡아다 놓은 새끼 산돼지를 가리켰다. 그 새끼 산돼지는 길들여져 마을 공터를 자유롭게 이리저리 돌아다니고 있었다.

"뚜안, 하토는 처음 저 돼지 새끼를 잡아서 집에 데려온 다음 손으로 직접 먹이고 개들로부터 보호해 주었소. 이제 이리저리 돌아다닐 수 있는데도 하토는 매일같이 음식 찌꺼기를 던져 주고 있소. 저 돼지는 잘 먹고 보호되어 안전하다는 생각을 할 것이오. 돼지는 원하는 곳은 어디든지 갈 수가 있소. 그러나 저 돼지가 다 자라면 무슨 일이 생기겠소?"

"하토와 그 식구들이 잡아먹겠지"라고 나는 대답하였다.

"그렇다면 저 돼지는 지금, 그런 일이 벌어지리라는 데 대해 어떤 경고를 받았겠소?"

"아니 전혀."

"바로 그렇소." 나라이가 동의를 했다.

"**투위 아소나이 만**은 하토가 저 돼지에게 하고 있는 것과 똑같은 행동을 한 인간에게 한다는 뜻이오. 즉, 예기치 않게 잡아먹기 위해 한 인간을 우정으로 살찌우는 것을 의미하는 것이오."

나라이는 자기 말의 영향으로 내 얼굴에 나타나는 표정의 변화를 앉아서 읽고 있었다.

"그런 일이 실제로 일어난다는 말이오?"라고 나는 순진하게 물어 보았다.

"그렇고 말구요. 실제로 그런 일이 일어나고 있소."

나라이는 재빨리 대꾸를 하면서 해남 마을을 자주 방문했던 한 다른 마을 사람의 이야기를 들려 주기 시작하였다. 그가 처음에 방문하였을 때는, 성대한 잔치로 대접을 받았으며 찬사를 잔뜩 듣고 다시 방문해 달라는 초청을 받았으나, 결국은 그의 후견인들에 의해 살해되어 그 시신이 인육으로 바뀌고 말았다는 이야기를 소상하게 들려 주었다.

나라이는 와소휘 마을에 사는 마하엔의 친척들을 카니와 마하엔이 배반한 이야기도 계속해서 들려 주었다. 나는 너무 놀라 무슨 말을 해야 좋을지 몰랐다. 따라서 입을 다물고 멍하니 앉아 있었다.

그러다가 나는 과감하게 질문을 던졌다.

"만일 마하엔이 그 같은 범죄를 저질렀다면, 마하엔이 그토록 인기가 있는 이유는 무엇이오? 그토록 많은 사람이 딸을 주겠다고 약속한 까닭은 도대체 무엇이오?"

나라이가 나를 쳐다보는 눈빛에서 나는 그가 내 질문의 의도를 파악하지 못했다는 것을 알 수 있었다. 그러나 그것 자체가 대답이었다.
　나라이가 사위족의 고전적인 배반의 실례들을 계속해서 드는 동안 나는 도대체 이해하기가 어려웠다. 나는 그제서야 사위족이 잔인할 뿐 아니라 잔인함을 숭앙하고 있다는 사실을 알 수가 있었다. 사위족의 최대의 기쁨은 남들이 낙망하고 불행을 겪는 것을 보는 것이었다. 그들은 이미 오래전에 속인(俗人)이 갖는 살인의 개념을 넘어서서, 배반이 미덕이요 삶의 목표로 이상화되는 극단적인 삶의 방식을 갈구하고 있었다.
　공공연한 살인 행위는 그들에게는 더 이상 진정한 기쁨이 될 수 없었다. 그들은 투위 아소나이 만에 표현되어 있는 좀더 고도의 이상을 추구하기 위해서, 희생자로 점찍어 놓은 자를 도망치게 만드는 모험까지도 감행하려고 한다.

　이것이 가룟 유다의 이야기가 사위족에게 큰 반향을 일으킨 이유였다. 유다의 배반의 이야기는 그들의 정신의 핵심을 건드렸던 것이고, 이에 깊은, 거의 잠재 의식적인 열렬한 반응을 불러일으킬 수 있었던 것이다.
　유다는 초능력 사위인이었던 것이다. 따라서 유다의 배반의 대상이 되었던 그리스도는 남자들의 집에 모였던 이들에게는 아무런 의미가 없었던 것이다.
　결국 나의 임무는 그 상황을 완전히 반전시키는 데 있었다. 성경에 근거해 볼 때 타협이란 있을 수가 없었으며, 아직도 이런 비극적인 철학을 신봉하고 있는 자들을 개종자의 수에 쉽게 넣을 수도 없는 것이었다.
　그러나 한 남자와 그의 아내, 단 둘이서 전체 주민의 세계관을 어떻게 변화시킬 수가 있을까? 아마 모르긴 몰라도 수천 년간 사위족의 전체 정신 가운데 이미 깊게 뿌리를 내렸을 세계관을, 어떻게 뒤바꾸어 놓을 수가 있을까?

  나는 단지 복음을 암송하는 것만 가지고는 이 일이 이루어지지 않을 것이라는 사실을 내심 깊게 느끼고 있었다. 그렇다고 일부 사람들이 채택하고 있는 "스쿨링"(schooling) 방법 — 기성 세대를 가르칠 필요가 없는 존재로 평가 절하하고, 그 대신 다년간의 지속적인 기독교적 영향력을 행사함으로써 제 2 세대나 3세대에서 복음의 승리를 쟁취하려는 목표를 가지고, 그런 이념에 의해 설립된 학교에 학생들을 등록하도록 만드는 데 주안점을 두는 방법 — 에 호소하고 싶지도 않았다.

  나는 사위족의 기성 세대를 복음화시키고 싶었다. 게다가 나는 그들 자신의 근거 위에서, 그리고 그들 자신의 난로 곁에서 그들을 주님께로 인도하고 싶었다. 만일 복음이 마하엔, 카니, 하토, 키고 같은 이들을 설득시킬 수가 없다면, 그 복음은 주장되어 온 것과는 다른 메시지이기 때문일 것이다.

  해볼 용기는 있었다. 그러나 동시에 곤궁에 빠져 있었다. 이와 같은 문화적 수수께끼를 어떻게 풀어나가야 할는지 알 수가 없었다. 점심 식사를 하러 집으로 향하면서 내심 괴롭기 그지없었다.

  "주님, 온 역사와 세계 공간을 따져 본다 하더라도 주님의 복음이 이보다 더 적대적인 세계관과 맞부딪힌 적이 있었습니까? 이 세상에 그 누가 주께서 제게 부과하신 이 임무보다 더 큰 의사 소통의 문제에 부딪힌 적이 있었습니까?"

  세례 요한을 예로 들어 보자. 그의 의사 소통의 문제는 내 문제와 비교하면 그야말로 새 발의 피였다. 그는 세례 의식과 회개와 죄 용서의 개념을 이미 갖고 있던 자들에게 죄 용서에 이르는 회개의 세례를 선포하였다.

  세례 요한은 수천년 동안 메시아가 나타나기를 학수 고대하던 자들에게 메시아의 도래를 선포하였다. 메시아가 나타나자 요한은 단지 한 문장만 선포하면 되었고, 그의 말을 들은 히브리인들은 누구나 메시아가 오신 목적을 알 수 있었다.

"보라 세상 죄를 지고 가는 하나님의 어린양이로다!"

세례 요한은 이렇게 한번 외쳤고, 하루를 기다린 후에 다시 한번 "보라 하나님의 어린양이로다!"라고 외쳤다. 그의 의사 소통은 너무나 효과적이었기 때문에 그의 두 제자가 즉시 그를 떠나 예수님을 따랐다.

매우 오랜 역사 초기부터 양을 제물로 드리는 풍습은 히브리 문화의 본질적인 한 요소였다. 즉 히브리 백성들이 이미 지적으로나 감정적으로 그것에 완전히 헌신하고 있는 문화적 요소였다. 그러나 사위인들은 양에 관해서는 들어 본 적도 없으며, 더욱이 내가 아는 한에 있어서는 범죄한 자의 죄를 위해 무고한 대속물이 대신 죽는다는 사상은 한번도 가져 보지 않았다.

예수님 자신의 경우를 또 다른 예로 들어 보자. 언뜻 보기에는 예수님의 사역과 같은 독특한 사역을 시작한 사람은 누구나 엄청난 의사 소통의 장벽을 느꼈을 것이라고 생각하기가 쉽다. 그러나 실제에 있어서 예수님은 그 전의 세례 요한이 누렸던 것과 똑같은 이점을 누리셨다.

예수님은 니고데모에게 자신을, 모세가 장대에 매달아 뱀에 물린 히브리인들이 보기만 하면 나을 수 있었던 놋뱀에 비유하셨다. 그 때 니고데모는 요점을 놓칠 리가 없었다. 즉, 예수님은 우리가 바라보지 않으면 멸망할 수밖에 없는 신앙의 대상이라는, 예수님의 말씀의 의도를 분명히 깨달을 수 있었던 것이다.

예수님은 나다나엘에게 자신을 야곱이 꿈에서 본 사닥다리, 즉 하나님의 천사가 오르락내리락했던 사닥다리에 비유하셨다. 이 때 나다나엘도 예수님이 하나님과 인간 사이의 교통의 수단이라는 뜻을 도저히 놓칠 수가 없었다.

기적적인 음식물의 공급을 찾는 유대인 무리들에게 예수님은 하늘에서 내린 진정한 만나가 되시고 이같이 말씀하였다.

"모세가 너희에게 준 것은 하늘에서 내린 떡이 아니다……하나님의 떡은 하늘에서 내려와 세상에 생명을 주는 바로 나로다."

히브리인들이 그들의 메시아를 알아보게 하기 위해서 이미 엄청난 기초가 놓여져 있었다. 크신 하나님께서는 히브리 문화 안에 메시아를 가리키는 수십 가지 구속의 유비들을 배양하심으로써 수천년 전부터 이 같은 준비를 진행시켜 오셨던 것이다. 세례 요한과 예수님은 그런 구속의 유비들을 직접적으로 완전하게 성취시킨 인물이 누군가를 설명함으로써 유대인들에게 극적인 충격을 주었던 것이다. 결국 그 유비들은 바로 적시에 이와 같은 방법으로 이용되도록 하기 위해 수천년 전부터 히브리 문화 안에 자리를 잡고 있었던 것이다.

다른 세계에서 임한 메시지로서의 복음은 첫번째로 유대 민족을 정복하는 데 있어서 이적을 행함으로 큰 효과를 얻었지만, 그보다 더 중요한 기여는 히브리 문화의 구속의 유비들을 극적으로 잘 적용한 데서 찾아볼 수 있다. 이것이 그리스도를 소개하는 데 있어서 하나님이 선택하신 전략이었다.

이 전략이 있었기 때문에 세례 요한과 예수님과 사도들의 의사소통상의 문제점이 극소화될 수 있었던 것이다. 그 후 신약의 히브리서 기자가 나타나서 그 전략을 더 심오하게 발전시켰던 것이다.

그리고 복음이 헬라인들에게 나아가게 되었을 때에도 사도 요한은 그리스도를 로고스로 소개할 수 있었다. 즉, 헬라 철학에서부터 로고스라는 용어를 선택하여 그리스도를 헬라인들에게 전하였던 것이다.

"태초에 로고스가 계시니라. 이 로고스가 하나님과 함께 계셨으니 이 로고스는 곧 하나님이시니라……로고스가 육신이 되어 우리

가운데 거하시매."

그러나 내게는 그렇지 않은 것 같았다. 내가 습지 너머 해남인들의 남자들의 집을 바라볼 때, 하나님께서는 이 사위인들을 위해서는 복음의 도래를 이와 비슷한 방법으로 준비하신 것 같지가 않았다.

히브리인들은 어떤가? 하나님께서 미리 준비해 놓으셨다. 헬라인들은 어떤가? 마찬가지이다. 게다가 나의 선조인 앵글로색슨족의 경우에도 이방 용어인 신이라는 단어가 있었다. 이 신이라는 용어는 나무나 돌을 경배하는 것보다는 좀더 나은 것을 우리에게 가르치기 위해 누군가가 받아들인 단어였다.

그러나 사위인들에게는 신을 지칭하는 이름이 없었다. 심지어 신의 개념조차 그들은 갖고 있지 않았다. 또한 대속의 의미를 가르쳐 주는, 양을 제물로 드리는 제사 풍습도 없었다. 내가 이용할 수 있는 구속의 유비라고는 아무것도 없었다.

마치 하나님께서 나를 세상 끝으로 끌고 오셔서 선지자나 사도들에게 요구하셨던 것보다 더 큰 의사 소통의 문제와 씨름하도록 나를 내버려 두신 듯한 느낌마저 들었다. 그렇지 않다면, 내가 상황을 오해하고 있는 것은 아닌가라는 생각이 불현듯 들었다.

하나님의 은혜가 분명히 사위인들도 굴복시킬 수 있을 것이다. 분명히 길은 있다. 그러나 그 길이 도대체 어떤 길인가? 나는 걸어가면서 소리를 내어 기도를 했다.

"주님, 주님의 도움이 필요합니다."

점심을 들면서 우리가 당면한 문제의 성격을 이야기하자 캐롤은 관심을 가지고 귀를 기울였다.

"당신은 가능성이 있다고 생각하오?"

"그들이 우리를 잡아먹기 위해 우정으로 살찌우고 있을 가능성 말이오"라고 나는 말을 건넸다.

"분명히 그들은 그런 생각을 품었을 것이오. 그러나 우리가 그들의 쇠도끼를 조달하는 유일한 공급원이라는 사실이 아마도 우리에게 호의적으로 작용하고 있는 것 같소. 적어도 당분간은 말이오. 나의 주요 관심사는 배반을 이상화하는 이런 풍습이 우리를 깨뜨리기 전에 우리가 먼저 그 풍습을 어떻게 해서 깨뜨릴 수 있느냐는 것이오."

"하나님은 항상 길을 가지고 계시는 분이세요." 캐롤이 의미 있는 말을 하였다.

"분명히 어디엔가 길이 있을 거예요."

만일 예수님이 그 해남인들의 남자들의 집에 육체적으로 임재하신다면 결코 그분은 곤경에 빠지지 않으실 것이라는 사실에 나는 동의했다. 비록 해결책이 단 한 가지밖에 없다 하더라도 주님께서는 틀림없이 찾아 내실 것이다.

그러나 예수님이 육체로 그 곳에 계시지 않는다는 것이 문제였다. 단지 주님의 대표자로서의 자격이 갖추어지기만을 갈구하는 한 남자와 한 여자만이 있는 것이 문제였다. 물론 그 둘은 예수님의 영이 그들 안에 살아 역사하신다는 사실을 굳게 신뢰하고 있었다. 따라서 그 성령께서 주님이 사용하셨을 열쇠와 동일한 열쇠를 그들에게 주시지 않는다면 희망은 전혀 없는 것이다.

우리는 전적으로 하나님만 의지할 수밖에 없는 곤경에 몰려 그 열쇠가 계시되어지기만을 간절히 소망하였다. 우리는 그 열쇠가 어떤 형태일까조차도 추측할 수가 없었다. 우리는 그 열쇠가 하나님께로부터 임할 것이고 바로 하나님께서 내리시는 복이 될 것이라는 사실만 알고 있었다.

그 다음날, 해남인과 카무르인 사이에 그야말로 심각한 싸움이 돌발적으로 일어났다.

16
크론켈 강변의 위기

대부분의 문화에서는 비록 전투 훈련이 요구되어진다 하더라도 십대가 되어서야 시작하는 것이 보통이다. 그러나 사위족은 매우 어렸을 때부터 전투 훈련을 받는다.

나는 종종 부모들이, 서너 살 먹은 아이가 자신을 안하 무인격으로 무시하는데도 반복해서 명령하는 것을 보았다. 아버지가 열변을 토하고 심지어 위협을 하는데도 불구하고 아무런 효과가 나타나지 않을 때가 많다. 그러면 그 아버지는 몸을 돌려 친구에게 자기 아들이 진정으로 크와이, 즉 "의지가 강하다"고 자랑을 늘어놓는다. 이렇게 아이는 자기 부친의 자랑을 듣고 자란다.

사위족 어린 아이들은 누구나, 맹렬하게 성질을 부리면 제 뜻대로 할 수 있다는 사실을 알고 있다. 나는 사위족 아이들이, 부모나 형제 자매가 달려와서 건져 주기를 바라고 수영도 할 줄 모르면서 강물 속에 뛰어드는 경우를 본 적이 있다.

매우 드문 경우지만 부모가 정말로 벌을 주려고 아이들을 때리면, 아이들은 때때로 부모의 뜻을 꺾기 위해 도리어 부모를 때리거나 적어도 발작적으로 성질을 부리는 경우를 흔히 볼 수가 있다.

그러면 부모들은 이런 반응을 용납하여 다음번에도 그와 비슷한 행동을 보이도록 격려하기도 한다. 일반적으로 어린 아이를 벌주는 일은 눈살 찌푸려지는 행동으로 간주되고 있는데, 그 이유는 메수 푸라마케 가니, 즉 "아이의 기를 꺾을지 모른다"는 것 때문이다.

사위족 아이들은 단순히 억지를 부리거나 생떼를 씀으로써 자기 뜻을 이루도록 훈련받는다. 그들은 모욕을 당하거나 해를 받을 때마다 오티함, 즉 "복수"를 하도록 계속적으로 자극을 받는다. 또한 그들은 폭력과 배반을 전통적인 신성한 의무로 떠받드는 전설들과 영웅 이야기들을 끊임없이 들을 뿐 아니라 부모들이 조금만 해를 당해도 격렬하게 복수를 행하는 모습을 통해 산 교육까지 받는다.

이러한 절차에 따라 16-18년간 교육을 받고 나면, 때로는 선천적인 자기 보존 본능까지도 억누를 수 있을 정도로 전투 본능이 왕성한 청년이 되어 나타난다. 따라서 원시적인 남서 뉴기니아 지역에서는, 다른 규범에 따라 양육받은 아이들은 적들의 적법한 희생물로 금새 사라지고 말 것이다.

따라서 이러한 장정들로 가득 찬 온 마을이 단순한 말 한마디에 창과 활을 잡고 분연히 일어나는 것은 결코 놀랄 일이 아니다. 그러니 우리가 그러한 자들로 이루어진 세 개 마을의 공동 부락 가운데서 산 2개월 동안 볼 수 있었던 전투만 무려 14번이나 되었던 것도 그리 놀라운 것은 아니다. 그 후로 우리는 수를 세는 것조차 놓치고 말았다.

물론 이것은, 예를 들어 남편이 아내를 벌주기 위해 화살을 팔이나 다리에 쏘는 등의 평범한 가정 불화는 포함하지 않은 수치이다.

사위족 가정에서는 위의 경우 외에도 불에 타는 장작으로 남편이 아내의 등을 때리는 벌도 있었고, 아내를 구석진 곳에 강제로

앉히고 여러 날 동안 계속해서 벽만 바라보게 하고 자녀들이나 친척들을 보려고 눈을 돌리는 경우에는 소리 나게 아내를 때리는 벌도 있었다. 이 나중의 벌은 유코프 하우후야프라고 불리는 처벌로서, 외간 남자에게 자주 눈길을 보내는 젊은 아내들에게 흔히 가하는 벌이었다.

우리는 거의 매일같이 피를 보는 데 익숙해져 있었다. 또한 전투하러 뛰어나가는 발자국 소리와 성난 무리들의 일치된 고함소리와 활시위 소리와 사람을 치는 몽둥이 소리에 익숙해져 있었다. 게다가 불의에 대해 거세게 항거하면서 사고 야자를 파내는 무거운 막대기로 오두막집의 야자나무 잎으로 된 벽을 두들겨 대는 여인네들의 부르짖음에 단련이 되어 있었다.

만일 사위족과 그와 유사한 종족들이 그들에게 잠재되어 있는 살인 정신에다 20세기의 전쟁 기술까지도 겸비하였다면 그들은 지구의 반을 날려 버리는 대재앙을 초래했을 것이다. 이와 같은 문화에서 폭력과 보복적 폭력이 돌출하지 않도록 자제시키려고 노력하는 것은, 그런 결과가 나오도록 프로그래밍되어진 수백 대의 컴퓨터에 그와 정반대의 대답이 나오도록 강요하는 것과 같은 것이었다.

그러나 때때로 나는 성공을 거둔 적도 있었다. 아타에의 경우가 그 중 하나에 속한다. 아타에는 사마니의 유일한 아내를 자기 세번째 아내로 취하겠다고 주장하면서, 사마니가 그것을 허락하지 않는다면 죽여 버리겠다고 선언하였다. 따라서 나는 아타에의 집에 올라가서 그와 함께 난로가에 앉아 사마니에게 그런 식으로 해를 가했다가는 당하게 될 하나님의 심판이 어떤 것인가에 관해 그와 함께 진지하게 논의를 하였다. 아타에는 내 말을 마음에 새기면서 놀란 얼굴로 앉아 눈만 껌벅거렸다. 아타에는 사마니가 결투하러 올 것을 기다리면서 활과 화살을 무릎 위에 놓고 대기하고 있었다.

"뚜안족인 나도 한 아내로 만족하는데 세 명씩이나 필요한 이유가 무엇이오?"

나는 생각해 낼 수 있는 모든 설득 수단을 동원하면서 그에게 질문을 던졌다.

"예수님의 말씀이 당신에게 이미 임한 이상 당신에게는 전보다 책임이 더 있는 것이오. 만일 당신이 그렇게 한다면 미아오 코돈을 무섭게 거역하는 것이 될 것이오."

내 말은 효과가 있었다. 뚜안족인 내가 사위인이 아직 발견하지 못한 초자연적인 세력들과 연결되어 있을지도 모른다는 의심에다가, 단지 사마니 편만 드는 것이 아니라 아타에 자신의 유익까지도 신경을 써 주고 있다는 강한 인상이 아타에를 설득시켰던 것이다.

정오가 되었다. 사마니가 분노로 미치다시피 하여 나타났다. 사마니는 병색이 짙은 가냘픈 자로서 아타에의 적수는 될 수가 없었다. 마을 전체가 크게 놀라게도 아타에는 사마니의 아내를 자기 세번째 아내로 삼겠다던 공언을 많은 사람 앞에서 취소하였다. 아타에는 체면을 살리기 위해서 "뚜안 돈을 존중하는" 의미에서 심경을 바꾼 것이라고 분명히 밝혔다. 더욱이 나를 놀라게 한 것은 아타에와 사마니는 절친한 친구가 된 것이다. 물론 아타에와 나도 덕분에 친하게 되었다.

그러나 일이 항상 그렇게 쉬운 것만은 아니었다. 한번은 항상 웃음을 잃지 않는 우리의 친구 에르가 거의 죽음을 당할 뻔하였다. 에르는 한 소녀에게 구애하다가 별안간 그 소녀의 부친과 아저씨들과 형제들에게 공격을 받았다. 내가 그를 구출해 냈을 때는 이미 화살을 세 대나 몸에 맞은 후였다.

마침 항공 선교회 소속 수상 비행기가 근처를 날고 있었기 때문에, 나는 비행사인 조지 복스(George Boggs)에게 무전 연락을 하여 북쪽으로 백 마일 가량 떨어진 선교 병원에 에르를 후송해 줄 것을 요청하였다. 깊숙이 박힌 화살촉을 수술로 제거하려면 병원으로 후송할 필요가 있었기 때문이었다. 그 후 10분도 채 못 되어서 수상 비행기가 크론켈 강물 위에 착륙하였다. 그 때까지 나는 에르의 친척들 모두를 설득시켜 에르를 비행기에 태우는 데 성공하였다.

아니, 나는 그렇게 생각하였다. 그러나 조지가 키다리 하류쪽으로 이륙하여 에르를 미지의 세계로 데려가자 내 뒤에서 갑자기 분노한 외침이 들려왔다. 에르의 형인 아마가 활을 들고 화살을 내게 겨냥하는 것이었다.

"네가 내 동생을 보냈지! 나는 이제 더 이상 동생을 보지 못할거야!"라고 아마는 비명을 질렀다. 그러나 그가 화살을 날리기 전에 여러 명이 달려들어 그를 땅에 쓰러뜨리고 재빨리 활을 빼앗았다.

일주일 정도가 지났다. 항공 선교회는 에르를 건강하고 쾌활한 모습으로 우리에게 돌려보냈다. 에르는 "잠자는 사이에" 자기 몸에서 빼낸 것이라면서 화살촉 세 개를 자랑스럽게 꺼내 보였다. 게다가 그는 높이 솟아 오른 산봉우리들이며, 돌로 가득 찬 들판이며, 습지에서는 보기 힘든 것들에 관해 자랑스럽게 이야기를 늘어놓았으며, 대니 (그리스도인) 부족이 자신을 마치 형제처럼 대해 준 것에 대해서도 말을 하였다.

후에 내가 전해 들은 이야기지만 나를 죽이겠다고 위협했던 아마가 다른 사위인에게 "우리 서로 상처를 입혀서 에르가 갔다 온 곳에 한번 가보자"고 제안했다고 한다.

게다가 아마는 우리가 크론켈 강변에서 생활을 시작한 지 5개월 동안 가장 치열한 전투를 일으킨 장본인이었다. 한 해남 마을 청년이 그를 "도마뱀 가죽"이라고 놀린 것에 격분하여 카무르 마을 청년들과 연합해서 해남인들을 공격하였다. 이것이 후에는 사태가 확대되어 양 마을의 지도자급 인사들도 휘말려 들게 되었으며, 서로 상대방에게 치명적인 타격을 가하기 전까지는 뒤로 물러서려고 하지 않을 것이 애초부터 분명히 드러났다.

우리는 5개월 동안 폭력에 의한 사상자가 생기지 않게 하려고 무진 애를 썼다. 그것은 생명이 문제되었기 때문이기도 하려니와 세 마을로 이루어진 공동체의 사활이 걸린 문제였기 때문이었다. 수십 명의 부상자들에게 붕대를 감아 주었고, 수백 대의 페니실린 주사를 놓아 주었으며, 목소리가 쉴 정도로 수백 번 고래고래 고함을 질렀고, 졸려서 눈꺼풀이 천근만근이 되도록 기도하였으며, 설득하기도 하고 타이르기도 하며, 항공 선교회에 비상 구급 요청을 보내기도 하였고, 적대감을 종식시키는 최후 수단으로 직접 몸으로 그들 사이에 끼어 들기도 하였다. 그러나 해남인과 카무르인 사이의 적대감은 불가항력으로 밀려드는 조수처럼 불어나기만 하였다.

적어도 한 사람은 금방이라도 희생될 것 같았고, 그로 인해 세 마을은 서로 분리되고 장기간의 혈전이 시작될 것은 거의 피할 수 없는 운명처럼 보였다. 따라서 나는 매일같이 해남 마을과 카무르 마을의 지도급 인사들에게 서로 화해할 것을 사정하다시피 하였으나 그들은 귀를 기울이려고 하지 않았다. 다행스럽게도 하디의 마을인 요휘는 대부분 이에 말려 들지 않고 있었다.

그러던 중 어느 날 갑자기 나는 길을 걷다가 새로운 생각이 불현듯 들어 발걸음을 멈추었다. 양쪽 마을 사람들에게 화해가 가능할 것이라는 전제 아래서 그들에게 화해하라고 권면하고 있는 것이 아닌가라고 나는 자문해 보았다. 그러나 화해는 양자 모두 진정한 호의를 갖고 있다는 확신 속에서만 가능한 것이 아닌가?

그러나 투위 아소나이 만의 가능성이 항상 존재하고 있는 사위족 가운데서, 서로에 대한 진정한 호의가 존재한다고 확신할 수 있겠는가? 상대편이 우정을 배반의 수단으로 사용할 수 있는 가능성이 있음을 서로는 너무도 잘 알고 있었다. 더욱이 보통 때 같으면 평화 협정을 준수할 자라도 와네스 줄에 걸리기만 하면 꼼짝도 하지 못한다는 것도 서로 잘 알고 있었다.

그제서야 나는 그들에게 화해하라고 할 때마다 그들이 내게 "뚜안, 당신은 이해하지 못하고 있소!"라고 대꾸한 이유를 알게 되었다.

나는 배반이 철학적으로 정당화되고 있는 상황에서 진정한 화해는 불가능한 것이라는 사실을 깨닫게 되었다. 아주 오래전 옛날 사위족의 선조들이 사위족 전체의 문화를 끊임없는 전쟁의 쳇바퀴 속으로 몰아 넣었던 것이다.

수천년이 지난 후에도 그 고대 전쟁의 쳇바퀴는 계속 돌아가고 있었으며, 후손들은 그 쳇바퀴 밑에 깔리지 않으려고 무진 애를 쓰고 있었던 것이다. 나는 그들을 그 쳇바퀴 밑에서 빠져 나오게 하고 싶었다. 그들은 너무 오래 그 쳇바퀴를 돌리고 있었다. 그러나 나는 좋은 방도를 찾을 수가 없었다.

나는 그럼에도 불구하고 어쨌든 사위족이 계속 남아 있다는 사실이 의아하기만 했다. 영아 사망률이 50퍼센트를 넘고 평균 수명이 25세도 채 안 될 것만 같은 상황에서, 아스맛인과 카야가르인의 공격과 질병으로부터 목숨을 빼앗기고 있는데도 서로 골육 상쟁을 벌일 여유가 있다는 것이 도무지 이해가 되지 않았다. 그런데도 사위인들은 계속해서 그것을 하겠다고 고집을 피우고 있었다.

나는 사위족이 소규모로 격리되어 살아가는 풍습이 지금까지 생존을 영위해 온 열쇠일 것이라고 결론을 내렸다. 적이 될 만한 자들이 눈에 안 보이면 피를 흘릴 계기가 적었을 것이고, 넓게 흩어져 살면 전염병도 쉽게 확산되지 못했을 것이라고 생각해 보았다. 소규모의 공동체에서는 사람들이 서로를 더 많이 의지했을 것

이고, 따라서 다른 이의 생명을 더 존중했을 것이라는 생각도 들었다. 게다가 규모가 작은 경우에는 외부 적의 공격으로부터 쉽게 피신할 수 있는 이점도 있었을 것이라는 생각도 들었다.

더욱이 캐롤과 내가, 해남과 카무르와 요휘 마을을 한 공동체로 끌어들임으로써 어느 정도 평화를 누리며 생존하기 위해서는 꼭 필요한 상호 격리의 이점을 본의 아니게 박탈한 것이 아니냐는 결론을 내렸다. 따라서 그들의 유익을 위해서는 우리가 떠나야만 한다는 생각이 들었다. 물론 이것은 견디기 힘든 일이었다. 그러나 우리가 없으면 그들이 전처럼 정글 깊숙이 흩어져 평화를 누리고 살게 될 것이라는 사실을 우리는 알고 있었다. 그 동안 북쪽에 있는 다른 사위족 마을에서 복음 사역을 하다가 후에 순회 방문식으로 해남과 카무르와 요휘 마을을 방문하면 되지 않겠느냐는 생각이 들었다.

캐롤과 나는 이 문제를 놓고 함께 기도한 후에 해남 마을과 카무르 마을의 남자들의 집을 찾아가 이를 이야기하였다.

"여러분들이 서로 화해할 수가 없다면 우리가 여러분을 떠나야만 합니다. 우리가 여기 계속 머문다면 사람들이 죽는 것은 시간 문제라고 생각합니다. 우리가 여기 머문다면 수많은 생명이 희생될 무서운 유혈 참극이 계속될 것입니다.

"아우 강 너머에는 타모르, 에로, 하하미 같은 사위족 마을들이 있습니다. 우리는 거기 가서 그들이 서로 화평하게 살고 있는지를 확인하고 그들을 가르칠 작정입니다."

내 말은 양 마을의 남자들의 집에서 큰 격론을 불러일으켰다. 나는 해남인과 카무르인이 우리가 떠나게 된 데 대한 책임을 서로 상대방에게 지우면서 새로 공격을 개시하지나 않을까 염려하면서 캐롤에게 돌아왔다. 아니면 우리가 더 이상 약과 쇠도끼의 공급원으로 쓸모가 없으니까 다른 용도로 이용하자고 결정을 내릴까? 어둠이 깔리는데도 양쪽 남자들의 집에서 들려오는 격렬한 논쟁은 그치질 않았다.

나는 자기 도취적인 절망으로 괴로워하고 있었다. 두번째 아이를 가진 캐롤이 새로운 정글로 이주를 한다는 것은 매우 위험한 시도이며, 말라리아에 걸린 스티븐이 안색이 창백해지고 기력이 약해지고 있다는 사실을 절감하고 있는 나로서는 절망감이 더 크게 엄습해 오는 것만 같았다.

내가 압력 램프를 막 끈 그 순간 뒷문 밖에서 외치는 소리가 들려왔다. 나는 전등을 찾아 들고 뒷문으로 걸어 나갔다. 내 전등 불빛에 양쪽 마을 지도급 인사들의 엄숙한 얼굴들이 드러났다. 카니, 마하엔, 마움, 하토, 카이요, 키고와 그 밖의 사람들이 찾아온 것이었다.

"뚜안." 그 중의 하나가 진지하게 간청하였.
"우리를 제발 떠나지 말아 주시오!"

"그러나 나는 여러분들이 서로 싸우고 죽이는 것을 원하지 않습니다"라고 나는 대답했다.

"뚜안, 우리는 서로 죽이지 않을 것입니다." 그는 잠깐 말을 멈추더니 단호하게 말을 이었다.

"뚜안, 내일 우리는 화해할 것이오!"

17

내일은 찬물이

"**화**해한다고요?" 나는 믿지 못하겠다는 투로 반복하였다. 사실 그 사람이 말한 바를 그대로 옮기자면 "내일 우리는 서로에게 찬물을 뿌릴 것이오!"였다.

"찬물"은 "평화"를 뜻하는 사위어의 관용적 표현이다. 서로에게 찬물을 뿌린다는 말은 "화해한다"는 의미이다. 그러나 그들의 말이 진정한 화해를 의미하였던 것인가?

내가 그들의 문화적 상황을 분석한 바에 따르면, 한쪽 편이 상대방을 바보같이 완전히 믿지 않는 한-물론 이런 일은 사위족의 역사를 잘 알고 있는 그들로서는 도저히 불가능한 일인데-서로 육체적으로 간격을 두고 분리해 사는 힘의 균형 이상의 것은 성취할 수가 없었다. 따라서 그들이 지금 거짓말을 하고 있거나, 아니면 내 분석이 틀리거나 둘 중의 하나였다. 나는 후자를 바랐다. 그러나 나는 그들이 투위 아소나이 만의 가능성이 없다는 진정한 증거를 어떤 식으로 보여 줄 수 있을 것인지 알 수가 없었다.

우리는 날이 밝으면 어떤 일이 일어날까 궁금하여 그 날 밤 거의 잠을 자지 못하였다. 사위족들도 거의 잠을 자지 못하였다. 밤새도록 수많은 매미들의 울음소리에 섞여 사위인들이 중얼거리는 소리가 들려 왔다.

새벽이 되어, 생각에 잠긴 듯한 오두막집들과 정글과 반짝이는 강물에 색깔과 생기가 돌아올 때쯤 되어 캐롤과 나는 창문 밖을 내다보고 있었다. 코를 쏘는 듯한 연기가 초가지붕 위로 솟아오르고 있었으며, 수탉이 울어 대고 개들은 짖어 대며, 돼지들은 사고 빵 조각들을 얻기 위해 오두막집 아래를 어슬렁거리고 있었다. 그러나 남자들이나 부녀자들이나 아이들의 모습은 보이지 않았다. 동물들의 소리를 제외하고는, 마치 전투 전에 흔히 볼 수 있었던 고요와 같은 정적만이 흐르고 있었다.

그 때 마하엔과 그의 나이 제일 많은 부인이 해남 마을의 자기 오두막집에서 내려와 카무르 마을로 향하는 것이었다. 그러자 해남 마을 사람들, 즉 남자들과 부녀자들과 아이들이 역시 자기 집에서 내려와 마하엔과 그의 아내가 카무르 마을쪽으로 가는 것을 말없이 바라보고 있었다. 마하엔은 자기 아들인 어린 아이 하나를 등에 업고 있었고, 그의 아내 시야도는 몹시 흐느끼고 있었다.

캐롤과 나는 긴장하여 현관쪽으로 나아갔다.

그러자 카무르인들도 그들의 오두막집에서 한꺼번에 내려오는 것이었다. 우리를 비롯해서 수백 명의 눈이 마하엔과 우는 그의 아내 뒤를 좇을 때 긴장이 고조되었다. 세 명은 점점 우리쪽으로 다가오고 있었다. 마하엔의 결의에 찬 굳은 얼굴과 시야도의 눈에서 흐르는 눈물을 보자 캐롤은 걱정스러운 듯이 내 팔을 잡았다. 마하엔의 목에 매달린 아이는 거역하지 못하는 눈치였으며, 무엇인가 이상한 일이 벌어질 것이라는 사실을 예감하고 있는 듯한 표정을 짓고 있었다.

시야도는 기대를 가지고 몰려 서서 주시하고 있는 카무르인들을 마하엔의 어깨 너머로 바라보았다. 그러더니 갑자기 격렬하게

몸서리치며 전율하는 것이었다. 우리는 두려움 때문에 그러는 것인지 깊은 슬픔 때문에 그러는 것인지 분명히 알 수가 없었다. 시야도는 눈에서 눈물을 닦더니 남편의 어깨에서 그 어린 소년을 갑자기 낚아채고는 비명을 지르면서 해남 마을쪽으로 줄달음치는 것이었다.

 마하엔은 아내를 쫓아가서 그 소년을 빼앗으려고 애를 썼으나 시야도는 그야말로 필사적으로 그 아이를 움켜 잡고 있었다. 그러자 마하엔의 큰아들인 기리만이 무리들 가운데서 뛰어 나오더니 어머니 대신 동생을 움켜 잡는 것이었다. 마하엔은 일이 제 뜻대로 안 되자 고함을 지르면서 아내와 큰아들에게 등을 돌리고는, 우리가 알아들을 수 없는 말로 무엇이라고 떠들어 대면서 해남인들 앞을 왔다갔다하였다.

 마하엔의 의도가 무엇이든지간에 시야도와 기리만이 그의 의도를 방해한 것이 틀림없었다. 그러자 다른 해남 마을 부녀자들도 두려운 눈치로 고함을 지르면서 자기 아이들을 가슴에 바싹 끌어 안는 것이었다. 남자들은 이리저리 뛰고 손짓 발짓하면서 고함을 질러 댔다. 이에 온 마을이 온통 법석이었다.

그 때 갑자기 카무르 마을쪽에서 큰 소리가 나자 그쪽으로 우리의 시선이 쏠렸다. 마을 중앙에서 무슨 일이 일어나고 있었다. 나는 캐롤을 현관에 세워 두고 더 잘 보이는 곳으로 올라가서 사태를 주의 깊게 관찰하였다.

시나우가 모든 사람이 볼 수 있도록 어린 남자 아이를 머리 위로 치켜 들었다. 그러더니 견딜 수 없는 고통으로 일그러진 얼굴을 하면서 그 아이를 형제지간인 아타에에게 주는 것이었다.

"내 손으로 이 애를 넘겨 줄 수는 없다. 아타에! 네가 내 대신 해라!"

아타에는 그 아이를 받아들더니 과단성 있게 해남 마을쪽으로 걸어갔다. 그러나 시나우는 자신의 어린 아들이 아무 소리 못하고 끌려가는 모습에서 눈을 떼지 못하였다. 그 아이는 시나우를 잡아 끄는 강력한 자석과도 같았다.

시나우의 눈에는 눈물이 홍건히 고여 있었고, 가운데 손가락을 비비 꼬고 있었다. 시나우는 갑자기 아이를 향해 달려 나가면서 "생각을 바꿨다. 나는 아이를 보낼 수 없다!"라고 소리를 쳤다. 시나우는 아타에의 팔에서 그 어린 아들을 낚아챘다. 아무도 그를 비난하지 않았다. 그러나 소란도 그치지 않았다.

뺏고 반항하는 이상한 다툼이 해남과 카무르 마을 사이에 엄청난 긴장을 야기시키고 있었다. 두 마을을 잘 내려다볼 수 있는 곳에 선 나도, 그 다툼이 거의 물리적인 힘을 가지고 내게 다가오는 듯한 느낌을 받을 수가 있었다. 두 마을이 실제로 해산해 낼 가능성이 없는 획기적인 계획을 성취하려고 온갖 진통을 겪으면서 혼란에 빠진 것을 보고 나는 모골이 송연해지는 느낌을 받았다. 바로 그 때 내 눈에 한 구석에서 카이요라는 이름을 지닌 허스키한 목소리의 한 카무르인이 무리들 가운데서 빠져나와 자기 오두막으로 급히 올라가는 것이 보였다.

카이요는 아내인 우미 곁을 슬쩍 빠져나와 사닥다리를 타고 오두막집으로 들어갈 때 가슴이 마구 두근거렸다. 마하엔도 실패하였다. 시나우도 실패하였다. 마하엔과 시나우는 자식이 여러 명 있음에도 불구하고 단 한 명도 내주지를 못했다.

카이요에게는 6개월밖에 안 된 외아들 비아카돈밖에 없었다. 비아카돈은 오두막집 안 풀잎 방석 위에 뉘여 있었다. 카이요는 긴장되어 아들에게 다가갔다. 자신이 할 일을 생각하니 마음은 찢어질 듯이 아팠다. 비아카돈은 제 아버지를 쳐다보더니 알아차리고 방긋 웃었다. 비아카돈은 안아 주길 바라고 작은 푸른 주먹을 불끈 움켜 쥐고 팔을 흔들었다.

"이것은 어쩔 수 없는 일이다. 싸움을 중단시킬 다른 방법은 없다. 게다가 만일 싸움이 중단되지 않는다면 뚜안은 떠나 버릴 것이다." 카이요는 다시 한번 생각을 가다듬었다.

카이요는 손을 내려 비아카돈을 안아 들었다. 아무도 없는 텅 빈 오두막집에서 카이요는 부드럽고 따뜻한 아들의 몸을 마지막으로 가슴에 꼭 안아 보았다. 그런 그의 행동으로 인해 우미가 받게 될 슬픔을 생각해 보았다. 그러나 다른 방법은 없었다. 카이요는 오두막집 반대편 밝은 문쪽을 바라보았다. 그러고는 서서히 걷기 시작하였다. 그의 사지는 떨리고 있었으며 내면의 감정의 소용돌이로 인해 얼굴 모습이 일그러져 있었다.

바아카돈의 어머니인 우미는 서로 밀치고 아우성치는 군중들 가운데 서 있으면서 화해가 가능할 것인가 그렇지 않을 것인가에 대해 곰곰이 생각하고 있었다. 누군가가 아이를 건네 주어야 한다면 여러 자녀를 두고 있어 하나쯤 없어도 괜찮은 사람이 그 일을 담당해야 마땅할 것이라고 생각하였다. 그래서 우미와 카이요는 비아카돈을 줄 생각은 아예 해보지도 않았다.

"그런데 카이요는 도대체 어디 있는 거지?"라고 우미는 의아해하였다. 방금 전만 하더라도 카이요는 바로 우미 옆에 있었다. 갑자기 불안해진 우미는 그 검은 눈동자를 오두막집쪽으로 돌렸다. 바로 그 순간 남편이 비아카돈을 손에 안고 오두막집 반대편 계단을 내려와 해남인쪽으로 달려가기 시작하는 것이 보였다.

우미는 순간적으로 충격을 받아 그 자리에 얼어붙었다. 우미는 도저히 믿을 수가 없었다. 카이요가 비아카돈을 안고 그쪽 방향으로 가는 것은 단지 우연의 일치에 불과한 것이라고 스스로 위로하였다.

그런데 갑자기 그것은 우연의 일치가 아니라는 생각이 무섭게 엄습하였다. 우미는 비명을 지르며 사력을 다해 간청하면서 카이요의 뒤를 쫓아 달려갔다.

그러나 카이요는 한번도 뒤를 돌아보지 않았다. 카이요가 줄달음치자 등이 조그맣게 점점 멀어졌다. 우미는 발이 작은 수렁에 빠져 들어가는 느낌이 들었다. 너무 고통스러운 나머지 정신을 잃은 것이었다.

이제 더 이상 희망이 없었다. 그는 너무 멀리 떨어져 있었다. 그는 벌써 해남인들이 기다리는 오두막집에 거의 다 도착하였다. 마지막 순간에 스스로 심경의 변화를 일으켜 자발적으로 돌아올 희망마저도 사라져 버렸다.

우미는 애처롭게 통곡하면서 이미 빠진 수렁의 진흙 구덩이에서 몸을 뒹굴었다. 고통을 견딜 수 없어 온몸을 비틀면서 우미는 애처롭게 외쳤다.

"비아카돈! 내 아들 비아카돈!"

나는 그 때처럼 같은 인간에게 강렬한 동정심을 느낀 적이 없었다. 우리 집쪽을 바라보자 캐롤은 스티븐을 팔로 꼭 껴안고 있었다. 스티븐은 캐롤의 뺨을 타고 흐르는 눈물을 놀라서 바라보고 있었다.

그러나 또 다른 두 감정이 우미에 대한 우리의 동정심을 압도하였다. 하나는 비아카돈에 대한 우려였다. 그는 어떤 운명에 부딪힐 것인가?

우미가 슬퍼하며 애끓는 장면에서 눈을 돌려 나는 카이요를 따라 해남 마을쪽으로 움직였다. 가나안인들의 영아를 제물로 바치는 풍습이 생각났다. 비아카돈의 생명이 위험에 처한다면 내가 할 수 있는 모든 능력을 발휘하여 그를 안전하게 그의 어머니 곁으로 되돌려 주기로 결심하였다.

두번째 감정은 강한 호기심이었다. 그들이 지금 하고 있는 일은 무엇인가? 왜 그것이 꼭 필요한가?

우미가 크게 슬퍼하고 있는 것으로 볼 때 비아카돈이 곧 제 어머니에게 돌아갈 가능성은 없었다. 왜냐하면 카이요의 의도가 무엇이든지간에 그의 행동은 취소될 수 없는 것임을 우미의 슬픔이 보여 주고 있었기 때문이다.

카이요가 해남 마을가에 도달했을 때에는 흥분으로 가슴이 뛰고 있었다. 해남 마을의 지도급 인사들이 카이요 앞에 몰려들었으며, 그가 안은 아이를 기대감에 넘쳐 유심히 바라보았다. 카이요는 앞에 있는 적들의 얼굴들을 한번 훑어보았다. 마웅, 카니, 마하엔, 니이르 등이 모두 그 곳에 있었다.

그리고 나서 카이요는 자기가 택한 사람을 바라보고 그 이름을 불렀다. "마호르"!라고 카이요는 외쳤다.

마호르가 앞으로 나왔다. 그의 눈도 흥분하여 유난히 반짝거렸

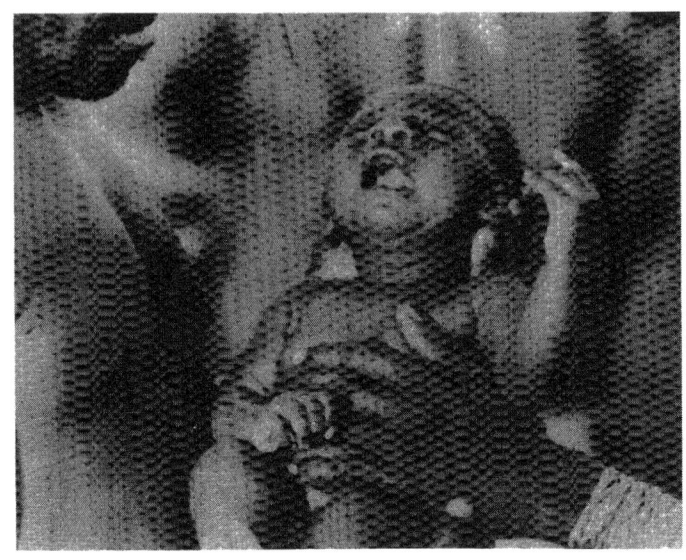

다. 카이요와 마호르는 서로 가까이 다가갔다. 해남 마을의 남자들과 부녀자들과 아이들은 기대감에 환해진 얼굴로 가까이 좁혀 들었다. 카이요는 멀리서 바라보는 자기 마을 주민들의 흥분한 함성을 뒤에서 들을 수가 있었다.

카이요와 마호르는 서로 얼굴을 마주 보고 섰다.

"마호르!" 카이요가 먼저 말을 꺼냈다. "당신이 카무르인의 말을 당신 마을 사람들 가운데서 변론하겠소?"

"좋소!" 마호르가 대답하였다. "내가 카무르인의 말을 우리 마을 사람들 가운데서 변론하겠소."

"그러면 내가 내 아들을 주겠소. 그리고 그와 함께 내 이름도 주겠소."

카이요는 어린 비아카돈을 넘겨 주었다. 그러자 마호르는 그를 부드럽게 팔로 안았다.

마호르는 외쳤다. "에에하아-이것으로 충분하다! 내가 우리 가운데 분명코 평화를 간구할 것이다!"

양 마을이 하하프 카만스를 연달아 질러 댔다. 이에 지구 자체가 감정을 느끼고 떠는 것 같았다. 이제 사람들은 마호르를 카이요의 이름으로 부르기 시작하였다.

그 때 마하엔이 갑자기 무리들 앞에 다시 나타났다. 그는 카이요를 정면으로 바라보고는 자기 아들들 가운데 어린 아이 하나를 높이 들고는 외쳤다.

"카이요! 당신이 해남인들의 말을 당신 마을 사람들 가운데서 변론하겠소?"

"그렇게 하겠소." 카이요는 외치면서 손을 마하엔에게 내밀었다.

"그러면 내가 내 아들을 주겠소. 그리고 그와 함께 내 이름도 주겠소."

카이요가 마하엔으로부터 어린 아이인 마니를 받으려는 순간 무리들 뒤에서 갑자기 절망의 고함소리가 터져 나왔다. 그 아이의 가까운 친척들이 무슨 일이 일어나고 있는지를 그제서야 깨달은 것이었다.

카이요가 마하엔의 선물에 응답하려는 순간 마하엔이 다그쳤다.
"가시오! 빨리 가시오!"

카이요는 새로 받아들인 양자인 마니를 안고 돌아서서 카무르 마을을 향해 뛰었다. 그 아이의 가까운 친척들이 그를 따라잡으려고 하였으나 헛수고였다.

카이요가 떠나자 마호르는 전체 해남인들에게 고함을 쳤다.

"이니 팀 케 카네나이 아르키비 데마케 이시니 아심디엔! — 이 아이를 평화의 근거로 받아들이는 사람들은 와서 이 아이에게 손을 얹으시오!"

남녀 노소 할 것 없이 모든 카무르인들은 너도나도 일렬로 서서

마호르 곁을 지나가면서 어린 비아카돈 위에 손을 얹었다. 그들은 이렇게 함으로써 카무르인들과 화해하겠다는 점을 공식적으로 선언하였다. 카이요가 마하엔의 아이를 손에 안고 돌아오자마자 카무르 마을에서도 똑같은 의식이 행해졌다. 이제 카이요는 마하엔의 이름으로 불리워지기 시작하였다.

그러는 동안 우미는 수렁에서 기어나와 집을 향해 비틀거리며 걸어가면서 눈물을 흘렸다. 아름다운 여인이었던 우미는 머리 끝부터 발 끝까지 진흙이 말라 붙어 고독하고 애처로운 모습으로 변하였다. 우미의 울부짖음은 같은 처지에 있는 해남 마을 여인의 울부짖음과 어우러져 더 큰 슬픔의 분위기를 자아냈다. 우미보다 나이 많은 친척지간의 부녀자들이 우미를 찾아와 함께 울면서 위로하였으나 슬픔은 가시지 않았다.

그러는 동안 비아카돈과 마니는 평화의 축제를 위해 온갖 치장이 된 마을로 각기 옮겨졌다. 내가 무기를 몸에 지니지 않은 사위인들이 그렇게 많이 모인 것을 보기는 그 때가 처음이었다.

아이들이 치장하는 동안 젊은 장정들은 머리에 새 깃털들을 꽂고 북을 가져온 다음 춤을 추기 시작하였다. 나는 그 중 한 사람을 불러 냈다. 무언가 물어 볼 것이 있었기 때문이다.

내가 옆으로 불러 낸 젊은이의 이름은 아리였다. 그 젊은이는 흥분하여 내게 벌어지고 있는 상황을 설명해 주었다.

"카이요가 그의 아들을 타로프 팀, 즉 화해의 아이로 해남 마을에 주었고, 그 대가로 마하엔의 타로프 팀을 우리에게 준 것이오!"

"그것이 왜 필요한 것이오?"라고 내가 물었다.

"뚜안, 당신이 우리에게 화해하라고 권하지 않았소? 화해의 아이가 없이는 화해할 수가 없음을 모르시오?"

나는 그에 대해 전혀 몰랐기 때문에 고개를 흔들었다.

아리는 놀란 것 같았다.

"당신 뚜안들은 화해의 아이가 없이도 화해할 수가 있단 말이오?" 그가 내게 물었다.

그리고 아리는 잠시 깊은 생각에 잠기더니 갑자기 알겠다는 표정으로 얼굴이 밝아졌다.

"아!" 아리는 탄성을 발했다. "이제 알겠소. 당신 뚜안들은 결코 서로 싸우지 않으니까 화해의 아이가 물론 필요하지 않을 것이오."

아리가 그 말을 하는 동안 내 속 깊숙한 곳에서 작은 벨소리가 울리기 시작하였다. 그러나 그 소리는 분명하지 않았다. 따라서 나는 그 소리에 별로 주의를 기울이지 않았다.

나는 방금 본 일로 인하여 아직도 여러 모로 정신이 혼란해져 있었다. 카이요와 우미와 비아카돈과 그 밖의 사람들에 대한 연민의 정으로 아직 마음이 아팠다. 게다가 나는 두 남자가 부모의 정을 초인간적으로 억누르고 보여 준 강한 의지와 불굴의 정신에 깊은 감명을 받았다. 나는 전쟁의 분위기가 갑자기 사라진 데 충격을 받은 나머지 새로운 분위기가 싹트고 있다는 사실을 믿을 수가 없었다.

젊은이들이 춤을 추며 부르는 노래는 북소리를 배경으로 분명하고 확실하고 즐겁게 들렸다. 두려움과 충격과 긴장이 연속되는 6개월 동안, 즐거움과 기쁨을 느끼는 법을 거의 잊어버리고 있었다는 사실을 그들의 노랫소리 속에서 새삼 느끼게 되었다. 그러나 우미와 카이요와 마하엔의 고통의 대가로 기뻐하고 즐거워하는 것이 과연 정당한 것인가?

"뚜안, 당신은 이해하지 못하고 있소"라고 그들이 경고하던 말이 생각났다.

내가 화해하라고 요구하게 되면 아버지가 자식을 포기하게 되고, 어머니가 깊은 슬픔의 수렁에 빠지게 되며, 아이들이 낯선 곳으로 내동댕이쳐지게 될 것이라는 사실을 알았다면, 나는 무엇을 선택하였을까? 어머니들이 자기가 난 아기들에게 계속 젖을 물리도록 내버려 두었을까? 다시 말해 강포한 자들로 계속 서로를 죽이도록 내버려 두었을까? 나는 그에 대해서는 대답할 수 없었다.

그러나 삼백 명의 사위족이 화해의 아이 위에 손을 얹었다. 그리고 그들은 지금 춤을 추고 있었다. 그리고 웃고 있었다. 게다가 내 안에서는 작은 벨소리가 좀더 크게 울리고 있었다.

"비아카돈과 마니에게는 무슨 일이 생기는 것이오?" 나는 질문했다.

"그들이 다치는 것은 아니오?"

나는 이 예측할 수 없는 종족이 표현하고 있는 기쁨이, 인간을 제물로 드리기 전에 표현하는 기만적인 서두를 장식하는 기쁨이 아닌가 주의를 게을리하지 않고 있었다. 아니면 나중에 평화의 조약을 누군가 깨뜨렸을 때 비아카돈과 마니가 볼모로 살해를 당하는 것은 아닌가라는 의구심을 떨쳐 버리지 못하고 있었다.
　이에 아리가 서둘러 나를 안심시켜 주었다.
　"뚜안, 그들은 결코 해를 당하지 않을 것이오. 사실상 양 마을은 자기 자식보다 이 타로프 아이들을 보호하는 데 더 많이 신경을 쓰고 더 큰 열의를 보일 것이오. 만일 비아카돈이 죽는다면 카무르 마을은 더 이상 해남 마을과 맺은 평화 조약을 지킬 의무가 없는 것이고, 마니가 죽는다면 해남 마을 사람이 우리와 맺은 평화 조약을 지킬 의무가 더 이상 없는 것이 되기 때문이오."
　나는 한편 안심도 되면서 동시에 걱정도 되었다. 나는 두 아이가 위험을 당하지 않을 것이라는 사실에 안심이 되었다. 그러나 유아의 사망률이 높은 것을 감안해 볼 때, 인간의 온갖 슬픔과 고뇌를 대가로 치르고 얻은 평화가 제대로 시작도 못되고 사라지는 것은 아닌가라는 생각에 걱정이 앞섰다. 우연한 사고로 강물에 빠져 죽을 수도 있는 것이고, 우연히 독사에 물릴 수도 있는 것이고, 뇌성 말라리아에 걸릴 수도 있는 것이다. 그렇다면 부모들의 고뇌에 찬 결심은 무효로 돌아갈 것이고, 큰 희생을 치르고 얻은 평화는 깨지고 마는 것이다.
　그래서 나는 생각하였다. 이 평화는 화해의 아이가 계속 살아 있느냐의 여부에 달려 있는 것이구나! 내 잠재 의식 속에 있는 작은 벨이 나의 주의를 끌 만큼 다시 한번 크게 울렸다.

　두 아이는 이제 완전히 치장되었다. 팔과 다리에는 덩굴로 꼬아 만든 띠가 둘려졌고, 야자나무 섬유로 꼬아 만든 금술이 이 팔찌와 다리띠에 달려 있었다. 카무르 마을의 여자 연장자 중 하나인 와티로가 어린 마니를 팔에 안고 자기 마을에서 걸어 나왔다. 와티로는 해남 마을을 바라보고 높은 언덕 위에 우뚝 섰다. 마찬가지로 해남 마을의 부녀자들 가운데 연장자 한 사람이 어린 비아카돈을 안고 나와 와티로와 약 45미터 가량 떨어진 곳에서 마주 보고 섰다.

그러자 카무르 마을의 장정들과 소년들이 북을 치고 노래하면서 와티로 옆으로 몰려왔다. 마찬가지로 해남 마을의 장정들과 소년들이 해남 마을 중앙에서 쏟아져 나왔다. 이에 두 마을 중간에서 새로 입양한 화해의 아이들을 중심으로 두 마을 남자들이 만나게 되었다. 그들은 모두 얼굴에 웃음을 띠고 있었다. 심지어는 무자비하기 이를 데 없는 아마까지도 자신에게 모욕을 가한 바 있었던 후야함에게 미소를 지어 보였다.

북소리가 계속되는 가운데 여러 명이 양쪽 마을의 무리들 가운데서 나와 도끼, 칼, 나이프, 조개껍데기, 동물 이빨로 만든 목걸이 같은 선물들을 교환하였다. 그 때 나는 선물을 교환하는 자들은 이름도 교환한다는 사실을 알게 되었다.

카무르의 모든 남자는 자기 이름 위에 해남인의 이름 하나씩을 얻게 되었다. 해남 마을 사람들은 카무르인을 해남인의 이름으로 부름으로써 그를 더 이상 바깥 사람으로 취급하지 않고 해남인의 이름의 실제 소유자와 같이 그를 받아들이겠다는 의사를 표시하는 것이었다.

마찬가지로, 카무르 마을 사람들은 해남 마을 사람들을 부를 때 카무르인의 이름으로 불렀다. 그렇게 함으로써 그들을 마치 카무르인처럼 대우하겠다는 의사를 표시하는 것이다. 게다가 양 마을은 서로 이름을 쉽게 알고 부르도록 하기 위해 그 명성이나 지위가 거의 엇비슷한 사람끼리 서로 이름을 교환하였다.

선물과 이름을 교환하는 의식이 끝나자 이상한 춤이 시작되었다. 먼저 카무르인이 좁게 한데 뭉쳐 있으면 그 주위를 해남인이 선회하며 춤을 추었다. 그러고 나서 해남인이 한 옆으로 가서 한데 뭉치면 카무르인이 그 주위를 에워 쌌다. 그러고는 춤을 추다가 절정에 이르자 기쁨의 환호성를 질렀다.

나는 이 춤을 "네가 내 안에 내가 네 안에 춤"(you-in-me-I-in-you dance)이라고 이름지었다. 이 춤은 두 마을이 서로 평화로 포옹하였다는 것을 상징하였다. 내 마음속의 벨이 이제 더 크게 울렸다. 따라서 나는 그 벨소리의 메시지가 무엇인지 무척 궁금하였다.

카무르인과 해남인들이 역사적인 의식을 마치고 살아 숨쉬는 평화의 상징, 즉 화해의 아이를 데리고 승리에 찬 얼굴로 집으로 돌아갔다. 이에 나는 나라이와 내 언어 조수들을 사무실로 부른 다음 그들과 장시간 깊은 이야기를 나누었다.

정확한 윤곽이 드러나기 시작하였다. 나는 전에는 사위 문화가 하나의 기둥, 즉 폭력을 전적으로 이상화하는 기둥 위에 세워져 있다고 생각하였다. 사위족의 폭력을 이상화하는 풍습은, 필요하다면 도저히 예측하기 어려운 와네스 줄의 도움까지도 받는 배반과 인두 사냥과 식인이라는 무시무시한 모습으로 표출되는 것이라고 생각하였다.

그러한 관점에서는 평화라는 것은 불가능한 것이었다. 왜냐하면 투위 아소나이 만과 와네스 줄의 가능성이 상존하는 상황에서는 그 어떤 호의라도 믿을 수가 없기 때문이었다. 폭력을 숭상하는 문화가 자기 멸절을 막을 수 있는 유일한 방법은 소단위로 그룹을 지어 서로 격리해서 사는 것뿐이라고 생각하였다.

이 이론은 논리적이었으며 완벽한 것처럼 보였다. 그러나 선사시대에 사위족 선조들은 이 이론이 불가능하다고 보는 것을 성취했던 것이다. 그들은 투위 아소나이 만과 와네스 줄의 무시무시한 상황 가운데서조차 신실성을 증명하고 평화를 세울 수 있는 방법을 발견해 낸 것이었다. 사위족에 있어서는 단 한 가지만을 제외하고는 그 어떤 방식으로 우정을 표현해도 의심을 받았다. 즉, 만일 누가 실제로 그의 아들을 적에게 준다면 그 사람만큼은 신뢰할 수가 있었다. 그것이, 아니 그것만이 호의의 진정한 증거였고, 그 누구나 이것의 신실성만큼은 의심하지 않았다.

그리고 적이 준 아들에게 손을 얹은 자는 누구나 그 아들을 준 적들에게 폭력을 행사해서는 안 되었으며, 그들을 죽이기 위해 와네스 줄도 사용해서는 안 되었다.

내 마음속의 작은 종이 다시 울렸다. 그런데 이번에는 나의 주목을 끌기에 충분하였다. 나는 그 메시지를 받아들이고 깜짝 놀랐다.

이것이 바로 우리가 기도해 오던 바로 그 열쇠였다.

제3부

변화된 세계

18
남자들의 집의 정적

나는 노트를 손에 들고 해남-요휘 마을의 남자들의 집으로 향하다 말고 몇몇 사위족 소년들이 노는 모습을 서서 바라보았다. 일부는 카누에 서서 노를 가지고 크론켈 강물을 서로 튀기면서 장난치고 있었다. 그리고 다른 아이들은 아호스나무 가지에서 툼두 지류로 다이빙를 하고 있었다. 그들이 햇빛 가운데서 원을 그리면서 떨어질 때 야윈 몸이 햇빛에 빛났다. 그리고 그들의 깔깔대는 웃음이 그들이 만들어 내는 물결처럼 퍼져 나갔다.

우리는 두 달 동안 평화의 날을 보냈다. 타로프, 즉 화해의 아이가 효력을 발휘하고 있었던 것이다.

우리는 오직 한번 평화가 깨질까 봐 두려워했었다. 카무르인이 소유한 돼지 한 마리가 마을 가까운 곳에서 원인 모르게 죽음을 당한 일이 있었다. 돼지 주인은 해남인들이 한 짓이 틀림없다고 의심을 품었다. 이에 분개한 돼지 주인과 친구 몇 명이 무기를 들고 해남 마을로 향했다. 그 때 카이요가 갑자기 끼어 들었다.

해남 마을에서 화해의 아이를 받은 자로서 카이요는 해남과 카무르 마을 사이에서 생기는 모든 불화를 판결할, 누구에게나 인정

된 권리를 가지고 있었다. 카이요는 평화 조약을 깨뜨리려는 자들에게 다가가 그 중 주동자가 되는 사람의 귓불을 잡았다. 나는 귓불을 잡힌 자가 모욕이라고 생각하고 거세게 나오리라고 생각하였으나, 그는 그것을 그냥 받아들였다. 그는 가던 발걸음을 멈추고 활을 아래로 내려뜨리고는 카이요의 간청을 귀담아 들었다.

그러는 사이에 누군가가 해남 마을로부터 받은 화해의 아이인 마니를 안고 달려와서 카이요 앞에 내밀었다. 카이요는 귓불을 놓고는 어린 마니 위에 손을 얹고 "타로프 팀 티틴다케덴!—나는 화해의 아이를 내세우겠소!"라고 말했다. 그러고는 계속해서 말을 이었다.

"만일 이 아이가 죽었다면 당신은 얼마든지 원하는 대로 할 수가 있소. 그러나 아이는 죽지 않았소. 아이는 아직 살아 있소. 그리고 나는 해남인의 라엔데프 호브한, 즉 '변호자'로서 여기에 있는 것이오. 당신은 해남인과 싸워서는 안 되는 것이오! 내 손은 강하오!"

그러고 나서 카이요는 다시 그 사람의 귓불을 잡고 거세게 잡아당겼다. 이에 그 사람은 돌아서서 온순하게 제 집으로 돌아갔고, 친구들도 그의 뒤를 따랐다. 만일 분개한 자들이 계속해서 적의를 보였다면, 카이요는 그들의 활줄을 끊고 창의 끝을 잘라 버리고 그 밖의 무기들을 빼앗아 강물 속에 던져 버렸을 것이다.

그들이 각자 자기 집으로 돌아가자 카이요는 해남인이 그 돼지를 죽였을 가능성을 철저하게 조사하였다. 마침내 양 마을은 카무르인에게 적의를 품고 있는 주변의 다른 마을의 정탐꾼이 그 돼지를 죽인 것이 틀림없다는 결론을 내렸다.

위기는 지나갔다. 타로프 풍습은 입증되었다. 살아 있는 화해의 아이는 진정으로 폭력을 이상화하는 사위족 풍습의 독소를 제거하는 문화적으로 내장된 해독제였다. 카이요와 마하엔과 두 여인의 고통이 두 마을로부터 전투 감정을 완전히 제거한 것이다.
 결국 사위족의 문화를 지탱하는 기둥은 하나가 아니라 둘이었다. 사위족은 긴긴 역사 동안 처음에 이 기둥을 의지하였다가 다음에는 다른 기둥을 의지하는 등 두 기둥을 교대로 의지한 것이다. 사위족은, 집합적인 개념으로 볼 때, 한 발로 서 있다가 피곤하면 다른 발로 바꾸면서 항상 한 다리로 서 있는 사람과도 같았다.
 나는 두 달 동안 두번째 기둥의 모든 측면을 낱낱이 조사하고, 추상적인 어휘를 소화하면서 전략을 세웠다.
 이제 나는 해남-요휘 마을의 남자들의 집으로 올라가면서 자못 흥분하였다. 그 흥분은 단지 나만의 흥분은 아닌 것 같았다.

"**카**이요가 여러분에게 비아카돈을 주었을 때 내가 얼마나 놀랐는가를 여러분은 모두 보았을 것입니다." 나는 사위인들이 긴장했을 때 하던 대로 손가락으로 딱 소리를 내면서 말했다.
 "나는 우미가 진흙 구덩이에서 몸을 비틀면서 고통스러워하는 모습을 보았을 때, 달려들어 비아카돈을 빼앗아 그의 어머니에게 되돌려 주고 싶은 마음이 간절하였습니다."
 마하엔과 마호르와 그 밖의 사람들은 나의 사고의 흐름을 좇아가면서 잠자코 앉아 내 말을 들었다.
 "나는 그 때 계속해서 혼잣말로 중얼거렸습니다. '저렇게 아들을 남에게 주는 고통스러운 단계 없이 화해할 수만 있다면 얼마나 좋을까!'라고 말입니다. 그러나 여러분들은 '다른 방도는 없다!'고 말했습니다."
 나는 몸을 앞으로 숙이고 오른손바닥으로 마룻바닥을 짚었다.
 "그런데 여러분들이 옳았습니다!"
 남자들의 집에 있던 모든 이들의 눈이 내게 집중되었다.

"내가 곰곰이 생각해 본 결과 화해의 아이가 있어야만 평화(화해)가 가능하다고 생각한 사람은 여러분과 여러분의 조상들이 전부는 아니었습니다. 내가 그분의 메시지를 가지고 여기를 찾아온 바로 미아오 코돈께서도 같은 말씀을 하셨습니다. '화해의 아이 없이는 진정한 평화는 올 수가 없다! 결코 있을 수 없다!'고 말입니다.

사위인들은 더 이상 내가 하는 말을 그대로 되풀이하는 형식을 취하지 않았다. 사실상 이제는 그럴 필요가 없었다. 그들은 나를 더 이상 남자들의 집에 온 손님으로 생각하지 않았던 것이다.

"미아오 코돈은 사람들이 자기와 화해하기를 원하셨고, 사람들끼리 서로서로 화해하기를 원하셨기 때문에, 일시적인 기간이 아니라 영원토록 평화를 세우기에 부족함이 없는 선하고 강한 영원한 타로프 아이를 택하기로 결심하셨습니다. 문제는 누구를 선택해야 하는가라는 것이었습니다. 왜냐하면 인간이 낳은 아기들 가운데는 영원한 타로프를 세우기에 부족함이 없는, 선하고 강한 아들이 없기 때문이었습니다."

나는 잠시 말을 멈추고 그들의 얼굴을 두루 살펴보았다. 그들은 잔뜩 호기심이 가는 눈치였다.

딱정벌레 유충이 담긴 막대기를 불 위에 올려 놓고 굽고 있던 마하엔이 입을 벌렸다.

"도대체 그분이 누구를 선택하였소?"

이에 나는 다른 질문으로 대꾸하였다.

"카이요가 다른 사람의 아들을 주었습니까, 아니면 자기 아들을 주었습니까?"

"그는 자기 아들을 주었소." 마하엔이 대답하였다.

"마하엔, 당신은 남의 아이를 주었습니까, 아니면 당신 아이를 주었습니까?" 내가 또 물었다.

"나는 내 아들을 주었소." 그는 그 때의 고통을 되새기는 듯한 얼굴로 대답하였다.

"하나님께서도 마찬가지요!"라고 나는 마하엔의 대답이 끝나기도 전에 힘있게 외쳤다. 그리고 나서 옆쪽 벽을 쳐다보면서 "그것을 한번 생각해 보시오"라는 의미의 몸짓을 해보였다.

나는 계속해서 말을 이었다.

"카이요처럼 하나님께서도 아들이 하나밖에 없었습니다. 그런데 카이요가 한 것같이 하나님께서는 그 아들을 주신 것입니다. 마하엔, 당신이 준 아들은 당신이 거추장스러워 버린 아이가 아니었습니다. 그 아이는 당신의 사랑하는 아들이었습니다. 그러나 하나님께서 주신 아들은 단지 사랑하는 아들 그 이상의 분이셨습니다!"

마하엔은 "무슨 말인지 알겠소"라는 뜻으로 코를 비틀었다.

"나는 여러분들이 조상들에게서 전해져 내려오는 말을 매우 존중하는 것을 눈여겨 보았습니다. 그러니 이제 하나님께서 보내신 타로프 아이에 대한 뚜안족 조상들의 말을 귀담아 들어 보도록 하십시오."

나는 영어 성경을 펼치고 이사야의 예언의 일부분을 사위어로 번역하였다.

"이는 한 아기가 우리에게 났고 한 아들을 우리에게 주신 바 되었는데 그 어깨에는 정사를 메었고 그 이름은 기묘자라, 모사라, 전능하신 하나님이라, 영존하시는 아버지라, 평강—타로프—의 왕이라 할 것임이라."

그리고 나서 요한복음의 한 구절을 또 번역하였다.

"하나님이 세상을 이처럼 사랑하사 독생자를 주셨으니 이는 저를 믿는 자마다 멸망치 않고 영생을 얻게 하려 하심이니라."

사위인들은 내 손에 놓인 이상한 작은 "종이 뭉치"를 쳐다보면

서 몸을 앞으로 숙이고 그 안에 들어 있는 놀라운 메시지와 그것을 캐내는 내 능력에 놀란 표정을 짓고 있었다.

마하엔은 나를 쳐다보고 질문을 던졌다.

"그가 바로 당신이 지금까지 계속해서 이야기해 오던 그 사람이오? 예수스 말이오."

"바로 그분이오!" 나는 대답했다.

"그러나 당신이 한 친구가 그분을 배반했다고 말하지 않았소? 예수스가 타로프라면 그를 배반하는 것은 매우 나쁜 짓이오. 우리는 그런 자들을 지칭하는 말을 갖고 있소. 우리는 그들을 타로프 가만이라고 부르고 있소. 그것은 인간이 행할 수 있는 일 중 최악의 일이오!"

"당신 말이 맞습니다." 나는 마하엔의 눈을 바라보면서 대답을 했다.

"그러므로 하나님의 타로프 아기를 경멸하는 것은 인간이 저지를 수 있는 최악의 죄인 것입니다."

나는 곰곰이 속으로 생각하였다. 전에만 하더라도 가룟 유다는 초능력 사위인이었다. 그러나 이제 그는 악당이 되고 말았다.

마하엔은 딱정벌레 유충을 굽던 일을 집어 치우고 "그에 대해 좀더 이야기해 주시오"라고 부탁하였다.

몇 시간이 지난 후 나는 카무르 마을의 남자들의 집에서도 동일한 메시지를 전하였다.

"카이요, 당신이 비아카돈을 줌으로써 당신은 오직 한 마을인 해남 마을에 찬물을 뿌렸습니다. 또한 마하엔이 당신에게 마니를 줌으로써 마하엔은 오직 한 마을인 당신의 마을과 화해를 하였습니다. 그러나 예수님은 오직 한 마을을 위한 타로프가 아니라 모든 인류의 타로프입니다. 뚜안족뿐 아니라 아스맛인과 아유인과 아토화엠인과 사위족 여러분 모두를 위한 타로프입니다.

"카이요, 당신은 비아카돈을 넘겨 줄 때 당신의 아들의 생명을 맡길 수 있는 사람을 매우 신중하게 선택했을 것입니다. 당신은 이상적인 사람이라고 스스로 생각하는 마호르를 택하였습니다. 미야오 코돈께서도 그분의 타로프를 맡을 만한 사람을 찾아보았으나 아무도 없었습니다. 우리는 모두 하나님의 화해의 아이를 받을 만한 자격이 없었습니다. 그렇지만 미야오 코돈께서 '나는 그들이 모두 자격이 없으므로 나의 아들을 줄 수가 없다'라고 말씀하셨겠습니까?"

진지한 얼굴 표정들이 수사적 답변을 기다리며 아궁이에서 나오는 연기가 뿌옇게 소용돌이를 치고 있는 속에서 나를 계속 주시하였다.

"아닙니다. 그분은 그렇게 하지 않으셨습니다. 그분은 '크와이 피 다에마콘 – 어쨌든 나는 그를 줄 것이다'라고 실제로 말씀하셨습니다." 나는 또다시 카이요에게로 시선을 옮겼다.

"카이요, 당신이 비아카돈을 주면 해남인들이 그를 멸시하고 마침내 그를 살해할 것이라고 누군가가 당신에게 경고했다고 칩시다. 그래도 당신은 아들을 주셨겠습니까?"

"아니오, 결코 주지 않았을 것이오"라고 그는 대꾸하였다.

"그러나 미야오 코돈께서는 인간들이 그가 보낸 화해의 아이를 멸시하고 마침내는 죽일 것이라는 사실을 미리 알고 계셨습니다." 나는 계속 말을 이었다.

카이요가 나의 다음 말을 기다리는 동안 그의 얼굴에는 경외감의 빛이 역력히 나타났다.

"그러나 미야오 코돈께서는 우리를 너무 사랑하셨기 때문에……" 남자들의 집 안에는 정적만이 감돌고 있었다.

"……인간들이 자신의 아들을 멸시하고 심지어는 죽이고 말 것이라는 사실을 알면서도 아들을 우리에게 주셨습니다. 사실상 미야오 코돈의 지혜의 섭리 가운데서 예수님의 피를 흘리게 한 자들은, 실질적으로 인간을 향한 하나님의 분노를 누그러뜨리는 라엔데프, '속죄'를 이루게 한 것이었습니다.

"그들은 하나님의 아들을 악하게 죽였으나, 미야오 코돈께서는 너무나 마라비아프, '지혜로우시기' 때문에 가장 사악한 그 자들의 행동을 통해서 오히려 자신의 목적을 성취하셨던 것입니다. 만일 그렇지 않았다면 우리에게는 아무런 소망도 없었을 것입니다."

내가 화해의 아이의 영광스런 부활을 설명하려는 순간 하토가 고통스러운 울음을 터뜨렸다. 외눈을 가진 족장인 하토의 얼굴 모습을 보고 나는 깜짝 놀랐다. 슬픔을 견디지 못하는 표정이었기 때문이다.

그러자 하토의 아들 아미오가 설명을 하였다.

"당신이 오기 얼마 전에 제 부친이 화해의 아이를 카야가르인들

에게 주었소. 그들은 그 아이를 데리고 가고 그들의 화해의 아이는 데려오지 않았소."

아미오는 주춤거리면서 계속 말을 이었다.

"후에 우리가 들은 바로는 그들은 그 아이를 데리고 가 잡아먹었다는 것이오."

나는 공포에 질려 신음소리마저 내었다. 나는 손을 내밀어 하토의 손을 잡았다. 이 순간 나는 고통을 함께 말없이 나누면서 내 존재가 그의 존재와 함께 흐르는 듯한 느낌을 받았다.

슬픈 감정이 북받쳐 오르는 가운데 아미오의 설명이 계속 들려왔다.

"그제서야 우리는, 카야가르인이 우리처럼 살아 있는 타로프 위에 손을 얹음으로써가 아니라 타로프 아이의 인육을 실제로 먹음으로써 평화의 조약을 공식적으로 선언한다는 사실을 알게 되었던 것이오. 그 아이의 불의의 죽음이 그렇다고 평화에 종지부를 찍은 것은 아니오. 왜냐하면 그 아이는 모든 사람 가운데 아직도 살아 있기 때문이오."

"해남인들과 요휘인들이 그 소식을 듣고 우리를 책망했었소. '당신 카무르인들은 카야가르인들을 이해하지 못하고 있소. 당신들은 겨우 아유인만 이해하고 있을 따름이오. 만일 우리가 당신들이 타로프 아이를 카야가르인들에게 주려고 한다는 것만 알았다면 우리는 분명히 경고했을 것이오'라고 말이오."

그러자 누군가가 덧붙였다.

"당신이 당신 집을 짓기 위해 오던 바로 그 날 우리가 카야가르인들과 한바탕 싸우려고 했던 것도 바로 거기서 연유한 것이었소."

나는 이런 새로운 이야기에 충격을 받고 말없이 앉아 있었다. 그 때 하토의 음성이 부드럽게 들려 왔다.

"미야오 코돈 노호프 카하네 사보스 키시르 니데."

그의 말에 내 눈에는 눈물이 고였다. 그는 "미야오 코돈께서도 나처럼 슬펐을 것임에 틀림이 없소"라고 말했던 것이다.

나는 그 다음날 크론켈 강 하류쪽으로 수마일 떨어진 세레미트 마을의 남자들의 집을 방문하여 동일한 메시지를 전하였다. 이에 연기가 자욱한 남자들의 집 안에 모인 어렴풋한 형체의 사위인들은 내 말에 귀를 기울이려고 몸을 앞으로 숙였다.

"사위족의 타로프 아이의 경우에는 여러분은 그 아이를 육신적으로 여러분의 가정에 맞아들이고, 그 아이는 여러분의 보살핌과 보호를 필요로 합니다. 그러나 하나님의 타로프 아이의 경우에는 그 누구도 그분을 육신적으로 영접할 수가 없습니다."

"그러면 우리가 어떻게 그분을 영접할 수 있습니까?"

열심히 귀를 기울이고 있던 모르카이라는 사람이 질문을 던졌다.

"여러분이 그분의 영을 여러분의 마음에 맞아들이면 미야오 코돈의 화해의 아이를 영접하는 것입니다"라고 나는 대답했다.

"그러면 그분이 우리의 보호자와 후원자가 되십니다. 그분의 이름도 우리에게 주십시오. 그렇게 되면 여러분은 실제로 하늘과 땅의 하나님과 하우와트, '이름을 교환'하는 관계에 들어가게 될 것입니다.

"그분은 우리의 이름과 자신의 아들의 이름을 연관시키실 것이며 아들 때문에 여러분을 받아들이실 것입니다. 마지막 평화의 춤에서 카무르인이 해남인 가운데 있고, 해남인이 카무르인 가운데 있는 것처럼, 그분은 여러분 안에 계실 것이고, 여러분은 그분 안에 있을 것입니다."

이에 자기들끼리 무엇이라고 논의하는 소리가 남자들의 집 양쪽에서 터져 나왔다. 그 소리가 줄어들 때를 기다려 나는 해남과 카무르 마을에서 그랬던 것처럼 이 유비를 가지고 정곡을 찌르기 위해 자리에서 벌떡 일어났다. 건조시키고 있는 경질목들이 쌓여 있는 선반 옆에 우뚝 서자 모든 이들이 기대감을 가지고 나를 쳐다보았다.

"지난 과거 여러분의 조상들은 미야오 코돈께서 모든 인간을 위해 완전한 화해의 아이, 즉 자신의 아들을 이미 이 땅에 주신 것을 알지 못하고 평화를 세우기 위해 자녀들을 수도 없이 바쳐왔던 것이 사실입니다. 그러나 여러분의 자녀들은 강하지 못하기 때문에 평화는 오래가지 못하고 여러분은 다시 전투 상황 속으로 되돌아가고 마는 것입니다.

"이것이 바로 미야오 코돈께서 나를 이 곳에 보내신 이유입니다. 여러분들에게 강하고 완전한 화해의 아이, 영원한 타로프, 즉 예수님에 관해 이야기를 해주라고 그분께서 나를 여기까지 보내신 것입니다. 이제부터 사위족 어머니들이 아기들을 가슴에서 떼어 놓지 않도록 하십시오. 왜냐하면 하나님께서 여러분을 위해 그분의 아들을 주셨기 때문입니다. 믿음을 가지고 예수님 위에 손을 얹으십시오. 그러면 그분의 영이 여러분 마음에 내주하실 것이고, 여러분을 평화의 길로 인도하실 것입니다!"

나는 마지막 결론을 맺기 전에 성령님을 의지하는 마음을 새롭게 하기 위해 잠시 멈추었다. 그러고는 외쳤다.

"약하기 그지없는 여러분의 타로프 아이들이 여러분에게 평화를 가져다 줄 수 있다면 하나님의 완전한 타로프가 얼마나 더 큰 평화를 여러분에게 가져다 줄 수 있겠는지를 한번 생각해 보십시오!"

그 순간 나는 그 소리를 다시 들을 수가 있었다. 전날 해남과 카무르 마을 남자들의 집에서 메시지를 전달하고 끝맺었을 때 들을 수 있었던 부드러운 비음 섞인 감탄사를 다시 들을 수가 있었던 것이다. 사위인들은 그것을 유코프 케케돈 아흐 모타켄이라고 부른다. 이것은 깊은 관심을 갖고 있다는 뜻이다. 나는 내 주위의 사위인들이 나의 메시지 전달이 끝나자 이런 소리를 작게 내는 것을 감지할 수가 있었다.

그 때 시에리라는 자가 동료들이 생각하고 있던 것을 말로 표현하였다.

"신 **보흐스** – 맞는 이야기요. 우리의 타로프 아이들은 강하지 못하오. 나는 적들에게 자기 아들을 타로프로 준 사람의 이야기를 알고 있소. 그는 적에게 아들을 준 후 며칠을 기다리다가 그의 아들을 받아들인 적들의 집을 우호적으로 방문하였소. 그가 남자들의 집에 도달하자 장정들이 달려나와 그를 창으로 위협하는 것이었소.

"그래서 그는 외쳤소. '당신들은 왜 나를 위협하는 것이오? 내가 당신들에게 아들을 주지 않았소!'

"그 때 그들은 '네가 우리에게 아들을 준 것은 사실이다. 그러나 그 아이는 지난 밤에 죽었다. 네 놈은 도대체 여길 무엇 하러 온 것이냐?'라고 대답했다는 것이었소. 그러고는 그를 죽여 버렸소."

그가 이 일을 상기시키자 유코프 케케돈 야흐 모타켄의 소리가 크게 여기저기서 들려 왔다.

그들은 풀잎 방석에 앉아서 팔꿈치를 문지르고 있었다. 이 몸짓은 "그렇다면 우리가 어떻게 해야 하는가?"라고 자문하고 있다는 증거였다.

그들의 얼굴 표정을 통해서 나는 그들이 그들의 문화와 복음 사이의 유사성을 내가 발견해 낸 것에 감탄하는 한편, 사위족의 화해의 아이의 명백한 불충족성을 언급한 데 대해서는 몹시 기분이 언짢은 것 같은 느낌을 받았다. 내가 고의적으로 그들의 약점을 계속 파고들어 가자 그들은 움찔 뒤로 움츠러든 것이다.

그들은 화해의 아이에 대한 개념이 최선의 것이라고 알고 있었다. 그런데 나 역시 9년 전에야 깨달은 진리, 즉 "인간의 최선의 것만으로는 부족하다"는 진리를 그들은 이제 깨닫기 시작한 것이다. 그들은, 모든 인간은 하나님의 아들 안에서 비로소 진정한 자아를 발견한다는 사실을 이제 서서히 터득하기 시작한 것이다.

그렇다. 만일 여러분이 하나님의 아들 안에서 여러분의 진정한 자아를 발견하지 못한다면 여러분은 진정한 자아를 잃어버릴 것이다. 그것도 영원히 말이다.

나는 다시 앉아서 화해의 아이를 영접한 다음의 행동의 변화에 대해서 그들과 함께 대화를 나누었다. 나는 또다시 그들의 문화와 복음 사이에 존재하는 또 다른 유사 현상인, 회개를 믿는 공통적인 신앙에 대해 언급하기 시작하였다.

이에 남자들의 집에는 또다시 정적이 감돌았다.

19

악어들 속에 빠짐

1963년 3월부터 5월까지 3개월 동안 내내, 나는 사위족 여러 마을의 남자들의 집을 방문하고 하나님의 평화의 기준에 따라 살기를 원하는 자들을 부드럽게 초청하여 하나님의 화해의 아이에 대해 집중적으로 이야기하는 데 전력을 다하였다. 카니와 마하엔과 하토와 그 밖의 사람들은 진지하게, 심지어는 동경하는 눈초리로 내 말에 귀를 기울였으나 결단의 문턱에 이를 때마다 항상 뒤로 몸을 뺐다.

귀신의 세계로부터 불리한 재난을 받지나 않을까 하는 두려움이 그 주요 이유였다. 뚜안의 말대로 조상의 전통으로부터 급격히 이탈하는 것을 정령들이 어떻게 볼 것인가? 만일 귀신들이 해를 가한다면 – 사실 사위인들은 귀신들이 분명히 해를 가할 것이라고 믿고 있었는데 – 뚜안과 그의 신이 그를 믿는 자들과 식구들을 재앙으로부터 구해 줄 수 있을까?

하나님의 화해의 아이를 받아들여야 한다는 논거는 합리적이었고 확실히 설득력이 있는 것이었다. 따라서 모든 사위인들이 이제는 뚜안과 그의 아내가 왜 왔는지를 이해하게 되었다. 그러나 실제적으로 어떤 결과를 가져올까 그것이 문제였다.

한편 내 쪽에서도 문제가 없는 것은 아니었다.

"이들과 이들의 식구들을 예수님께로 이끌기 위해서는 무엇이 더 필요한 것인가? 사위족 문화 가운데 나타난 구속의 유비를 사용하여 예수님을 사위인들에게 이해가 가도록 제시하지 않았는가? 하나님께서 제공해 주신 열쇠를 이용하였고, 그렇게 함으로써 복음을 이해하려는 그들의 지적인 욕구를 채워 주지 않았는가? 믿음의 근거를 제시하고 설명하지 않았는가? 그런데도 그들이 그리스도께 돌아오기 위해서는 무엇인가 더 필요한 것이 있다는 말인가?

"그렇다면 내가 보여 줄 수 있는 설득력 있는 설명 외에 달리 무엇이 있는가?"

나는 하나님께서 사위족을 위해 그같이 설득력 있는 설명 방식을 준비해 놓으시리라고는 도저히 예측하지 못했다. 더욱이 우리를 사용해서 그 같은 역사를 일으키시리라고는 더 더욱 예상하지 못했다.

19 63년 5월에 네덜란드 정부는 네덜란드령 뉴기니아의 지배권을, 유엔이 8개월 후에 다시 인도네시아 정부에 넘긴다는 조건으로 유엔에 넘겼다. 그로부터 몇 년도 못 되어 사위족과 그와 유사한 다른 부족은 이 정치적 사건이 그들의 미래에 얼마나 큰 영향을 미치게 될 것인가를 깨닫게 되었다.

원래 네덜란드 정부의 정책은 띄엄띄엄 몇 곳에 초소만을 세워 놓고 광활한 광야 지대를 사실상 그냥 그대로 방치해 두고 통제권을 행사하지 않았다. 사위족 같은 부족들이 1960년대 초기까지도 전혀 방해를 받지 않고 원시 상태를 유지할 수 있었던 것은 이와 같은 최소 개발 정책 때문이었다. 단지 정찰 부대나 장교나 탐험가

나 과학자나 탐광자나 사냥꾼이 가끔 이 광활한 비통치 구역을 조사하였을 뿐인데, 그들이 그렇게 했더라도 크게 변화시킨 것은 아무것도 없었다.

그러나 통치권이 인도네시아 정부로 넘어가면서부터는 근본적인 변화가 일어날 것이다. 곧 인구 통계 조사반이 닿을 수 있는 마을은 모두 방문할 것이고, 경찰 순찰대가 법을 점차적으로 강력하게 집행할 것이다. 또한 정부의 지원을 받는 교사들이 인도네시아어를 가르치는 인가된 학교를 설립할 것이다. 게다가 경질목과 그 밖의 귀한 목재들의 벌목이 본격적으로 개시될 것이다. 더구나 악어 가죽은 몹시 비싼 상품이기 때문에 몇몇 지역에서는 악어가 멸종될 위험에 처할 때까지 악어 사냥이 계속될 것이다.

서구의 석유 회사와 구리 광산 회사들이 광대한 원시 광야 지대에 거대한 기지들을 급격하게 건설할 것이다. 그렇게 되면 매미와 풍조의 울음소리는, 디젤 발전기와 헬리콥터의 소음과 다이나마이트 폭발로 인해 공중을 나는 돌멩이 파편에 의해 다른 곳으로 곧 쫓겨나게 될 것이다.

그러나 무엇보다 중요한 것은 자바(Java), 수마트라(Sumatra), 셀레베즈(Celebes) 섬 같은 인구 밀집 지역에서 이주민들이 홍수처럼 밀려들어 오게 됨으로써, 한 세대도 못 되어 사위족과 80만의 동료 뉴기니아인들은 그들의 고향에서 소수 민족으로 전락하고 말 것이다.

이것들은 1963년에 정글의 지평선에 떠오른 거대한 변화들 중 일부에 불과한 것이다. 만일 우리들의 예비 작업이 없었다면, 사위족과 그 밖의 미리 준비하지 못한 부족들이 이질적인 문화 속에서 방향을 잃고 반감을 느끼다가 심지어는 멸종당하도록 만들었을 것이 분명한 몇몇 거대한 변화들을 열거한 것뿐이다.

만일 우리가 그들 가운데 산 첫번째 변화의 동인자(動因者)로서 현대 사회에서 생존할 수 있도록 그들을 효과적으로 준비시키지 않았다면, 그들은 이러한 변화에 제대로 대응하지 못했을 것이다. 이를 위해서 우리는 영생에 대한 기독교의 소망을 그들에게 전달해야만 했을 뿐 아니라, 석기시대에서 20세기로, 단 한 세대만에 급격한 변화를 겪는 과정에서 그들을 지지해 줄 만큼 강력하고 탄력 있는 윤리까지도 제시해 주어야만 했다.

그들이 이해할 수 있도록 하기 위해서는, 이 새로운 윤리는 그전의 문화와 어느 정도 연결이 되어 있어야만 했다. 게다가 그들의 유익을 위해서는, 이상하기만 한 새로운 상황에서 선과 악을 구별할 수 있는 식별력과 선을 택하도록 동기를 부여할 수 있는 윤리를 제시해야만 했다. 또한 지속되게 하기 위해서는, 그 윤리는 하나님의 변함없으신 사랑과 공의에 대한 확신에 그 근거를 두어야만 했다.

나는 손에 들고 있는 성경이 바로 그러한 윤리를 담고 있는 공급원이라는 사실을 철두 철미하게 믿고 있었다. 성경은 그 자체로서 금세와 내세에 있어서 사위족의 행복을 여는 열쇠였다. 그러나 이것이 효력을 거두기 위해서는 한 가지가 더 있어야만 했다. 그것은 우리가 지금까지 기도하고 설득하고 노력해도 이루지 못한 것이다. 그것은 바로 그들의 반응이었다.!

게다가 사위인들의 문화적 충격을 극소화하도록 그들을 미리 조정할 수 있는 시간이 거의 다 지나가고 있었다.

그러는 사이에, 즉 뉴욕과 헤이그와 자카르타의 외교관들이 외교 문서에 조인을 하는 사이에도 인두 사냥과 식인 풍습은 크론켈 강을 따라 계속되고 있었다. 수개월 전만 하더라도 크론켈 강 하류의 아스맛인들이 마우로 마을의 십대 청년들 일곱 명의 목을 자르고 그 인육을 먹은 사건이 발생하였다. 그 후 1963년 5월에 아스맛인들은 마우로 마을에 평화의 변상을 함으로써 사위족의 보복을 막으려고 애를 썼다. 마우로 마을은 예물을 받아들이고 화해하겠다고 약속하였다. 그러나 실제로 그들은 그 예물을 받은 것을 결코 구속력이 있는 것으로 여기지 않았다. 여러 개의 칼과 이빨로 만든 목걸이와 그 밖의 자질구레한 장신구들이 화해의 아이와 똑같을 수는 없었다. 게다가 그것들로 일곱 명의 젊은 청년의 생명을 잃은 손실을 메꿀 수는 없었다.

아스맛인들은 문제가 타결되었다고 생각하고는 경계를 약간 소홀히 하였다. 5월 20일, 일단의 아스맛 장정들과 부녀자들과 아이들은 크론켈 강변의 강 둑에서 새우를 잡고 있었다. 그 때 갑자기 무장한 사위족이 나타났다. 이에 오직 한 사람만이 도망을 쳤다. 그것도 꺾여진 창에 등을 찔린 채 필사적으로 하류를 향해 노를 저어 도망칠 수가 있었던 것이다. 나머지 아스맛인들의 해골은 활 끝에 걸려 마우로 마을의 남자들의 집 벽에 나란히 전시되었으며, 그들의 인육은 아궁이에서 지글거리는 소리를 내며 요리되었다.

이에 마우로 마을은 아스맛의 대규모의 보복이 있을 것을 두려워한 나머지, 사고 야자나무가 울창한 깊은 습지로 이주하였다. 또한 아스맛인들이 마우로 마을을 찾지 못하면 상류로 올라오다가 대신 세레미트 마을을 공격할 것을 두려워하여 세레미트 마을도 깊은 습지로 이주하였다.

해남과 카무르와 요휘 마을도 아스맛인들을 두려워하여 마을을 버리고 떠날 것을 검토하기는 하였으나 남아서 우리들을 보호하기로 결정하였다.

"우리 세 마을이 연합한다면 그 어떤 대규모의 아스맛인들도 충분히 막아 낼 수 있을 것이오"라고 하토와 키고는 말하였다.

하토는 이어서 심각한 표정으로 말하였다.

"뚜안 그리고 뇨냐, 우리는 당신들을 위해 지금까지는 인두 사냥과 식인 풍습을 버렸소. 그러나 우리 주변은……."

그는 활을 들고 수평선을 향해 원을 그렸다.

"알고 있습니다"라고 나는 대답했다.

"만일 캐롤과 내가 떠난다면, 여러분들은 하나님의 타로프에게 새로운 마음을 달라고 요청하지 않았기 때문에, 곧 여러분의 적들의 인두를 사냥하고 인육을 먹는 옛 풍습으로 돌아갈 것이라는 사실을 나는 잘 알고 있습니다."

하토는 이것을 한동안 생각하더니, "신 보호스 코마이 – 내 생각에도 당신 말이 옳소!"라고 길게 대답하였다.

같은 해 6월, 캐롤과 스티븐과 나는 우리의 두번째 아이의 출산을 위해 중앙 고지(高地)에 위치한 선선한 카루바가로 돌아갔다. 6월 21일, 오지 선교 연합회 소속의 의사 잭 렝(Jack Leng)의 도움으로 둘째 아들이 태어났다. 우리는 아기 이름을 샤논 더글라스(Shannon Douglas)라고 지었다.

7월 1일 우리는 사랑스런 새 아기와 손님을 데리고 사위족에게로 돌아왔다. 캐나다에서 동료 위니프레드 프로스트(Winifred Frost)가 휴가 기간 며칠을 우리와 함께 보내고 새 부족에서의 우리들의 사역이 어떻게 시작되었는지를 직접 목격하기로 결심한 것이었다. 그 때 이미 우리는 18마력짜리 선외 발동기와 6미터짜리 카누를 소유하고 있었다. 이 카누는 엄밀한 감독하에 하토와 마움과 카니가 만든 것으로서 사위족의 카누와는 두 가지 점이 달랐다.

첫번째는 안정성을 높이기 위해서 바닥을 평평하게 한 점이고, 두번째는 선외 발동기를 설치할 대(臺)를 만든 점이었다.

7월 4일 오후, 우리는 점심을 싸들고 위니프레드와 두 아이를 데리고 카무르 마을을 떠나 쉴 겸 보트로 여행을 하기로 했다. 안내자 겸 조수로 우리 집에서 잡일을 거드는 마보를 데리고 갔다.

나는 강가에서 중앙으로 나오면서 마보에게 1미터 너비의 카누 맨 앞자리에 앉아서 우리가 가는 길을 가로막는 통나무가 혹시 떠내려 오지 않나 주의해 살피라고 했다.

나는 약 12노트의 속도로 보트의 속도를 높이면서 "마보, 통나무를 보거든 내게 손짓을 해라"고 했다.

그러자 마보는 알았다는 듯이 고개를 끄덕였다. 그러나 발동기의 엔진 소리가 커지면서 보트가 앞으로 달리기 시작하자 마보는 놀라 눈을 휘둥그렇게 떴다. 그가 보기에는 우리가 무시무시한 속도록 검푸른 강물의 표면 위를 날고 있는 것처럼 보였던 것이다. 12노트면 마보가 평상시 카누로 여행하던 속도보다 무려 3배에 가까운 빠른 속도였다. 그러나 몇 분만 지나면 하디와 에르가 에벤에 셀호를 타고 그랬던 것처럼 속도에 적응하고 편안해질 것이라고 나름대로 추측하였다.

10분 후 우리는 카무르 마을에서 약 3킬로미터 정도 상류에 위치한, 정글로 둘러싸인 강의 구비를 돌고 있었다. 그 때 마보가 갑자기 뒤를 돌아보며 필사적으로 내게 손짓을 하면서 옆으로 카누를 돌리라고 야단이었다. 나는 우리 앞 오른쪽에 통나무가 있는게 틀림없다고 생각하고 카누를 왼쪽으로 돌렸다. 그러자 카누가 전복되기 시작하였다. 특별한 안정성을 보일 것이라고 기대했던 평평한 용골이 아무런 도움도 못 되었던 것이다.

나는 오른쪽으로 다시 카누를 돌려 배의 평형을 유지해 보려고 하였으나 때는 이미 늦었다. 영원히 계속될 것 같은 공포의 일순간, 물 속으로 가라앉으면서 13일된 샤논을 팔로 움켜 잡고 있는 캐롤과……깊은 물 속으로 떨어지는 스티븐과……뒤집혀 우리 위로 엎어지는 배를 헛되이 의지하는 위니프레드와 마보의 모습이 눈에 들어왔다.

나는 그 순간 선외 발동기의 손잡이를 아직 움켜 잡은 채 물 속에 빠졌다. 나는 발동기가 물 속에서 내는 희미한 발동 소리를 들을 수 있었다. 그리고 위험 천만하게도 프로펠러가 바로 내 곁에서 돌아가는 소리도 들을 수가 있었다. 그러나 곧 발동기는 멈추었고 우리는 악어가 자주 출몰하는 크론켈 강 한가운데 아무 소리 못하고 흘러가고 있었다.

위니프레드와 마보는 거의 동시에 물 위로 솟아올라 뒤집어진 카누의 용골을 잡았다. 악어를 두려워한 마보는 즉시 카누 꼭대기에 올라 용골 위에 넋을 잃고 앉았다. 캐롤과 스티븐과 샤론은 그 어디에도 보이지 않았다.

"하나님 나를 도우소서!"

나는 절망의 기도를 드렸다. 물살로 인해 서로 떨어지기 전에 그들을 찾아야만 한다. 순간 두번째 생각이 총알같이 스쳐 갔다. 악어가 나타나기 전에 내가 먼저 그들을 찾아야만 한다.

나는 물 속을 찾아봐야 소용이 없다는 것을 알고 있었다. 크론켈 강은 이끼가 잔뜩 끼어 차 색깔처럼 불투명했기 때문에 물 속 60센티미터 아래는 볼 수 없었다. 따라서 나는 그 대신 캐롤이 사라진 지점으로 다가가서 물 속에서 사방을 휘저었다. 양팔과 양다리를 사방으로 움직여서 캐롤과 접촉해 보려고 애를 썼다.

그 때 내 오른쪽에서 샤론의 작은 얼굴이 갑자기 불쑥 튀어 나왔다. 내가 볼 수 있도록 캐롤이 그를 밀어 올린 것이 틀림없다고 생각하고 재빨리 샤론과 그를 쌌던 담요를 잡아, 마보의 팔에 건네 주었다. 샤론은 크게 놀란 듯이 울음을 터뜨렸다.

"다행이다. 폐에 물이 들어간 것은 아니구나"라고 나는 속으로 생각했다.

캐롤과 스티븐을 찾으려고 주위를 헤엄치는 순간 캐롤이 물 위로 솟아올랐다. 나는 캐롤의 팔목을 잡아 카누쪽으로 끌고 가면서 용골을 붙잡고 있으라고 말했다.

이제는 스티븐이었다. 나는 그의 작은 얼굴이 물 위에 나와 있지 않나 주위를 재빠르게 돌아보았다.

그러나 우리가 일으킨 소용돌이만 보일 뿐이었다. 그리고 물 속은 온통 흑암뿐이었다.

그 흑암 어디엔가에 나의 19개월된 아들이 몸부림을 치고 있을 것이다. 아니 어쩌면 6미터 아래의 크론켈 강바닥의 끝없는 개흙 쪽으로 가라앉고 있는 중인지도 몰랐다. 나는 절망을 이겨 내며 가능한 한 몸을 넓게 펴서 혹시 몸이 서로 닿지나 않을까 생각하고 사방을 휘저어 보았다. 그러나 아무것도 닿지 않았다.

"어쩌면 카누 아래 갇힌지도 모른다. 하늘에 계신 아버지시여, 악어를 쫓아 버려 주십시오!"

그 때 별안간 마보가 카누 꼭대기에 있으니까 스티븐이 아직 물 속 60센티미터 안에만 있다면, 나보다 그가 그 흔적을 더 잘 찾아 낼 수 있을 것이라는 생각이 들었다.

"마보, 너 스티븐이 어디 있는지 보이니?"

나는 불안 속에서 고함을 질렀다.

내가 질문을 던지자 그는 넋을 잃고 있다가 갑자기 제정신이 돌아온 듯했다. 그는 물 표면을 주의 깊게 살피더니 한 곳을 가리켰다.

나는 희망을 가지고 그 곳을 향해 헤엄쳤다. 그러자 마보가 본 것이 내 눈에 띄었다. 크론켈 강의 어렴풋한 물 속에 금발의 희미한 작은 물체가 떠 있는 것이었다. 나는 그 곳으로 헤엄쳐 가서 스티븐을 팔에 안았다. 나는 스티븐이 분명 물 속에서 숨을 쉬었을 것이라고 생각하였다.

그러나 내 생각은 틀렸다. 하나님께서는 그 크신 인자로 물 속에서 숨을 쉬지 않게끔 스티븐에게 지각을 허락하셨던 것이다. 내가 그를 물 위로 끌어올리자 스티븐은 숨을 크게 내쉰 후에 울어 대기 시작하는 것이었다. 마보는 양팔에 두 아이를 안게 되었다.
 이제 남은 일은 모두 무사히 강가에 이르는 것이었다. 카누를 버리고 두 아이를 데리고 강가로 헤엄을 쳐야만 할 것인가?
 나는 근처에 플라스틱 도시락이 떠 있는 것을 보았다. 그것을 가지면 카누의 물을 퍼낼 수 있을 것 같았다. 그러나 그러려면 적어도 10분은 걸릴 것이다. 악어들이 그렇게 오래 기다려 줄 리 없었다. 게다가 크론켈 강에 득실거리는 4미터 길이의 비단뱀들도 가만히 있을 리 없었다. 문제는 강가로 헤엄을 치다가 악어가 나타나서 우리 중 한 사람에게 달려든다면 그 놈을 퇴치할 만한 무기를 아무것도 가지고 있지 않다는 데 있었다. 물론 큰 악어라서 카누에 대롱대롱 매달린다고 해도 나을 것은 하나도 없었다.
 누군가가 우리 주위에 있다면 얼마나 좋을까? 그러나 그럴 가능성은 거의 없었다. 해가 질 시간이 겨우 한 시간밖에 남지 않았는데 마을에서부터 멀리 떨어진 이 곳에 사람들이 있을 리가 만무하였던 것이다.
 "하나님 우리를 도와주소서!"

 나는 마음속으로 부르짖었다. 그 순간 무슨 소리가 들려왔다. 누군가 필사적으로 노를 젓는 소리였다. 바라보니 180미터 전방에서 검은 사위족 카누가 작은 지류에서 크론켈 강쪽으로 나오고 있었다. 우리는 도저히 우리 눈을 믿을 수가 없었다. 가까이 다가오자 그들이 누구인지 서서히 알게 되었다. 그들은 다름 아닌 마보의 아버지인 타에리와 누이 동생인 아라이였다.
 "아버지, 빨리 오세요."
 아이들이 울어 대자 큰 목소리로 마보가 외쳤다. 타에리 노인은 노가 거의 부러질 정도로 세게 저었다.
 일분 만에 그들은 우리 곁에 다가왔다. 타에리는 긴 경질목 노로 카누를 정지시킨 후 캐롤을 좁은 그의 카누에 태웠다. 캐롤이 타에리의 카누에 앉자마자 마보는 스티븐과 샤논을 캐롤에게 넘겨 주었다.
　타에리의 카누가 매우 작은 것을 본 위니프레드는 배가 두번째로 전복되는 위험을 감수하느니 차라리 강가까지 헤엄치기로 했다. 타에리는 만약의 경우 악어가 나타나서 공격을 하면 노 끝의 날카로운 무기로 퇴치할 태세를 갖추고 위니프레드 옆에서 노를 저었다.
　그들이 강가로 향하는 동안 마보와 나는 우리의 카누를 똑바로 세우고 플라스틱 도시락통과 손을 이용해서 물을 퍼내기 시작하였다. 그런데 마보가 계속해서 걱정스러운 눈초리로 나를 바라보는 것이었다.
　우리는 물살을 거슬러 노를 저으면서 집으로 향했다. 그리하여 어둡기 직전에 집에 도착할 수 있었다. 우리는 옷이 물에 젖은 데다가 자칫하면 모두가 몰살당할 뻔했다는 생각 때문에 온몸이 부들부들 떨렸다. 사위인들은 강가에 도열해 서서 무슨 일이 일어났는가 매우 궁금해 하였다.

　우리는 뭍에 발을 내디뎠다. 그리고 나는 그들에게 우리가 당한 사고에 대해 이야기를 시작했다. 나는 설명하는 동안 내내 모든 것이 나의 잘못이었다는 점을 분명하게 밝혔다.
　그러나 아무도 내 말을 들으려 하지 않았다. 강가에 나와 있던 이들은 모두가 성난 표정으로 불쌍한 마보를 바라보면서 뚜안과 그의 가족을 성의껏 돌보지 못한 것을 힐책하며 혼내 주겠다고 위협까지 했다.
　그 때서야 나는 마보가 사고가 난 후 왜 그렇게 두려워했는지를 이해할 수 있었다. 카누가 전복되면 사람의 생명은 아니라도 귀중한 도끼와 큰 칼과 나이프 등을 잃는 수가 많기 때문에 사위족에게 이는 중대한 "범죄"로 간주되었으며, 보통 심각한 비난을 당하거나 때로는 피를 흘리기까지 하는 것이었다.
 마보는 그것을 알았기 때문에 고통스러워했다. 하토와 그 밖의 사람들의 분노가 커지자 슬픔과 두려움에 겁을 잔뜩 먹은 마보는 그들 앞에서 잔뜩 움츠러들었다.
 그 때 갑자기 하토가 손에 긴 덩굴 줄기를 들고는 나를 바라보았다.
 "뚜안, 말씀만 하시오. 내가 이 놈을 이 회초리로 두들겨 주겠소"라고 화난 목소리로 말했다.
 하토는 내가 즉시 그렇게 하라고 허락하리라는 눈치였다. 나는 캐롤과 위니프레드에게 아이들을 데리고 집으로 가라고 말하고 하토 곁을 지나 마보의 떨고 있는 어깨를 내 팔로 감쌌다. 나는 노추장의 눈을 바라보면서 모든 사람 앞에서 차분하게 말했다. "아무도 내 친구 마보에게 손을 대지 마십시오. 그의 도움이 없었다면 나는 강에서 내 아들 하나를 잃었을 것입니다. 내가 살아 있는 한 그를 내 사랑하는 아들로 여길 것입니다."

 하토의 험한 얼굴 표정이 크게 변하였다.
 내가 이어서 "마보를 야단치지 마십시오. 그 대신 나와 함께 우리를 어려운 가운데서 구해 주신 미야오 코돈께 감사를 드립시다"라고 말하자 다른 이들은 놀라서 할 말을 잃었는지 모두 잠자코 있었다.
 먼저 하토가 회초리를 든 손을 내렸다. 그러고는 고개를 숙였다. 내가 사위어로 하나님께 감사 기도를 하는 동안 다른 이들은 귀를 기울이면서 하토가 하는 대로 따라했다.
 내가 눈을 뜨자 마보가 내 얼굴을 쳐다보고 있었다. 그의 눈에는 눈물이 가득 고여 있었다.
 우리는 함께 카누에서 선외 발동기를 꺼내 집으로 운반했다. 발동기가 다시 작동하려면 손질을 꽤 해야 할 것 같았다.

그 다음 주일날 나는 사위인과 아토화엠인들이 많이 모인 가운데 "우리의 죄를 지신 그리스도"에 관해 복음을 전하였다. 집회가 끝난 후 요다이라고 불리우는 키가 큰 아토화엠 청년 하나가 내게 다가왔다. 사위어도 할 줄 아는 요다이는 몇 달 동안 복음에 열심히 귀를 기울였었다.

그는 가끔 우리 집 현관에 서서 우리가 식사하고 일하고 기도하고 대화하고 아이들과 함께 노는 모습을 몇 시간씩 조용히 지켜보곤 하였다. 그는 때때로 스티븐과 놀거나 함께 산보를 감으로써 우리를 도와주기도 하였다. 어쨌든 요다이는 우리가 강에서 죽을 뻔하였던 사건에 크게 감동을 받고 있었다.

그는 조용하고 침착한 태도로 나를 바라보면서 "나는 하나님께로부터 온 예수님을 믿고 싶습니다"라고 말을 하는 것이었다.

나는 그를 옆으로 데리고 가서 그에게 기도하는 법을 가르쳤다. 그가 사위어로 기도를 시작하는 것을 보고 나는 몹시 기뻤다. 나는 사위어로 기도하는 것을 듣기 원했었다. 그러나 몇 문장 정도 기도하더니 갑자기 멈추고는, 더 자유롭게 자기 감정을 하나님께 표현하고 싶은데 자기 모어(母語)로 기도해도 되느냐고 내게 허락을 구하는 것이었다.

"물론이고 말고! 요다이"라고 나는 대답했다.

그러자 요다이의 입에서 시원한 소리로 아토하엠어의 기도가 줄줄 흘러나왔다. 나는 그 기도 내용을 조금도 알아들을 수가 없었다. 그러나 기도를 마치고 난 후의 그의 눈빛을 볼 때 하나님께서 그의 기도를 이해하시고 받으신 것이 분명하였다. 우리는 하나님 앞에서 함께 기뻐하면서 집으로 향했다.

그런데 마보가 멀리서 막대기를 손으로 잡고 계속 돌려 대면서 우리를 바라보고 있었다.

요다이의 얼굴에 나타난 기쁨의 표정이 마보에게는 이상하면서도 새로운 호기심을 자극하였다. 마보는 잘은 모르지만 본능적으로 그 기쁨이 자기에게도 가능할 것이라는 사실을 알고 있었다. 그는 심지어 그것에 대해 꿈까지 꾸고 있었다. 이에 결과가 어찌되든 이제 그 기쁨 안에 들어가 보고 싶었다.

그 날 저녁 마보는 저녁 식사를 마치고 설거지를 한 후에 무엇인가 바라는 눈치로 나를 말없이 기다리고 있었다. 마침내 나는 그의 눈빛에서 그가 바라는 것이 무엇인지를 알아차릴 수 있었다. 그리하여 몇 분 후 마보도 그의 존재 전체를 뒤흔드는 기쁨을 안고 자기 집으로 돌아갔다. 사위족의 문화를 지탱하고 있는 첫번째 기둥에 작은 금이 가고 있었다.

이에 두번째 기둥이 더 크게 부각되기 시작하였다.

20

나의 간장까지 떨렸소

그러나 요다이와 마보는 둘 다 매우 젊은 청년이었고 각 부족의 지도자급 인물은 결코 아니었다. 각 부족의 문화 전체가 바뀌려면 족장들의 반응이 절대적으로 필요하였다. 그런데 이 일이 몇 주 후에 카무르 마을의 남자들의 집에서 일어났다.

나는 다시 한번 하나님의 화해의 아이를 찬양하고 나서, 그분을 영접하고 하나님의 평화의 기준을 원하는 사람이 있으면 말하라고 부드럽게 초대하였다.

"뚜안 돈!"

나는 돌아보았다. 하토가 벌떡 일어나 사고 야자나무로 이루어진 마룻바닥 위에 발을 떡 버티고 서서 나를 정면으로 바라보고 있었다. 그는 추장처럼 높이 팔짱을 끼고 있었다. 그의 가슴과 턱은 흥분으로 떨리고 있었다. 그의 외눈은 어둡고 연기 가득한 남자들의 집 가운데서 타는 숯불처럼 빛나고 있었다.

하토는 매우 어려서부터 친척들과 친구들에 의해, 선조들이 허락하지 않은 것은 무엇이든지 생각하고 말하고 시도하는 것은 물론 먹고 마셔서도 안 된다는 점을 누누이 들어왔었다. 그런 일을 하게 되면 바이담, 즉 "무모한 사람"이라는 모멸적인 말을 듣기가 일쑤였다.

3년 전 네덜란드 정부의 함정 두 척이 나타났을 때, 키고와 누무와 함께 강가에 서서 그 함정들과 마주치기로 결심하였을 때도 일부에서는 그를 "무모한 사람"이라고 했었다.

그러나 이제 그가 선언하려고 하는 것은 그런 것과는 비교도 안 될 정도로 무모한 짓처럼 보였다. 미지의 세계와 단지 물리적 접촉을 시도하려고 했을 때 사람들이 바이담, 즉 "무모하다"고 했다면 이젠 더 더욱 그런 말을 들을 것임은 불을 보듯 분명했다.

하토의 목소리는 착 가라앉아 있었으며 매우 단호하였다.

"당신의 말씀이 나의 간장을 떨게 하였소(당신이 내 속에 열망을 가지게 하였소)."

계속 말을 이어 가는 하토의 음성은 두려움과 결의가 뒤섞여 목이 메었다.

"미야오 코돈 피다시르 타로프 팀 파시 포파디비!"

나는 사위족 추장이 과연 그런 말을 할 것인가 의아해 하였으며 그런 말을 들을 때 기분이 어떨까 무척 궁금했었다. 그러나 나는 이제 이 모든 것을 알게 되었다.

하토는 "나는 하나님의 화해의 아이를 받아들이고 싶소"라고 말한 것이었다. 그의 말소리는 내 귀에 가! 가!라고 말하고 있었다.

나는 그에게 가까이 다가가서 그의 어깨에 손을 얹었다. 그는 양팔을 늘어뜨리고 있었으며, 이상하게도 나는 물론 주위에서 의아한 눈초리로 바라보는 이들을 전혀 안중에 두지 않는 것처럼 보였다. 그의 외눈은 내 뒤를 응시하고 있었는데 놀랄 정도로 새로운 눈빛으로 반짝이고 있었다. 내가 잘못 본 것은 분명 아니었다. 그것은 신령한 기쁨이었다.

"그분이 들어오셨습니까?" 나는 속삭였다.

"오타 에스― 그분이 들어오셨소." 그는 대답하면서 덧붙였다. "에수스 아브!― 그분은 바로 예수님이시오!"

나는 주위를 돌아보았다. 남자들의 집에 있는 모든 이들의 눈이 하토를 뚫어지게 바라보고 있었다. 나는 무슨 일이 일어나고 있는지를 구태여 설명할 필요가 없음을 깨달았다. 그들 역시 그분께서 복되게도 그들의 추장을 찾아오셨음을 느끼고 있었다. 일부는 팔꿈치를 문지르고 있었으며, 일부는 어색하게 몸을 비비 꼬고 있었다.

이제부터는 일이 호전되든지 악화되든지 둘 중 하나가 될 것이다. 어쨌든 상황은 그대로 있을 수가 없었다.

히브리인들에게 있어서 예수 그리스도는 하나님의 어린양이었고, 헬라인들에게 있어서는 로고스였다. 그러나 사위인들에게 있어서 그분은 타로프 팀 코돈, 즉 완전한 화해의 아이였다. 그들에게 있어서 완전한 화해의 아이는 그들 자신의 구속의 유비의 이상적인 성취였다. 수많은 세월 동안 시한 폭탄처럼 째깍거려 오던 그 구속의 유비는 복음의 선포에 의해 이제 막 폭발 직전에 놓이게 된 것이다. 이제부터 그리스도를 거절하는 사위인은 이방의 개념을 거부하는 것이 아니라 자신의 문화의 최고 정수를 완성하신 분을 거부하는 것이었다.

나는 집으로 달려왔다. 캐롤은 몹시 밝은 표정이었다. 나는 하토에 관해 이야기했다. 그러자 캐롤이 내게 말했다.

"하토의 딸인 키미가 나와 함께 오늘 아침에 기도했어요. 키미는 아버지가 자기에게 하나님의 화해의 아이를 받아들이고 싶다고 이야기했다면서 자기도 그러고 싶다고 했어요."

나는 캐롤을 껴안고 하나님께 감사 기도를 드렸다. 그 때 누군가 무릎 근처에서 우리를 당기면서 사위어로 부드럽게 "나보― 아빠"

라고 부르는 것이었다. 스티븐도 우리와 함께 기쁨을 나누고 싶어 하는 눈치였다. 나는 아이를 들어 올려 우리 사이에 안았다. 아이의 뺨에는 오래전부터 건강한 홍조가 되돌아오기 시작하였다.
"여보." 나는 캐롤의 금발 머리칼 사이로 속삭였다.
"이 장소는⋯⋯이 곳은⋯⋯." 도대체 어떻게 표현해야 좋을지 몰랐다. "이 곳은 마치 하나님의 뜻의 중심지 같지 않소?"
"알아요," 캐롤이 대답했다.
"나도 그렇게 느끼고 있어요!"
두 주일도 채 안 되어 하토의 집에 있는 거의 모든 식솔들은 하토의 결정에 참여했다. 캐롤과 나는 그들이 마을에 있을 때는 거의 매일 그들을 가르쳤다.

어느 날 나는 하토에게 물었다.
"하나님의 타로프를 받아들이기로 결정한 이유가 무엇입니까?"
그가 대답했다.
"당신의 두 아들이 거의 익사할 뻔했을 때조차도 하나님의 타로프가 당신에게 평화를 줄 수 있었던 것을 보고 나는 당신이 말한 모든 것이 진실임에 틀림없다는 것을 알게 되었소. 따라서 나는 그분이 우리도 돌보아 주실 수 있을 것이라고 생각하고 결정을 내린 것이오."
주변 마을에 있는 하토와 요다이와 마보의 친구들은 이제 그들을 주의 깊게 관찰하게 되었다. 그들은, 세 명의 영적 모험가들이 취한 행동에 정령들이 어떤 반응으로 나올 것인지를 긴장하면서 주시하게 된 것이다. 이런 다른 사위인들에게는 좀더 높은 수준의 설득이 필요할 것 같았다. 따라서 나는 그런 높은 수준의 설득을 제시하기 위해서 또 어떤 대가를 치러야 하나 생각하니 두렵지 않을 수가 없었다.
나의 이 두려움은 사실로 드러났다.

21

살아 있는 죽은 자

"**와** 라하이가 죽었다!"

1964년 1월의 그 소름끼치던 날, 해남 마을의 오두막집들 가운데서 마치 천둥소리처럼 이 소리가 울려 나왔다. 이에 놀란 남자들과 부녀자들과 아이들이 집 앞으로 달려나왔다. 마침 그 때 이 비극적인 소식을 전하는 자가 마을 앞 작은 지류에 그의 카누를 갖다 대었다. 그는 긴 노로 키다리쪽을 가리켰다. 이에 사위인들이 믿지 못하겠다는 눈치로 그 쪽을 바라보았다.

사람들로 가득 찬 세 척의 카누가 빠르게 다가오고 있었다. 음산하기 이를 데 없는 떨리는 울음소리가 들려 왔다. 그 소리는 사위인들이 누군가가 죽었을 때 내는 애곡소리였다. 그러자 마을에서 바라보는 자들 가운데서도 흐느껴 우는 소리가 터져 나왔다. 세 척의 카누가 가까이 다가오자 애통하던 일부 남자들과 부녀자들은 정신나간 사람들처럼 울면서 집에서 뛰어나와 물 속으로 몸을 던졌다.

세 척의 카누가 도착하고 와라하이의 축 늘어진 몸을 친구들이 오두막집으로 옮기는 동안 우리는 집에서 그것을 바라보았다. "우리 도움을 받는다면 좀 나아질 수도 있을텐데, 불행하게도 그를 정글로 데리고 가는데"라고 캐롤에게 말하면서 나는 와라하이가 누워 있는 오두막집으로 향하였다.

만일 내가 집에 그냥 있었다면 일은 더 쉬웠을지 모른다. 그렇게 했다면 나는 멀리서 그들의 슬픔을 나눌 수 있었을 것이나 진실은 결코 알 수 없었을 것이다. 그러나 알 수 없는 힘에 이끌려 나는 흔들리는 계단을 올라가 그 운명의 오두막집으로 들어갔으며, 낮은 문을 통과하여 나체로 몸을 비틀며 애통하고 있는 남자들 사이에 서게 되었다. 분위기가 죽음의 공포로 가득 찼기 때문에 나는 숨조차 제대로 쉴 수가 없었다. 게다가 모든 얼굴들이 한 영혼을 위한 고통 때문에 온통 일그러져 있었고, 애곡소리가 마치 연속되는 폭발음처럼 내 고막을 때렸다. 따라서 나는 계속해서 기다렸다.

나는 뒤섞인 사람들의 팔과 다리 사이의 틈을 통해 벌거벗은 시체가 풀잎 방석 위에 뉘어져 있는 것을 보았다. 죽은 이의 모친인 아우굼이 아들의 허리 부분을 여윈 얼굴과 손으로 가리고 아들의 시신 위에 몸을 굽히고 있었다. 그녀는 때로는 몸의 다른 부분이 죽은 후에도 영혼이 생식기 근처에 머문다는 사위족의 신앙에 근거하여 그 같은 행동을 취하고 있었던 것이다.

그 외의 다른 친지들은 죽은 사람의 다리와 가슴 위에 가로로 드러누워, 생명이 붙어 있는가를 확인해 보기 위해 그의 이름을 부르고 몸을 꼬집고 깜부기불을 몸에 대보는 등 헛된 노력만을 되풀이하고 있었다.

살아 있을까? 나는 다시 시신을 쳐다보았다. 그렇다! 그 죽은 사람은 숨을 쉬고 있었다. 등골이 오싹하였다. 나는 옆에 있는 사람들이 갈비뼈를 눌렀다 놨다 하면서 숨을 쉬고 있는 것처럼 보이게 하는 것이 틀림없다고 생각하였다. 나는 장애물 없이 바로 살펴보기 위해 사람들을 뚫고 가까이 다가갔다. 그러나 애도하는 자들이 시신을 너무 마구 다루고 있었기 때문에 숨을 쉬고 있는 것인지 확인할 수가 없었다.

나는 천천히 와라하이의 팔목을 잡았다. 일순간 긴장감을 느끼면서 팔목의 맥박이 뛰는 부분에 손가락을 갖다 댔다. 맥박은 아주 약하게 뛰고 있었다.

두려움은 사라지고 흥분이 앞서기 시작하였다. 나는 주위 사람들의 이목을 집중시키려고 손을 흔들면서 "당신들에게 좋은 소식을 들려 주겠습니다"라고 말하였다.

"여러분은 여러분의 친구가 죽었다고 생각하고 있습니다. 그의 숨소리가 너무 약해서 숨이 끊어진 줄로 알고 있는 것 같습니다만, 여러분은 애도의 고통이 너무 커서 그의 숨소리가 강해지고 있는 것을 눈치 채지 못하고 있는 것뿐입니다."

마구 쏟아지는 애곡소리를 그치게 하는 데는 몇 분이 더 걸렸다. 내 말이 그들의 얼굴에서 낙망의 빛을 제거하고, 그들의 얼굴을 와라하이의 소생에 대한 소망의 기쁨으로 바뀌게 할 순간을 기다리기란 무척 지루한 것이었다.

마침내 마부가 내 간청을 듣고 "조용히 하시오. 뚜안께서 무엇인가 말하고 싶어하십니다"라고 외쳤다. 이에 단지 가까운 친지들의 흐느낌과 울음소리만이 계속 들렸다. 마침내 나는 그들에게 말을 할 수가 있었다.

"와라하이는 죽지 않았소!" 나는 외쳤다.

"그의 맥박은 아직 뛰고 있소! 여러분이 주의 깊게 살펴보면 그가 아직 숨쉬고 있다는 사실을 직접 살펴볼 수 있을 것이오."

나의 이 말에 그들이 달려와서 와라하이의 팔목을 잡아 보고 그가 숨쉬고 있는 것을 직접 확인해 보려고 할 줄 알았다. 그러나 아무도 달려들지 않았다. 더욱이 이제는 와라하이의 가슴이 분명하게 오르락내리락하는 모습을 쳐다보려고도 하지 않았다. 그들은 마치 내가 그들의 애곡을 방해해서 기분이 언짢다는 투로 흐릿하게 나를 바라보고만 있었다.

"이들이 내 말을 이해하지 못했나?"라고 자문해 보면서 나는 되풀이하며 덧붙였다.

"여러분은 애곡을 그치는 것이 좋겠습니다. 캐롤과 내가 와라하이에게 우리에게 있는 가장 좋은 약을 주겠습니다. 그러면 아마 그가 다시 소생하게 될 것입니다."

내가 이 말을 하고 있는 동안에도 와라하이의 아내인 아나이는 마부를 놀란 얼굴로 바라보면서 "뚜안인들은 죽음에 대해서 아무것도 모르는 것 아닙니까?"라고 질문하는 것이었다.

이에 대한 마부의 대답이 나를 더욱 놀라게 했다. "그럴 거예요! 뚜안인들은 결코 죽지 않기 때문에 죽음을 이해해 달라고 기대할 수는 없소. 우리가 그에게 인내심을 가지고 대하는 수밖에 없는 것이오!"

사위인들은 우리가 불멸의 존재라고 생각하고 있는 것이다.

"마부, 당신은 틀렸습니다"라고 나는 이의를 제기했다.

"우리 뚜안인들도 당신들과 똑같이 죽을 수밖에 없습니다. 내 부친은 내가 어렸을 때 돌아가셨습니다. 나는 죽음이 무엇인지를 이해하고 있습니다."

마부와 그 외의 사람들이 놀란 표정을 지었다. 내가 그들의 신화를 깨뜨린 것이었다.

"좋소. 당신은 다른 뚜안인들처럼 죽음이 무엇인지를 알고 있을 것이오. 그러나……."

마부는 혼수 상태에 빠져 희미하게 숨을 쉬고 있는 와라하이의 몸을 슬픈 눈으로 바라보면서 말을 했다.

"당신은 사위인의 죽음은 분명히 이해하지 못하고 있소!"

"마부, 그렇게 말하는 이유가 무엇입니까?"

"당신이 와라하이가 아직도 살아 있다고 생각하기 때문이오."
"당신도 그가 아직 숨을 쉬고 있는 것을 직접 눈으로 똑똑히 보고 있지 않습니까?"

마부는 안됐다는 표정으로 내게 웃음을 지어 보였다. 그러고는 어린 아이를 가르치듯이 내게 말했다.

"와라하이는 아우마마이라고 불리는 '확실한 생존 상태'에 있기 때문에 아직 숨을 쉬고 있는 것이오. 때로는 죽은 사람의 영혼이 떠난 후에도 당분간 시신이 기능을 발휘하기도 하는 것이오. 그러나 이 현상은 결코 오래가지 않소."

"그렇다면 일시적인 무의식 상태와 아우마마이를 어떻게 구별할 수가 있습니까?"라고 나는 반문하였다.

마부는 다시 웃으면서 말을 했다.

"정령들이 우리에게 이야기해 주는 것이오!"
"그들이 어떻게 당신들에게 말했습니까?"라고 나는 다그쳤다.

주변에 있던 일부 사람들은 점차 짜증스러워지는 눈치였다. 지금 문제가 되고 있는 것은 너무 기본적인 것이기 때문에 반복해서 듣는다는 것이 마음에 들지 않는 데다가 더 이상 애곡하는 것을 뒤로 미룰 수가 없었기 때문이었다. 이에 또다시 애곡 소리가 사방에서 높아지기 시작하였다.

"그들은 무당을 통해서 우리에게 이야기를 하고 있소!"라고 마부는 당연하다는 듯이 말했다.

"와라하이가 아우마마이 상태에 있다고 말한 무당은 누구입니까?" 나는 목소리를 높여 물었다.

마부는 턱으로 아함이라고 불리우는 해남 마을 무당을 가리켰다. 나는 몸을 돌이켜 아함을 바라보았다. 아함은 나의 도전을 의식했는지 나를 돌아보았다.

"아함이 오늘 아침 환상을 보았소. 아함은 와라하이의 영혼이 그 몸을 떠나 아우마마이 상태에 있는 것을 직접 보았소."

"그녀가 직접 보았다고 말하던가요?"라고 나는 빠르게 반문하였다.

마부는 내 질문의 의도를 파악하지 못한 것 같았다. 아함은 세 마을로 이루어진 우리의 공동체 가운데서 가장 뛰어난 무당이었다. 사위인들이 그녀의 말을 의심한다는 것은 생각지도 못하는 일이었다.

애도하는 사람들은 다시 와라하이를 거세게 다루기 시작하였다. 뜨거운 숯불로 몸을 찔러 보기도 하고 귀에다 고함을 치는 등 그야말로 야단이었다. 그런 혼수 상태에서 그같이 거칠게 취급을 당한다면 해가 지기 전에 숨이 끊어질 것만 같았다. 그렇게 된다면 아우마마이를 믿는 사위인들의 신앙은 더 확증될 것이다. 게다가 우리가 살릴 수 있을지도 모르는 와라하이의 목숨을 무당인 아함이 빨리 죽도록 재촉할지도 모르는 일이었다.

하나님 앞에서 나는 결정을 내렸다. 양팔을 들고 조용히 하라고 다시 소리를 쳤다. 아함은 나를 불편한 눈치로 계속 주시하고 있었다. 주변이 조용해지자 나는 마침내 도전을 했다.

"아함은 당신들에게 귀신들의 이름으로 와라하이가 이미 죽었다고 말을 했습니다. 그러나 나는 예수님의 이름으로 그가 아직 살아 있음을 선포합니다. 그의 영혼은 아직 그의 몸 가운데 있습니다. 그러므로 나는 여러분들께 부탁합니다. 그를 위해 애곡하는 것을 중지하십시오. 그를 숯불로 태우는 것을 중단하십시오. 그를 위해 기도하고 치료를 할 수 있는 시간을 우리에게 주십시오. 만일 그가 회복된다면……."

내 마음은 심히 떨리고 있었다. 와라하이는 회복될 환자처럼 보이지 않았다. 그의 혼수 상태는 아우마마이라는 사위족의 개념과 다를 바 없는 최후의 혼수 상태와 같아 보였다. 나의 모든 것이

이 한판의 승부에 걸려 있었음에도 불구하고 승산은 아함쪽에 있는 것이 너무나도 분명했다.

"만일 와라하이가 회복된다면, 그가 실제로 눈을 뜨고 여러분에게 말을 걸고 음식을 먹는다면, 그 때 가서야 여러분은 내가 예수님의 이름으로 진리를 말하였음을 깨닫게 될 것입니다. 그러나 만일……(나는 '만일 그가 죽으면'이라고 말하려고 했으나 그들이 이미 그를 죽었다고 생각하고 있는 이상 아무런 의미가 없는 말이라는 사실을 깨닫게 되었다)……만일 그의 맥박이 더 이상 뛰지 않는다면 여러분이 원하는 대로 아함을 믿어도 좋을 것입니다."

마부는 터놓고 웃었다.

"와라하이는 결코 소생할 수 없을 것이오."

그러자 또 누군가가 말했다.

"약은 산 자들을 위해 아껴 두는 것이 좋을 것이오."

그 때 백발이 성성한 보로가 그 자리에서 일어났다. 그는 와라하이의 제일 큰 형이었다. 그는 근처에 있는 젊은이들에게 내 말에 정면으로 도전하는 명령을 내렸다.

"가서 무덤집을 지으시오!"

젊은이들이 보로의 말에 순종하여 큰 칼들을 들고 일어섰다.

보로가 나를 바라보고 "우리는 와라하이를 오늘 장사할 것이오"라고 말했을 때 공포감에 목이 메었다.

22
아우마마이의 힘

사위족의 장례 풍습은 다음과 같다. 그들은 시신을 풀잎 방석으로 단단하게 싸고 덩굴로 목과 허리와 발목 부분을 강하게 묶은 다음 작은 관 크기의 무덤집에 넣는다. 이 무덤집은 지상에서 1.5-4.5미터 가량 높은 곳에 지어진다. 게다가 사위인들은 공식적으로 아우마마이 상태에 있다고 선언되면 이미 죽은 것이라고 확신하기 때문에, 무덤집에 그런 자들을 장례하는 것에 대해 조금도 양심의 가책을 받지 않는다.

과거의 기나긴 세월 동안 의식 불명이 된 수많은 사위족 남자들과 부녀자들과 아이들이 그럼 무덤집에 장사되어 버려졌을 것이라는 생각이 들자 나도 모르게 몸서리가 쳐졌다. 어쩌면 이들은 후에 의식을 회복하여 빠져나갈 수 없는 곤경에 빠졌음을 인식하고, 얼굴까지 강하게 묶은 풀잎 방석 속에서 살려 달라고 고함을 쳤을지도 모른다. 지나가던 사람이 이런 소리를 들었다고 하더라도 멈추어 서서 조사해 보려고 하지도 않았을 것이다. 보통보다 아우마마이 상태가 오래 지속되는가 보다 하고 그냥 지나쳤을 것이다.

무덤집은 시신이 밖으로 빠져 나오지 못하도록 안쪽으로 경사가 져 있었기 때문에, 쇠약해진데다 풀잎 방석에 꽁꽁 묶여 있기 때문에 몸부림쳐서 나올 수도 없을 뿐더러 사람들의 이목을 끌기 위해 땅으로 굴러 떨어질 수도 없었을 것이다. 결국, 원래의 병이나 부상에서는 회복된다 하더라도 공포와 절망 가운데 빠졌다가 굶주림과 갈증으로 결국은 죽음을 당했을 것이다.

"불쌍한 와라하이."

나는 여윈 몸을 내려다보면서 생각에 잠겼다.

"당신은 지금 도적들 가운데 빠졌소. 당신 동족들의 영혼을 도적질하는 신앙 가운데 빠졌단 말이오. 게다가 나는 제사장이나 레위인처럼 당신들 문화가 나와는 다르다는 이유 때문에 멀리서 그냥 지나갈 수도 없는 형편이오. 와라하이, 나는 당신의 보호자요!"

"안 되겠습니다. 보로." 나는 큰소리로 말했다.

"나는 아직 숨쉬는 사람을 매장하도록 내버려 두는 것을 아프사르, '금기'로 하고 있습니다. 당신은 계속 고집하여 나로 하여금 '금기'를 범하는 죄를 저지르도록 하지는 않으시겠지요?"

보로는 눈을 깜빡거리며 잠시 생각에 잠겼다. 그러더니 몸을 돌이켜 청년들에게 돌아오라고 지시를 하였다.

나는 다른 사람들을 돌아보면서 말했다.

"여러분들이 뜨거운 숯불로 와라하이의 몸을 지지고 귀에다 소리치는 것을 못하도록 하기 위해 나는 오늘 오후 내내 여기 있겠습니다."

나는 문으로 나가 캐롤을 불렀다. 몇 분 후 캐롤이 의약품을 가지고 와서 와라하이에게 주사 한 대를 놓았다. 보로와 마부와 아우굼과 아함은 당황해서 서로를 바라보더니, 나와 정면 충돌을 벌이기보다는 잠자코 기다리기로 결정을 내렸다. 그들은 와라하이가 해지기 전에 숨이 끊어질 것이라고 확신하고 있었던 것이다.

아우마마이의 힘   275

  나흘 낮 사흘 밤을 꼬박 우리는 와라하이의 생명을 구하려고 애쓰는 한편, 그를 죽은 자로 장사 지내기를 원하는 마을의 여론을 막느라고 진땀을 흘렸다. 와라하이는 호전되는 기미를 보였으나, 아우마마이나 아함의 환상의 무오성(無誤性)에 대한 사위인의 신앙을 깨뜨릴 만한 것은 못 되었다.
  "당신의 의약품이 그의 아우마마이 상태를 평상시보다 길게 지속시키고 있기는 하지만 결코 그의 영혼을 되돌이킬 수는 없소!"라는 것이 그들의 결론이었다. 그런데 나흘째 되는 날 저녁 무렵부터는 와라하이가 호전되는 것처럼 보이던 모든 기미가 사라지고 상황이 급속하게 악화되는 것이었다.
  위기 때 필요한 우리의 신앙은 거의 바닥이 드러나게 되었다. 거의 사흘 밤을 꼬박 새우다시피 하면서 병자를 사람들에게서 보호하고 끈질기게 달라붙는 죽음의 그림자를 기도로 격퇴하다 보니 우리의 눈은 시뻘겋게 충혈되어 있었다. 하토와 그 밖의 그리스도인들은 우리가 와라하이의 친지들의 인내심을 극단까지 끌고 가는 것이 아니냐고 크게 우려하였다.

  당황하고 피곤에 지친 캐롤과 내가 저녁 식사를 하고 있을 때 갑자기 와라하이가 누워 있는 오두막집에서 애곡소리가 터져 나왔다. 와라하이의 맥박이 멈추었음에 틀림이 없다는 생각이 캐롤과 내 머리에 동시에 들었다.
  석유 램프를 들고 나는 암흑을 가로질러 오두막집으로 달려갔다. 오두막집은 소리 지르고 발을 구르고 애곡하는 이들로 초만원이었다. 나는 무리들의 중심을 뚫고 가운데로 들어가 보았다. 그랬더니 또다시 숯불로 와라하이의 몸을 지지고 상처를 내고 있었다. 나는 와라하이의 팔목을 잡으면서 이 일이 더 이상 아무 문제도 되지 않을지 모른다는 생각이 들었다.
  "여호와 하나님, 이런 위기의 순간에 우리를 이렇게 패배하도록 버려 두실 것입니까?" 고통 가운데서 나는 소리 없이 이같이 부르짖었다.

나는 와라하이의 팔목을 잡고 맥박 뛰는 곳을 찾으면서 또다시 하늘을 향해 말없는 간구를 드렸다.

"수세기 동안 힘이 없는 수많은 이들을 미리 죽음으로 몰아넣었던 이 얼토당토 않은 사위족의 신앙을 깨뜨릴 절호의 기회를 주님께서는 내동댕이치실 것입니까?"

그러나 나는 맥박을 느낄 수가 없었다.

"만일 와라하이가 죽는다면, 주님의 종이 도전했다가 실패했기 때문에 아우마마이에 대한 신앙이 전보다 더 극성을 부릴 것입니다."

오두막집 전체가 흔들리고 있었다. 마구 움직이는 그림자들 틈에서 균형을 유지하기란 여간 힘든 것이 아니었다.

"주님께서는 손쉽게 그를 고치실 수 있지 않습니까? 우리가 이 종족들 가운데서 주님께 드리려고 하는 영광을 주님은 원하지 않으십니까?"

나는 낙심하면서 마지막으로 와라하이의 팔목을 잡았다.

"주님의 은총을 제가 받지 못하는 이유가 도대체 무엇입니까?"

와라하이의 맥박이 내 손가락 끝을 약하게 그러나 지속적으로 진동시켰다. 전투는 아직 계속되고 있었던 것이다.

"또다시 이와 같이 애곡하는 이유가 무엇입니까?" 나는 물었다.

누군가가 거칠게 눈을 뜨고 내게 소리쳤다.

"아함이 또 다른 환상을 보았소! 이번에는 한 정령이 와라하이의 영혼을 매복하고 있다가 잡아먹는 환상을 보았다고 하오. 이제 당신이 와라하이의 영혼을 몸으로 되돌아오게 할 수 있는 가능성이 완전히 없어졌다는 것을 알게 되었소. 정령들은 오늘 아침 제일 먼저 그를 장사하길 바라고 있소!"

아우마마이의 힘 277

그림자 사이를 뚫고 나는 까무잡잡한 얼굴에 득의 만면한 표정으로 나를 바라보고 있는 아함의 모습을 바라보았다. 아함은 자신의 무오성이 의심받는 것이 싫었다. 그래서 한번에 최종 결말을 내려고 나름대로 방도를 준비한 것이었다.

나에 대한 분노에 찬 불평이 오두막집 안에 가득 차기 시작했다. 와라하이의 노모는 자기 아들을 살리려는 우리의 의도를 비웃으면서 앞뒤로 왔다갔다했다.

내 뒤와 사방에 있는 자들이 "가시오! 와라하이를 우리가 하는 대로 내버려 두시오!"라고 외쳐 대기 시작하는 것이었다.

그 때 갑자기 그들 가운데서 동정어린 진지한 목소리가 울려 나왔다. 그 음성은, 내 언어 조수이며 그리스도인이 된 나라이의 음성이었다.

"뚜안, 당신은 사위인의 죽음을 이해하지 못하고 있소. 떠나시는 것이 좋겠소!"

내 속의 다른 음성들도 이미 그에 동의하고 있었다.

"너는 네가 할 수 있는 모든 일을 다했다. 하나님께서 이 점에서 네게 승리를 주시길 원하셨다면 이미 주셨을 것이다. 그의 친지들이 책임지고 행동하도록 내버려 둬라.

"와라하이의 눈은 이미 흐려졌고, 죽음의 소리가 이미 그의 목구멍까지 올라왔다. 어쨌든 그는 24시간 안에 죽을 것이다. 폭동을 유발시키면 유익할 것이 하나도 없다. 패배를 인정하지 않는 것은 네 자존심 때문이다. 포기하라!"

그러나 그 때 나는, 그 다음날 아침 사위인들이 아직 숨을 쉬고 있는 와라하이의 얼굴을 풀잎 방석으로 싸고 덩굴로 강하게 얽어 맬 때 그에 동의하는 내 모습을 상상해 보았다. 나는 또한 이번에는 실패한다 치더라고 다음번에 아우마마이에 대한 사위인들의 신앙을 깨뜨리기 위해 스스로 용기를 북돋우는 내 모습을 상상해 보왔다. 그러나 아니었다! 도저히 그럴 수는 없는 노릇이었다.
　나는 용기를, 그러니까 지나간 위험의 순간들마다 하나님께서 주셨던 용기를 북돋으려고 애를 썼으나 허사였다. 용기는 이미 사라지고 낙망의 구렁 속으로 빠지고 있었다. 하나님께서 새로운 용기로 나를 북돋으시도록 하기 위해 벌거벗은 영혼으로 하나님께 나아갔다. 하나님께서는 내 안에 새로운 용기를 싹트게 하시고 성장시키셨다. 처음 용기를 잡아먹은 절망을 잡아먹으면서 새로운 행동으로 옮길 만한 용기가 생겨났다.
　"주여, 제가 어떻게 해야 하겠나이까?"
　"와라하이를 이 곳에서 데리고 나가도록 하라!"
　"그러나 주여! 그렇게 하기 위해서는 도움이 필요합니다. 이들 중에 누가 저를 돕겠습니까? 저는 혼자입니다."
　"주위를 돌아보라!"

　나는 주위를 돌아보았다. 그러자 내 램프 불 밑에 마하엔의 수척하고 걱정스런 얼굴이 드러났다.
　"마하엔, 이리 좀 오시오."
　그는 다른 방도가 없는 것처럼 내게 다가왔다.
　나는 그의 귀에 대고 부드럽게 이야기했다.
　"내가 와라하이를 당신 등에 업혀 줄 테니까 그를 업고 여기서 나가 내 창고로 가시오. 내가 길을 열어 주겠소."
　마하엔은 내 얼굴을 살폈다. 그가 내 말에 순종할까? 비록 그가 내 결정이 지혜롭다고는 생각하지 않을지는 모르나 지난 수개월 동안 마하엔은 내게 점점 친근하게 대해 오고 있었다.
　"와라하이는 아직 살았소. 나를 도와 그것을 증명할 수 있도록 해 주시오." 나는 재촉했다.
　마하엔의 얼굴은 결의에 차 있었다. "피사하에마콘!―내가 업고 가겠소!"라고 그는 말했다.

아우마마이의 힘 279

나는 램프를 내려 놓고 혼수 상태에 빠진 환자를 마하엔의 등에 업혔다. 와라하이의 몸무게 때문에 마하엔은 비틀거렸다. 우리가 문쪽으로 향하자 사람들이 분노하기 시작했다.
와라하이의 동생인 키미가 무기를 들고 우리 앞길을 방해할 태세를 갖추고 있었다. 마하엔이 주저했다.
"계속 가시오!" 나는 재촉했다.
"뚜안, 와라하이는 죽었소!" 마하엔이 주위 사람들의 압력에 눌려 소리쳤다.
"그는 죽지 않았소! 계속 가시오!"
그 때 마구 이의를 제기하는 사람들 가운데서 아이돈이라는 청년이 뛰어나왔다. "내가 돕겠습니다!" 아이돈은 와라하이의 다리를 자기 어깨에 얹으면서 결연히 말했다.
이에 용기를 얻은 마하엔이 문쪽으로 가서 사닥다리를 타고 내려갔다. 아이돈이 뒤를 따랐다.

나는 키미와 그 밖의 사람들을 바라보았다. 그들은 그 같은 예기치 않은 사태의 발발에 미리 대비하지 못하고 있었다. 놀란 나머지 그들은 우리 뒤를 따라 어둠 속을 달려오면서 "와라하이를 도로 데려오시오! 그를 데려오시오!"라고 아우성을 쳤다.
우리는 발걸음을 재촉해 창고로 들어갔다. 나는 사람들이 들어오지 못하게 문을 잠궜다. 와라하이의 모친은 문 밖에서 이리저리 뛰며 아우성을 치고 있었고, 키미는 "뚜안, 내가 그를 오두막집으로 데려가도록 해주시오!"라고 고함을 지르고 있었다.
나는 매우 단호하게 "안 됩니다"라고 대꾸했다.
그러자 곧 사람들이 각자 집으로 돌아갔다. 두 시간 동안 그들의 분노한 아우성은 점차 커지기만 하였다. 따라서 나는 그들이 작은 창고를 부수고 들어올까 걱정되었다. 그들은 마음만 먹으며 얼마든지 쉽게 그 일을 할 수가 있었다.

그러나 한밤중이 가까워 오자 마을은 잠잠해졌다. 아이돈은 자기 집으로 돌아갔고, 마하엔은 나와 함께 와라하이가 미동도 하지 않고 누워 있는 것을 바라보았다. 우리가 다시 와라하이의 회복을 위해 기도하고 하나님께 찬양의 노래를 부르는 동안 마하엔은 잠자코 앉아서 듣고 있었다.

새벽녘에 나는 와라하이의 가슴에서 심상치 않은 소리가 나는 바람에 잠이 깨었다. 결핵으로 인해 폐에 액체가 고이고 있는 소리였다. 와라하이가 질식당하지 않도록 나는 기구를 사용하여 목구멍으로부터 가능한 한 많은 액체를 뽑아냈다.

그 날 캐롤은 페니실린 주사약병이 담긴 통을 보이면서 "이 사람이 우리의 의약품을 매우 빠른 속도로 바닥내고 있어요. 그러면서도 차도가 없으니 걱정이에요. 계속 주사를 놓아야 할까요?"

"아니, 놓지 마시오." 나는 대답했다.

"만일 의약품이 효과가 있다면 벌써 그 차도가 나타났어야 했소. 그 약은 다른 사람들이 필요로 할 것이오. 이제부터는 기도에만 의지하도록 합시다."

우리는 와라하이를 내려다보았다. 그의 숨소리는 계속해서 약해지고 있었다. 그는 완전히 뼈만 남은 해골이었다. 그의 반쯤 감긴, 그러면서도 조금도 움직이지 않는 눈동자는 이미 내세를 응시하고 있는 것처럼 보였다.

캐롤이 지난 일을 회상했다.

"제가 간호사로 훈련받았던 병원에서 와라하이 같은 환자들을 여러 번 보았어요. 우리는 그들에게 정맥 주사를 통해서 계속 영양분을 공급하였으며, 폐에서 액체를 빼내기 위해 전지 의료 기구까지 동원하기도 했어요. 그럼에도 불구하고 일부는 죽기도 했지요. 그러나 와라하이처럼 심하지는 않았던 것 같아요. 그에게 희망이 있다고 말할 의사는 아무도 없을 거예요. 오직……"

"기적을 바랄 수밖에 없다는 말이오?"라고 나는 대꾸했다.
"그렇소. 지금으로는 기적밖에 바랄 게 없을 것 같소."
그 날 늦게 마보가 갑자기 우리 집 문 앞에 나타났다.
"뚜안", 그는 속삭였다. "키미와 와라하이의 친척들이 이리 오고 있소. 키미는 등에 동물 뼈로 만든 단도를 숨기고 있소. 조심하시오."
나는 마보에게 감사하면서 창문을 통해 그들이 다가오는 모습을 바라보았다. 그들의 눈에는 살기가 등등했다. 그들이 이렇게 말하는 것처럼 보였다. "당신은 무엇 때문에 하루하루 질질 끄는 것이오? 당신이 아니었다면 와라하이는 이미 오래전에 매장되었을 것이오. 당신은 지금 우리 모두를 더욱 괴롭히고 있는 것뿐이오."
"키미!" 나는 갑자기 그의 이름을 불렀다.
"당신은 등에다 단도를 숨기고 있지요? 즉시 내 집 마당에서 그것을 없애도록 하시오!"
깜짝 놀란 키미는 단도를 옆에 있는 아이에게 주었고, 그 아이는 그것을 마을로 가지고 갔다.

석양이 질 무렵, 보로와 와라하이의 다른 친척들은 좀더 부드러운 태도로 돌아왔다.
"뚜안, 우리는 아직도 와라하이가 죽었고 따라서 매장해야만 한다고 믿고 있소. 그러나 당신의 뜻을 존중하기로 결정했소. 우리가 그를 오두막집으로 데리고 가게 해주시오. 우리가 약속하겠소. 그가 숨을 쉬는 한 그를 위해 애곡하지도 않을 것이며, 숯불로 몸을 지지지도 않을 것이며, 그를 매장하지도 않겠소. 그의 맥박이 정지하면 우리가 당신을 불러 당신 눈으로 직접 확인하도록 하겠소. 그리고 당신이 확인한 후에야 그를 매장하겠소."
나는 그들에 대해 마음이 부드러워졌다. 비록 나는 더 큰 승리를 거두기 원했으나 일단 약간은 승리한 것이 사실이었다. 따라서 나는 그들에게 와라하이를 오두막집으로 데려가도 좋다고 허락했다. 그런데 와라하이는 그 어느 때보다 혼수 상태가 더 악화되어 있었다.

어둠이 짙게 깔리기 시작하였다. 와라하이의 친척들은 약속을 지켰다. 해남 마을에서는 어떤 애곡소리나 소란함도 들리지 않았다. 죽어가는 혼수 상태의 환자와 씨름한 지 벌써 5일, 이 씨름이 얼마나 오래 지속될 것인가? 와라하이는 얼마나 더 오랫동안 숨만 쉴 것인가?

나는 고통스러웠다. 따라서 주제별로 성경을 읽도록 만들어진 책을 찾아 들고 1월 30일 저녁에 읽도록 된 페이지를 읽었다. "기도를 들으시는 주여……여호와의 눈은 의인을 향하시고 그 귀는 저희 부르짖음에 기울이시는도다……그가 내게 부르짖으면 내가 들으리니 나는 자비한 자임이라……저는 자기를 경외하는 자의 소원을 이루시며……여호와 주는 우리 하나님이시오니 원컨대 사람으로 주를 이기지 못하게 하소서……너희 중에 두 사람이 땅에서 합심하여 무엇이든지 구하면 하늘에 계신 내 아버지께서 저희를 위하여 이루게 하시리라."

우리 둘은 부드러운 램프 불 아래 앉아 서로 마주 바라보았다. 이 중의 한 가지 약속만으로도 충분했을 터인데, 기대한 것 이상으로 약속 위에 약속이 한 페이지에서 우리에게 쏟아 부어졌다. 마치 우리가 힘을 얻는 모습을 서로 먼저 보려고 선의의 경쟁을 벌이기라도 하는 것 같았다. 우리는 한편으로는 지치고, 한편으로는 눈물이 글썽이는 눈으로 서로 바라보았다. 그런 가운데서 우리의 눈빛은 갑작스러운 기쁨으로 환히 빛나고 있었다. 들리는 음성도 그 메시지를 더 분명하게 할 수는 없었을 것이다. 하나님께서 우리의 기도를 들으셨던 것이다.

아우마마이의 힘 283

 다음날 아침, 해남 마을은 이상하게도 조용했다. 나는 마을을 향해 서서히 걸어갔다. 와라하이와 형제지간이 되는 야마시가 오솔길 옆에 서서 나를 기다리고 있었다. 그는 나무막대기를 깎으며 내 눈의 의문의 빛을 못 본 척하였다. 그래서 나는 질문을 던졌다.
 "그는 지금 어떻습니까?"
 야마시는 수줍은 얼굴로 나를 바라보면서 대답했다.
 "그는 지금까지 우리에게 이야기를 했소."
 "그가 이야기를 했다고요?"
 "그렇소."
 내 마음이 내 속에서 기뻐 뛰고 있었다.
 "그래, 도대체 그가 무엇이라고 말했습니까?"
 "그는 어머니에게 '어머님, 슬퍼하지 마십시오'라고 말했습니다."

 나는 꿈꾸는 사람처럼 야마시 옆을 지나 오두막집으로 올라갔다. 내가 그 위에서 굽어보자 와라하이는 눈을 뜨고 나를 바라보았다. 그의 숨소리는 거침이 없었고 정상이었다.
 "코나하리, 와라하이!" 나는 그에게 말을 걸었다.
 "코나하리!" 그는 웃으면서 내게 대꾸했다.
 와라하이는 그의 모친의 무릎 위에 엇비스듬하게 누워 있었다. 그리고 그의 아내와 다른 친지들이 그 주위에 둘러앉아 있었다. 나는 그의 손목을 잡았다. 임종 직전의 냉기는 없었고, 맥박은 힘있게 뛰고 있었다.
 보통 때 같으면 시끌벅적했을 오두막집은 마치 대성당과도 같이 고요했다. 나는 한 사람씩 얼굴을 바라보았다. 그러자 와라하이의 친지들은 한 사람씩 얼굴을 숙이고 마룻바닥을 쳐다보았다.
 "죽은 사람이 코나하리라고 말합니까?" 나는 조용히 물었다.
 그러자 모두가 당황하여 한참 동안 대답이 없더니 누군가가 "아니오. 죽은 사람은 결코 코나하리라고 말하지 못하오"라고 대꾸하였다.
 "그렇다면 귀신이 와라하이의 영혼을 잡아먹었다고 했는데 그런 사람이 지금 여러분이 보는 대로 주변을 두리번거리며 살필 수 있습니까?" 나는 연이어 질문을 던졌다.
 "우리는 그 동안 거짓말에 귀를 기울인 것이었소." 마하엔이 엄숙하게 말을 꺼냈다.
 나는 아함이 어디 있는가 주위를 살펴보았다. 그러나 그 어디에도 보이지 않았다.
 "우리는 산 사람을 매장할 뻔하였소." 보로가 벽을 응시하면서 말을 했다.
 "예수님은 얼마나 인자하신 분인지 몰라!" 노모인 아우굼이 와라하이의 이마를 쓰다듬으며 말했다.

 나는 집으로 달려와 캐롤에게 그 이야기를 해주고 함께 와라하이가 먹을 음식을 가지고 돌아왔다. 그가 음식을 섭취하지 않은 지는 벌써 여러 날이 되었다. 그가 음식을 든 후에 우리는 보란 듯이 와라하이를 소생시켜 주신 하나님께 찬양을 드렸다. 그러고는 카무르 마을로 달려가 그 곳의 그리스도인들과 함께 기쁨을 나누었다.
 그 다음날 해남 마을의 지도자급 인물들 네 명이 그리스도를 영접하였다. 그 중 하나는 아함의 남편이었고, 다른 하나는 마하엔이었으며, 또 다른 사람은 해남 마을의 "배반의 거장"인 카니였다.
 그 날 세레미트 마을의 남자들의 집에서는 모르카이가 일어나서 그리스도를 영접하였다.
 그가 "미야오 코돈께서 우리에게 그의 손이 강하다는 것을 보여주셨소! 나는 믿을 것이오!"라고 말할 때, 항상 정열적인 얼굴빛을 하고 있던 그의 얼굴에 새로운 빛이 반짝이고 있었다.

시에리와 그의 아들 바단도 모르카이의 뒤를 따랐다. 이처럼 나간다면, 앞으로 2년도 채 못 되어 세레미트 마을 주민의 반이 그리스도를 영접하게 될 것이다.

나는 세레미트 마을에서 돌아오는 길에 와라하이의 오두막집을 재차 방문하였다. 그는 그 누구의 도움도 받지 않고 아궁이 옆에 앉아 있었다. 그는 즐거운 얼굴로 나를 맞이했다. 나는 앉아서 그와 함께 대화를 나누고 나서 오두막집을 떠나기 전에 그와 함께 기도하였다. 내가 아는 한 와라하이도 그리스도를 진정으로 신뢰하게 되었다.

나는 와라하이가 그의 친지들이 숲속에서 나는 신선한 음식을 장만해 주려고 하지 않아 오래된 사고 야자만을 먹고 있는 것을 보고 몹시 실망했다. 나는 그들에게 와라하이를 위해 좀더 나은 음식을 만들어 주라고 재촉하였으나 별로 효과가 없었다. 따라서 나는 본을 보이기 위해 신선한 음식을 와라하이에게 선물로 가져다 주었다.

며칠도 안 되어 보로와 아함과 키미와 야마시와 그 밖의 와라하이의 친지들은, 하나님께서 와라하이를 고쳐 주시는 등 큰 은혜를 베푸셨음에도 불구하고 그리스도를 거부하기로 결심했다는 사실이 분명히 드러났다.

"당신들이 선택하기 나름이기 때문에 얼마든지 당신들은 하나님의 아들을 거부할 수 있습니다. 그러나 이것만은 기억하십시오." 나는 그들에게 충고했다.

"당신들은 조상들이 한번도 소유하지 못한 지식을 가지고 있습니다. 따라서 하나님께서는 당신들을 그 지식에 따라 심판하실 것입니다. 인자를 베푸신 바로 그 하나님께서 벌을 내리실 수도 있다는 사실을 잊어서는 안 될 것입니다."

그러자 보로가 대답했다. "믿기를 원하는 사람만 믿게 하시오.

우리는 지금 이대로가 좋소."
　나는 더 이상 아무 말도 하지 않고 돌아서서 떠났다. 보로의 오두막집 밖에는 일단의 해남 마을 그리스도인들이 서서 기다리고 있었다. 우리는 근처의 약간 높은 언덕 위에 위치한 작은 회집 장소로 함께 걸어갔다.
　이에 최근에 그리스도를 영접한 이들이 자기 집에서 나와 함께 걸으며 유쾌한 대화에 참여하였다. 그 중에는 내 친구 마하엔과 사랑스러운 와라하이브도 있었다. 와라하이브는 노부인 와리오의 딸로서 곧 마하엔과 결혼식을 올릴 것이다.
　그들 중에는 청년 아무스와 그의 장래 신부감인 아니야우도 있었으며, 오랜 세월 동안의 수많은 어두운 기억들을 간직하고 있는 카니도 뒤를 따르고 있었다. 게다가 요다이와 하디와 요휘 마을에서 온 그 밖의 여러 명의 아토화엠인들이 우리와 함께 걷고 있었으며, 아직 영문은 잘 모르나 우리의 기쁨에 동참하고 싶어 순간적으로 끌려 온 일단의 어린 아이들이 깔깔 대며 웃고 있었다.

　우리의 회집 장소 안에는 카무르 마을의 그리스도인들이 우리를 기다리고 있었다. 하토와 그의 처자식들은 물론, 화해의 아이를 주고 내 눈을 열게 해 준 카이요도 그 곳에 있었다. 게다가 조용히 나를 도와주는 마보와 나무에 올라가서 네덜란드 정부의 함정을 지켜 보던 소년인 쾌활한 이사이도 그 안에서 나를 기다리고 있었다.
　그들 곁에는 이사이가 예수님을 영접하게 만든 그의 부친인 마이라와 내가 집터를 고르고 있을 때 숲속에서 몰래 숨어서 보던 세그가 있었다. 마지막으로 마보를 유심히 관찰하다가 그리스도를 영접하게 된 암휘가 우리를 기다리고 있었다.
　캐롤은 내게 마분지로 된 상자를 건네 주었다. 내가 그 상자를 열자 모두 조용해졌다.

아우마마이의 힘   287

"우리가 여러분들을 놀라게 해줄 선물을 주겠어요."

나는 상자 속에서 새로 등사한 하얀 소책자들을 한 움큼 집어 들었다. 그러고 나서 확신에 찬 어조로 "우리가 여러분 모두에게 읽는 법을 가르쳐 드리겠습니다"라고 속삭였다.

내가 최초의 사위어 독본을 나누어 주자 젊은이나 늙은이나 할 것 없이 모두 손을 내밀었다. 나는 먼저 책을 올바로 잡는 법을 가르쳤으며, 두번째로는 한번에 한 페이지씩 넘기는 법을 일러 주었다. 하토은 배우겠다는 열의에 찬 미소로 씩 웃어 보였다. 그는 배우는 속도가 빨랐다.

그것은 우리가 그 다음에 받을 충격을 알려 주는 즐거운 서주였다.

23

눈이 빠지게 기다림

애곡하는 친지들이 몰려들어 미친 듯이 아우성을 치자 무덤집을 떠받치고 있는 약한 기둥들이 마구 흔들렸다. 일부 친지들은 견딜 수 없는 슬픔 가운데서 무덤집의 옆면에 기대어 팔을 위에 있는 시신쪽으로 향하고, 마치 떠나 버린 영혼의 만져볼 수 없는 실체를 잡기라도 하려는 듯이 손가락을 고통스럽게 움직이고 있었다. 또한 다른 친지들은 무덤집 위에 올라가서 시신 위에 떠도는 독수리처럼 배회하면서 요정(妖精, 가족 중 죽을 사람이 있을 때 울어서 이를 예고한다 함 – 역자 주)처럼 비명을 질러 댔다.

애곡하는 친지들의 몸은 온통 진흙투성이였다. 주변은 시체 썩는 냄새로 숨을 쉴 수가 없을 정도였으나 그들은 기꺼이 그 냄새를 견디고 있었다. 파리들이 얼굴에 마구 몰려들었으나 그들은 조금도 개의치 않았다.

무덥기 그지없는 9일 낮과 끈적끈적한 9일 밤을 그들은 기다렸다. 그러는 동안 시체 썩는 악취는 점점 심해졌으며 파리 떼들은 더 많이 몰려들었다. 친지들은 무덤집 근처 숲속 오두막집의 풀잎 방석에 앉아서 기다리며 그 악취를 견뎌 내고 있었다. 그렇게 하는 것은 게팜 아손이라고 불리는 사위 부족의 숭앙 절차의 첫 단계에 불과하였다. 친지들은 이제 게팜 아손의 나머지 단계들을 실행에 옮기기 위한 절차를 하는 것이다. 즉, 전통적으로 내려오는 방법에 따라 슬픔을 절정으로 끌어올리기 위해 기초를 닦는 단계였던 것이다.

그 때 갑자기 친지 중의 젊은 사람 하나가 무덤집을 떠받치고 있는 기둥 사이에서 일을 시작했다. 그는 죽은 자의 이름을 큰 소리로 외쳐 대면서 열정적으로 춤을 추었다. 그가 춤을 추기 시작하자 흔들리는 무덤집에서 구더기들과 부패된 시체의 썩은 살이 그의 어깨와 이마와 머리에 비오듯이 떨어졌다. 슬픔을 표시하는 두 번째 단계가 이제 끝난 것이다.

이에 그 젊은이의 최대의 헌신에 동조하여 애곡소리가 점차 높아져갔다. 이내 그 청년은 무덤집 아래서 나와 비틀거리며 근처 지류의 조용한 연못가로 달려갔다. 이제 그의 호된 시련은 끝이 났다. 따라서 마음을 편히 먹으려고 하였으나 역겨운 생각이 엄습하자 심하게 토하기 시작하였다. 슬픔과 역겨움이 뒤범벅이 되어 슬퍼하기도 하고 토하기도 하면서 그는 깨끗하게 하는 물 속으로 깊이 들어갔다.

이제 모든 사람의 이목은 무덤집의 시체를 둘러싼 이들에게로 집중되었다. 절망의 그 다음 단계를 성취하느냐의 여부가 그들에게 달린 것이었다. 어쩌면 그들은 실패할지도 모르는 일이었다.

고조되는 공포를 직시하면서 그들은 좁은 원을 그리고 무릎을 꿇었다. 그들의 손은 떨리고 있었고 몸은 잔뜩 굳어 있었다.

갑자기 한 사람이 그의 팔을 시체 위로 높이 들더니 소름이 끼칠 것 같은 비명소리와 함께 주먹 쥔 손을 부패한 시신 깊숙이 쑤셔 넣었다. 몇 초 동안 그의 얼굴은 말로 표현할 수 없을 정도로 새파랗게 질려 있었고, 그것을 바라보는 이들은 그 창백한 모습을 영원히 지울 수가 없었다. 그러더니 심한 충격에 그만 졸도를 하고 말았다. 그의 몸은 옆으로 축 늘어졌고, 팔도 완전히 뒤로 가 있었다. 이렇게 해서 세번째 단계도 성취되었다.

이에 다른 친지들이 그를 끌어다가 오두막집으로 데려가 풀잎 방석 위에 뉘었다. 그러고는 새로 구운 사고 빵을 가져올 때까지 쉬게 한 다음 그것을 먹게 했다. 그러자 그는 더럽혀진 오른손으로 그 빵을 받아 입술로 가져다가 먹어 치웠다. 그러는 동안 주위의 친지들은 믿지 못할 정도로 강렬하게 애곡하였다. 이렇게 해서 네 번째 마지막 단계의 절망을 표출한 것이다.

극도로 흥분된 감정의 절정이 지나갔다. 주위의 공터를 둘러싸고 있는 높은 사고 야자나무 숲 위로 황금빛 석양이 붉게 타오를 때쯤 되어 대부분의 친지들은 서서히 오두막집으로 올라갔다.

이에 무덤집 주위에는 보로, 아우굼, 야마시, 키미 같은 몇몇 근친들만 남게 되었다. 그들은 울면서 또다시 상처 입은 시신의 이름을 부르짖었다. "와라하이", 그들의 외치는 소리가 사방에 울려 퍼졌다.

석양의 붉은 빛이 내 주변의 그림자들을 뚫고 들어왔다. 왜 하나님께서는 그를 죽게 내버려 두셨을까? 와라하이는 열흘 동안 회복되고 있었다. 따라서 집 밖으로 나들이하기도 하였고, 심지어는 친구들과 밤늦게까지 앉아서 이야기를 나누기도 하였다.

그런데 열 하루째 되는 날 아무 예고도 없이 와라하이는 무의식 속으로 빠져 들어갔다. 그러더니 열 사흘째 되는 날 죽고 만 것이다.

신선한 음식이 모자라서 죽은 것은 아닐까? 얼마 안 되는 우리들의 식량인 과일과 계란을 더 갖다 주었다면 얼마나 좋았을까? 아니면 사위족 그리스도인들의 말대로, 보로에게 행한 나의 경고를 하나님께서 성취하시기 위해 이런 일이 있게 하시고 그렇게 함으로써 믿지 않는 사위인들에게 더 고차원의 설득을 제시하려고 하신 것인가?

나는 나흘 동안 이런 질문들을 던져 보았다. 나는 와라하이가 하나님의 인자하심과 크신 권능의 산 증인으로서 계속 살아남기를 바랐다. 그러나 하나님께서는 그 증인을 자신의 것이라고 선언하시고 데려가셨다.

그러나 내게도 위로할 만한 요소는 남아 있었다. 와라하이가 회복된 소식이 전달되는 곳마다 아우마마이에 대한 사위족의 신앙이 박살나 버렸기 때문이다. 그리하여 그리스도인들의 신앙이 성장하게 되었으며, 많은 새 신자들이 생겼기 때문이다.

내가 긴 한숨을 내쉬고 집으로 향하려고 하는 순간, 한 사람이 우리집 앞 강가에 카누를 갖다 대고 있었다. 내가 현관 앞 계단에 닿자 그는 내게 인사를 하였다.

코나하리! 나는 대꾸했다. "지금 어디서 오는 길입니까?"

"사구다르 지류에 있는 보로의 오두막집에서 오는 길이오"라고 그는 대답했다.

"오늘 와라하이를 위해 예식을 치렀소. 와라하이는 내게는 먼 친척이기 때문에 참석해야겠다 싶어 참석한 것이오."

"무슨 예식입니까?" 나는 반문하였다.

"와라하이는 아흐레 전에 매장되지 않았습니까?"

"그렇소." 그는 대꾸했다.

"뚜안, 게팜 아손에 대해 들어 본 적이 있으시오? 그것은 '악취를 만진다'는 의미요."

"없습니다. 게팜 아손이 무엇입니까?"

그 사람은 노를 땅에다 꽂고 나를 바라보더니 무엇인지 말하려고 했다. 그러나 다시 한번 잘 생각해 보더니 떠나야겠다고 다른 핑계를 대면서 노를 들고 떠나는 것이었다.
　나는 그의 팔을 잡고 "내게 말해 주시오"라고 부탁했다.
　"뚜안, 분명히 당신은 동의하지 않을 것이오."
　"어쨌든 내가 언젠가는 알게 될 것 아니오?"
　그는 내 말이 일리가 있다고 생각했다. 그는 노에 몸을 기대고는 그 날 직접 목격한 그 전통의 소름끼치는 장면을 털어놓기 시작하였다.

　그 날 밤 캐롤과 나는 사위족의 세계를 새로 깨닫고 너무도 고통스러워 밤새도록 잠을 자지 못했다. 이것이 바로 보로가 그리스도보다 더 좋게 여기는 것들 중 하나였다.
　도대체 그러한 풍습이 어떻게 받아들여질 수 있었을까? 도대체 어떤 비극적인 의식이 그러한 풍습을 잉태하게 하였을까? 심지어는 사위인 자신들조차도 역겨워하는 그런 풍습을 수많은 세월 동안 기꺼이 행해 온 것을 볼 때, 얼마나 강하고 무서운 세력이 그것을 강요했겠는가!
　나는 그러한 수수께끼를 도저히 풀 수 없을 것 같은 생각 때문에 잠을 자려고 누워서도 큰 소리로 신음하였다. 이 점에 대해서 내가 어떻게 해야 하는가? 내가 도대체 이해도 할 수 없는 것을 어떻게 풀 수 있을까?
　단지 사위인들에게 "여기를 보시오! 그런 일을 중지하십시오. 그것은 좋지 못한 일입니다"라고 말해서는 충분치 못하다는 것을 나는 알고 있었다. 그들은 이미 그것이 좋지 못한 일이라는 사실을 알고 있었다. 분명히 그것은 아름답지 못하다는 사실, 즉 빚을 지우기 위해 아름답지 못한 행동을 하는 와네스 줄의 풍습과 무슨 관련이 있을 것 같았다.
　갑자기 나는 목구멍이 막힐 것 같았다. 그것이 그런 것일까? 나는 침대에서 일어나 이리저리 생각에 잠겼다.

　게팜 아손이라는 풍습은 거대한 와네스 줄을 단지 한 개인이 아니라 모든 초자연적 세계 위에 놓는 것은 아닐까? 점차 생각이 떠오르기 시작했다.

　그러나 엄청난 세월 동안 수많은 사위 부족들이 거대한 와네스 줄을 초자연적인 세계 위에 놓은 목적은 도대체 무엇일까? 죽음 자체를 영원히 없애도록 강요하는 것은 아닐까? 나는 이런 나 나름대로의 예감을 확인해 보기로 하였다. 그러나 아침은 빨리 오지 않았다.

나는 해남 마을과 요휘 마을의 오두막집들이 양쪽으로 늘어선 가운데 물이 범람해 땅이 개천으로 된 곳을 서서히 걸어갔다. 내가 점차 소리가 나는 곳으로 다가가자 사위인의 애가의 슬픈 애곡소리가 점점 크게 들렸다. 이 빠진 노인이 아궁이 옆에서 연기를 잔뜩 뒤집어 쓴 채 몸을 앞뒤로 흔들면서 와라하이의 죽음을 애도하고 있었다.

　애가의 말은 대부분 내가 알아들을 수 없는 것이었다. 게다가 흐느낌으로 말이 끊기고 있었기 때문에 더욱 무슨 내용인지 알 수가 없었다. 그 내용을 파악하기 위해 애를 썼으나 허사였다. 그 때 나는 마하엔을 보았다. 그는 나를 만나기 위해 그의 집 사닥다리를 막 내려오고 있는 중이었다.

　"마하엔, 저 여인이 무슨 말을 하고 있는지 말해 주시오."

　그러자 마하엔은 대답했다. "그녀는 다음과 같이 말하고 있소."

　"레몬의 말들! 레몬의 말들! 당신은 왜 이리 오래 지체하십니까? 당신이 지체하는 바람에 죽음이 내 아들을 데려가고 말았습니다."

　"레몬의 말들! 레몬의 말들! 우리는 당신의 오심을 눈이 빠지게 기다리고 있습니다.

"레몬의 말들! 레몬의 말들! 당신은 상류로부터 오실 것입니까? 아니면 하류로부터 오실 것입니까?

"레몬의 말들! "레몬의 말들! 서두르십시오. 그렇지 않으면 죽음이 우리 모두를 잡아갈 것입니다. 그렇게 되면 당신을 맞이할 사람이 아무도 남지 않게 될 것입니다."

슬픔에 잠긴 마을 한가운데서 노부인의 애통과 함께 들려 오는 이 사위족 고유 시의 통절한 내용은 나를 그만 압도하고 말았다. 나는 목소리를 죽이고 그러나 열정적으로 질문을 던졌다.

"마하엔! 레몬이 무엇입니까?"

마하엔이 그에 대한 설명을 하는 동안 우리는 나의 사무실로 발걸음을 옮기기 시작하였다.

"레몬은 애벌레가 새로운 몸을 입기 위해 고치를 벗고 나와 나방으로 변화되어서 죽음을 피할 때 일어나는 모습을 가리키는 것이오. 또한 레몬은 도마뱀이나 뱀이 옛 허물을 벗음으로써 죽음에서 피하는 방법을 묘사하기도 하는 것이오."

그 때서야 나는 레몬이 "중생"이라는 단어와 거의 유사한 용어임을 알게 되었다.

"그렇다면 레몬의 말들은 무엇입니까?"

"매우 오래전 옛날, 인간들의 몸은 레몬할 수 있는, 곧 영원히 살 수 있는 능력을 소유하고 있었다고 하오. 도마뱀은 레몬의 상징으로서, 인간은 마땅히 죽음의 힘으로부터 해방되어야만 한다고 주장하였소. 이에 반해 죽음의 상징인 카라수 새는 일찍 죽기 때문에 인간도 자기와 마찬가지로 죽어야 마땅하다고 주장하였고, 한 걸음 더 나아가 첫번째 무덤집을 만들기 위해 막대기를 자르기 시작하였소."

"그래 무슨 일이 있었습니까?"

"도마뱀은 계속해서 '리미! 리미! – 신생(新生)하라! 신생하라!'고 말했소. 이것이 레몬의 말들이었소. 그러나 카라수 새는 계속해서 '사나이! 사나이! – 부패하라! 부패하라!'고 외쳤소. 이 같은 다툼은 계속되었고, 마침내 도마뱀이 카라수 새의 뜻에 굴복하고 말았소. 그 이후로 인간이 죽기 시작하였다는 것이오."

"왜 도마뱀이 굴복한 것입니까?"

"우리도 그 이유는 알지 못하오. 무슨 일인가 분명히 일어났었는데 우리는 그것이 무엇인지를 잊어버렸소."

"그것이 끝입니까?"

"아니오, 우리 조상들은 언젠가 레몬의 말들이 우리에게 돌아올 것이라고 말했소. 그 이후에는, 살아 있는 인간들은 도마뱀이나 애벌레처럼 그들의 몸을 새롭게 할 것이라는 것이오. 다시 말해 더 이상 죽음이 없을 것이라는 말이오."

마하엔의 말이 담고 있는 엄청난 중요성을 인식한 나는 온몸이 전율하는 것을 느낄 수가 있었다. 나는 거듭 질문을 던졌다.

"그렇다면 게팜 아손의 풍습은 이 모든 것과 어떤 연관이 있는 것입니까?"

마하엔은 발걸음을 멈추고 나를 재빠르게 바라보았다. "게팜 아손에 대해 알고 계시오?"

"나는 그 풍습이 요구하는 것을 행하기 위해서는 인간들이 무슨 일을 해야 하는지를 알고 있습니다. 그러나 나는 왜 그런 일이 필요한지 그 이유를 모르겠습니다."

"우리는 단지 조상들이 그렇게 했기 때문에 하는 것이오."

마하엔은 무뚝뚝하게 내뱉았다. 이 대답은 사위인들이 수천의 어려운 질문들에 부딪히면 항상 즐겨 사용하는 만능 대답이었다. 따라서 나는 그 대답을 무시하고는 웃으면서 "당신의 어린 아이들에게는 그런 대답이 통할지 모르지만 제게는 통하지 않습니다"라고 대꾸하였다.

　마하엔도 따라서 웃었다.

　"뚜안, 사실상 다른 이유가 있는지는 잘 모르겠소……." 그는 말꼬리를 흐렸다. 그는 생각에 잠겼다. 그리고 한동안 골똘히 무언가 생각하였다. 그 동안 나는 발목까지 차는 진흙 속에서 노트에 적을 준비를 갖추고 서 있었다.

　"아마 그것은……" 마침내 그가 말을 하기 시작했다. 나는 그가 말하는 사위어를 그대로 옮겨 적었다. "……리가브 보호스 사보스 케로호 파라코타이 레몬 신 파타르 니 나하 사렌 가니! — 인류가 지상 최대의 슬픔에 도달할 때 레몬의 말들이 더 빨리 돌아오지 않을까 하는 생각에서일 것이오!"

　나는 마하엔에게 감사하다는 인사를 하고 다른 언어 조수들에게 물어보기로 결정하였다. 그들 중 일부는 게팜 아손의 의미에 대해서 감히 의견을 말하려고 하지 않았다. 그리고 일부는 마하엔과 유사한 견해를 제시하였다. 나머지 사람들은 내가 마하엔의 견해를 소개하자 즉시 그에 동의를 표시하였다.

　나는 적어도 와네스 줄이나 게팜 아손은 동일한 뿌리에서 나온 것이라는 사실은 확인할 수 있었다. 즉, 무력이나 보통의 설득을 가지고는 획득할 수 없는 목적은, 자신을 극도의 수치심이나 치욕 앞에 굴복시킴으로써 성취시킬 수 있다는 사위족의 신앙으로부터 나온 것이었다. 다른 문화에서는 이 같은 심리가, 사고를 일으키려는 성향이나 고행이나 단식 농성이나 종교적 채찍질이나 자신을 산 제물로 바치는 행위로 표현된다.

　그러나 이 같은 거의 보편적인 강박 관념을 해결하는 분명하고도 유일한 해답으로 신약성경은 우리를 대신하신 그리스도의 고난과 죽으심을 제시하고 있다. 그리스도의 죽으심만이 죄인을 정죄하는 율법에 와네스 줄을 걸 수가 있다. 또한 그리스도의 부활만이 우리가 아는 한, 유일한 레몬의 소망이다. 이렇게 해서 죽은 자의 시신에 대한 지나치다 못해 거의 정신병적인 사위족의 강박 관념을 다루는 나의 전략이 서서히 그 모습을 드러내기 시작하였다.

조만간에 인도네시아 정부는 단지 위생적인 이유에서 게팜 아손의 풍습을 금지시킬 것이다. 그러나 이런 대책은 그런 풍습을 애초에 생기게 한 기저의 영적인 문제점을 해결할 수는 없다. 사위족 문화는 죽음으로 인한 인간의 절망을 적절하게 해결하지 못한 채 수천년 동안 악전 고투를 해온 것이다. 그런데 기독교의 부활의 교리가 그 같은 절망에 대한 하나님의 해독제였던 것이며, 레몬의 말들이 장차 돌아올 것이라는 사위족의 확신이 그 같은 해독제가 유입될 수 있는 구속의 유비였던 것이다.

나는 해남과 요휘와 카무르 마을의 그리스도인들을 소집하였다. 내가 결론을 잘 요약해서 설명하는 동안 하토와 키고와 마하엔과 그 밖의 그리스도인들은 열심히 귀를 기울였다. 나는 예수께서 나사로를 살리신 이야기로 시작을 해서 죽으신 지 3일 만에 친히 부활하신 것을 설명하였다.

그러고 나서 나는 결론을 내렸다.

"그리스도께서는 다른 이들을 죽음에서 일으키셨습니다. 그리고 그분은 죽은 자 가운데서 친히 부활하셨습니다. 그리스도께서는 자신이 참된 부활이요 생명이시라고 선포하셨습니다.

"그분의 말씀은 레몬의 말들입니다. 그리고 그 말씀은 이미 여러분들에게 임하였습니다. 그 말씀으로 인해 여러분은 먼저 여러분 가운데 내주하시는 성령을 통해 여러분의 속사람이 레몬을 경험하게 되며, 성경의 약속에 따라 장차 그리스도의 날에 우리 육체의 몸이 레몬을 경험하게 될 것입니다.

"여러분은 오래전부터 레몬의 약속을 눈이 빠지게 기다렸다고 말했습니다. 따라서 이제는 눈이 아파 그 약속이 지금 나타난다

하더라도 분별하지 못하게 되었습니다. 만일 여러분이 예수님의 참된 말씀을 레몬의 말들이라고 믿는다면, 여러분의 가족들의 시신에 게팜 아손을 행할 필요가 어디 있겠습니까?"

그러자 하토가 즉시 일어났다.

"당신이 한 말씀으로 인해 나는 하나님께 감사하오! 이제 우리는 그런 추한 풍습을 버릴 수가 있게 되었소!"라고 그는 외쳤다.

그리고 나서 그는 자기 친지들을 향해 단호하게 지시하였다. "내가 죽거든 내 몸이 평안히 썩도록 내버려 두시오. 만일 게팜 아손의 풍습을 행한다면, 진정으로 예수 안에서의 레몬의 약속을 믿지 않는 것이 되는 것이오." 그러자 그의 친지들은 그렇게 하겠다는 뜻으로 고개를 끄덕였다.

이에 신자들이 하나씩 일어나서 친구들과 친지들에게 하토와 같은 내용의 요청을 했다. 따라서 인도네시아 정부는 그리스도인들에 대해서는 게팜 아손의 풍습을 금지할 필요가 없게 되었다. 왜냐하면 복음이 그 풍습을 대치했기 때문이었다. 신자들이 일어나서 말을 하는 동안, 나는 하나님의 역사에 놀라 입을 다물고 하나님 앞에 묵묵히 서 있을 수밖에 없었다.

"나의 아버지여! 이 백성들을 위한 우리의 사역에 미리 기초를 놓으신 것에 대해 감사를 드리나이다. 사위족은 우리가 가진 유대교와 기독교 유산에 대해서는 문외한이며 이방인이었습니다. 그러나 주님께서는 그 섭리로 오래전 옛날에 이 같은 구속의 유비들을 작정하시고, 때가 되매 우리가 그것들을 사용하여 주님께 영광 돌리게 하시니 진심으로 감사드리옵니다. 주님께서는 복음을 전하는 자들을 보내시는 일뿐 아니라 그 복음을 받아들일 수 있도록 미리 문화를 준비시키는 일에 큰 관심을 갖고 계심을 우리가 알았나이다.

"주님께서 히브리인들과 헬라인들을 준비시키셨던 것처럼 사위족들도 놀랍게 주님의 섭리로 준비시키셨음을 감사하나이다.

"그러나 구속의 유비가 아니라 하나님의 말씀이 표준임을 우리가 아나이다. 저는 이제 주께서 지혜의 하나님이시요 사랑의 하나님이시며 권능의 하나님이시라고 불리는 이유를 더 잘 알게 되었나이다.

"제가 주 하나님을 찬양하나이다!"

24

기나긴 여행

마우로 마을에서 오는 손님 50명이 좁은 카누를 타고 태양열로 이글거리는 넓은 키다리 강물 위로 서서히 그 모습을 드러내고 있었다. 그들은 우리의 초청을 받아들였다. 그러나……

전설 창조자인 카니는 혼자 심각한 표정을 지은 채 해남 마을 끝에서 그들의 모습을 바라보고 있었다. 그가 무슨 생각을 하고 있는지 짐작할 수 있었다. 나는 조용히 그의 뒤로 가서 어깨에 손을 얹었다. 부드러운 아침의 미풍에 주변의 쿠나이 풀이 흔들리고 있었다. 그러나 그는 얼굴을 돌리지 않았다.

"카니", 나는 조용히 불렀다.

"수년이 지난 후에 비로소 나는 마우로 마을 사람들을 설득하여 의혹과 증오를 잊어버리고 당신과 당신의 종족을 만나러 이 곳에 오도록 했습니다. 따라서 당신은……."

"뚜안", 그가 말을 가로막았다.

"그들은 내 형제 후야함을 죽인 바로 그 놈들이오. 게다가 그들은 나도 죽이려 하였소." 그는 팔을 뒤로 젖히고 마우로인의 창에 의해 생긴 몸의 상처를 만졌다.

갑자기 불안이 나를 엄습하였다. 시기를 잘못 잡은 것은 아닌가? 이제 막 성장하기 시작한 카니의 신앙이 유혹의 순간에 과거의 증오를 억누르지 못하고 주저앉아 버리는 것은 아닌가? 마우로 마을 사람들은 내 말만을 확신하고 이제 가까이 다가오고 있었다. 나는 그들과 멀리 떨어져 있었지만 그들이 나를 신뢰하고 있다는 사실만큼은 피부로 느낄 수가 있었다.

"카니", 나는 갑작스런 당혹감을 억누르면서 말을 했다.

"나는 당신의 몸에 난 상처도 보았습니다. 그리고 당신의 기억 속에 남아 있는 더 깊은 정신적인 상처도 충분히 이해하고 있습니다. 더욱이 당신의 조상들이, 해를 가한 자들에게는 당한 그대로 복수를 하라고 가르쳤다는 것도 잘 알고 있습니다.

"그러나 카니, 당신의 조상들은 당신과 내가 지금 알고 있는 한 가지 사실, 즉 완전한 타로프가 우리에게 주어졌고, 그분이 지금도 살아 계시다는 사실을 알지 못했습니다. 나의 친구여, 그 타로프 때문에 하나님께서는 당신을 용서한 것입니다. 또한 그 타로프 때문에 당신 또한 마우로 마을 사람들을 용서해야 하는 것입니다. 카니, 그들을 용서하십시오! 그들을 용서하십시오!"

푸수만을 인정 사정 없이 죽였던 카니는 알 수 없는 표정으로 나를 쳐다보았다. 무슨 대답이 있을 것으로 기대하였으나 마우로 마을 사람들의 노 젓는 소리가 우리 귓가에 들릴 정도로 가까이 올 때까지 아무 대답도 하지 않았다.

이에 나는 "수년 동안 염려하고 기도하고 소망하며 기대해 온 모든 일이 수포로 돌아가는 것은 아닌가? 주님, 이 사람이 진정으로 당신을 믿고 있는 것입니까, 아니면 제가 그 동안 속은 것입니까?"라는 생각이 들었다.

어쨌든 오늘은 이 모든 사실이 드러날 것이다. 오늘은······.

마우로 마을 사람들이 탄 카누는 우리가 선 곳을 지나쳐 툼두 지류의 하구에 있는 부두로 향하였다.

나는 슬픈 마음을 안고 카니를 떠나 손님들을 맞이하기 위해 부두로 갔다. 내가 그들에게로 가까이 가는 동안 그들의 눈길은 나를 지나쳐 카니와 해남 마을의 오두막집들을 바라보았다. 그들 역시 잊지 않고 있었다. 마우로 마을의 사신으로서 야에가 해남 마을로 떠났다가 영원히 돌아오지 않은 그 날을 그들이 어찌 잊을 수가 있겠는가?

내가 마우로 마을에서 온 손님들을 맞이하는 동안 우리 집 너머 카무르인 오두막집이 있는 곳에서 함성이 들려 왔다. 말이 없고 비밀이 유난히도 많은 위야르 마을의 전사들이 손님으로서 도착했음을 알리는 함성이었다. 카무르인들이 그들을 마중 나가자 그들은 조심스럽게 카누를 강가에 대고 옹기종기 모여 섰다. 그러나 내가 알기로 위야르 마을 사람들을 마중 나가지 않은 카무르인이 하나 있었다. 그 청년은 베라이였다. 그의 부친이 6년 전에 위야르 마을 사람들에게 죽음을 당했기 때문이었다.

늦은 아침 무렵이 되자, 마우로와 위야르 마을뿐 아니라 에셉과 세레미트와 카가스 마을에서도 사람들이 카누를 타고 툼두 지류 하구의 부두에 도착하였다. 그 날은 성탄절이었다. 우리는 성탄절날 사위인이 기억하고 있는 한 최대 최초의 사위 부족 마을들의 대단위 축제를 열기로 결정하였던 것이다. 다섯 마리분의 돼지고기가 불 위에서 요리되는 동안, 젊은 처녀들은 수천 마리의 딱정벌레 유충을 긴 막대기에 꿰어 굽고 있었고, 부인들은 가느다란 사고 빵을 굽기 위해 재료들을 요홈 나뭇잎에 싸고 있었다.

그 날을 축제 분위기로 만들기 위해서 우리는 매우 애를 썼다. 그러나 방해물이 한둘이 아니었다. 예를 들어 많은 방문객들은 서로서로 어울리기를 거부했을 뿐 아니라 해남인, 요휘인, 카무르인들과 어울리기를 싫어하였다. 그들은 의심의 눈길로 경계를 게을리 하지 않으면서 자기들끼리만 끼리끼리 모여 있었다.

그 때 일이 터졌다!

폐렴으로 거의 죽게 된 환자를 실은 카야가르인의 긴 카누 한 척이 상류에서 나타났다. 내가 환자를 살펴보기 위해 크론켈 강가로 걸어가자 일단의 젊은 청년들이 나를 따라왔다. 나는 그가 후립이라는 것을 알았다. 그는 수년 전에 해남인들에게 처음으로 쇠도끼를 구경시켜 주었던 바로 그 사람이었다. 내가 카누 옆에 무릎을 꿇고 그의 맥박을 재는 동안 그는 가쁜 숨을 몰아 쉬었다.

그러나 내가 후립의 맥박수를 다 세기도 전에 내 뒤에서 한 목소리가 들려 왔다. 그 목소리는 증오에 찬 날카롭고도 음산한 음성이었다.

"뚜안, 그 놈에게 약을 주지 않으실거죠?"

나는 그 목소리의 주인공이 하토의 아들 아미오라는 사실을 알아차렸다. 내가 어깨 뒤로 바라보자 아미오의 호리호리한 갈색의 몸은 분노로 떨리고 있었다.

"자네는 후립이 죽기를 원하는가?" 나는 물었다.

"그렇소." 아미오가 내뱉었다.

나는 화가 나서 일어나 아미오를 정면으로 바라보았다.

"그 이유가 무엇인가?"

나는 아미오가 무장을 하지 않은 것을 보았다. 그러나 그의 말 한마디면 친구들이 무기를 들고 달려올 것이라는 사실도 알고 있었다. 후립의 카야가르인 친구들은 창으로도 겸용하는 노를 굳게 잡고 있었다. 그들은 비록 사위어로 나누는 우리의 대화를 이해하지는 못했지만 문제가 생긴 것을 느끼고 있었다.

내 물음에 대답하는 아미오의 목소리는 흥분으로 목이 메어 있었다.

"내 부친이 카야가르인들에게 타로프 아이를 주었는데 그들이 그 아이를 잡아먹었다고 언젠가 이야기한 것을 기억하시겠죠?"

내가 고개를 끄덕였다. 그러자 아미오가 계속 말을 이었다.
"이 카누에 누워 있는 저 작자가 내 부친이 아이를 준 바로 그 놈이오! 게다가 저 놈은 내 어린 동생을 잡아먹은 놈이오! 뚜안, 나는 몇 년간 기회만을 엿보아 왔소. 저 놈을……."
이제는 나도 떨리기 시작하였다. 그 날 기독교 정신은 쉽사리 크론켈 강변에 나타나지 않았다. 카니, 베라이 그리고 아미오까지……그들이 그리스도를 위해 적들을 용서할 것이라고 기대한 것은 현실성이 없는 헛된 기대였는가? 어쨌든 언젠가는 그들도 적을 용서할 것이다. 그러나 아마도 때가 너무 이른 것 같았다.
나는 아미오 앞에서 한동안 아무 말도 할 수가 없었다. 아무 말 없이 지혜를 주실 것을 하나님께 간구하였다. 그 때 갑자기 한 가지 옛 생각이 떠올랐다. 나는 양손을 내밀어 아미오의 귓불을 잡았다. 아미오는 깜짝 놀랐으나 뒤로 도망가지는 않았다. 내가 "타로프 팀 티틴다케덴!─내가 화해의 아이를 위해 변호하노라!"라고 외치자 그는 가만히 내 말에 귀를 기울이다가 내 말을 받아 넘겼다.
"내 부친이 후립에게 준 화해의 아이는 죽었소! 후립 저 놈이 죽였소!"
"그러나 하나님께서 주신 화해의 아이는 아직 살아 계십니다." 나도 반격했다.
"그분이 살아 계시기 때문에 자네는 후립에게 복수해서는 안 되는 것이오. 아미오, 예수님을 위해 후립을 용서하시오!"
나는 계속 귓불을 잡고 놓지 않았다.
아미오의 안색은 일순간 갈등으로 무섭게 일그러졌으나 점차 부드러워지기 시작하였다. 그러더니 순식간에 새로운 이해에 도달한 데서 오는 기쁨으로 얼굴이 환히 빛나고 있었다. 그 후 아미오는 부드러운 눈길로 죽어가는 적인 후립을 바라보았다.
나는 아미오의 귓불을 놓고, 눈물을 글썽이며 마치 당연하다는 듯이 "아미오, 후립을 진료소까지 옮기는 데 도와줄 사람이 필요하오"라고 부탁했다.

아미오는 굳은 결의를 한 얼굴로 어깨를 펴고는 "뚜안, 나 혼자서 후립을 옮기겠소!"라고 말하는 것이었다.

카야가르인 두 명이 후립을 아미오의 등에 업혀 주었다. 그러고는 아미오가 인사 불성이 된 후립을 등에 업고 진료소로 향하는 모습을 놀라서 바라보았다. 진료소에는 캐롤이 새로 주사약을 담은 주사기를 들고 대기하고 있었다.

나는 아미오를 따라가면서 아미오의 심경의 변화를 유심히 관찰하고 있는 사람이 있음을 알게 되었다. 그는 카니였다. 내가 지나가자 카니는 나를 쳐다보았다. 그 눈길에서 나는 마우로 마을에서 온 손님들 때문에 걱정할 필요가 없음을 새로 확신하게 되었다.

나는 기쁨으로 현기증이 날 것만 같았다. 안도의 숨을 길게 내쉬었다. 그제서야 마침내 성탄절 같은 느낌이 들기 시작하였다.

아미오가 캐롤의 보살핌을 받게 하기 위해 후립을 진료소로 데리고 간 다음, 우리는 잔치 준비가 완료된 초가 지붕으로 된 교회로 향하였다. 수십명의 그리스도인들이 아직도 창으로 겸용하는 노와 카누가 있는 근처에 머물기를 더 좋아하면서 말이 없는 여러 부류의 손님들과 섞여 있었다.

그러나 이 엄숙한 얼굴을 한 손님들은 그리스도인들의 친절한 설득과 초대에 못 이겨 하나씩 교회로 줄을 지어 들어오기 시작하였다.

그들은 멋지게 장식된 교회 문을 통해 시원하고 넓은 교회 안으로 들어오면서 놀라 눈이 휘둥그래졌다. 그들이 한번도 경험해 보지 못한 극진한 환대의 분위기가 그들이 숨쉬는 공기에까지 가득 찬 듯한 느낌을 받았기 때문이었다.

나는 그들 중 서넛이 창과 카누로부터 멀리 떨어지자 두려운 생각이 든 나머지 뒤를 돌아보는 모습을 볼 수가 있었다. 그러나 곧 그들을 초대한 이들의 얼굴이 남녀 노소 할 것 없이 기쁨으로 충만해 있는 모습을 보고는 마음을 놓는 것 같았다.

"이것이야말로 분명한 사실이다." 많은 이들의 눈빛이 이렇게 말하고 있었다. "이것이야말로 투위 아소나이 만의 무시무시한 가능성조차도 어찌할 수 없는 참다운 교제다!"

이것은 사실이었다.

축제가 시작될 때쯤 해서 캐롤과 스티븐과 둘째 아들 샤논이 도착했다. 우리는 함께 앉아서, 각 마을에서 온 그리스도인들이 일어나서 그 전에는 적대 관계에 있었던 자들 앞에 사고 빵과 딱정벌레 유충과 산돼지고기를 나르는 모습을 바라보았다. 음식을 계속 나르는 가운데 사위인들은 선물 중에 최대의 선물인 독생자를 주신 데 대해 하나님께 감사하면서, 음식을 잔뜩 문 입으로 사위어 크리스마스 캐럴을 불렀다.

이어 글을 아는 사위족 설교자인 이사이가 일어나서 이번 경우를 위해 내가 번역해 놓은 성경 한 구절을 읽었다.

"우리에게 한 아기가 태어났고 한 아들을 우리에게 주셨으니……." 그 말씀은 서양인들 사이에서는 찾아볼 수 없을 감동과 감격으로 사위인들에게 전달되었다. 나는 그리스도인들의 기쁨에 찬 얼굴을 돌아보았다. 그들은 리본과 은박지 등의 시시한 장식물 ―사위인들에게는 이런 것들이 아무 의미가 없었는데― 등에 찬탄을 보낸 것이 아니라 화해의 아이에게 찬송을 드리면서 온갖 기쁨과 희열에 젖어 있었다. 그들의 경배는 베들레헴에서뿐 아니라 그들의 마음속에서 탄생하신 화해의 아이에 대한 경배였다.

나는 과거를 회상해 보았다. 수년 전으로 거슬러 올라가, 수천 마일 떨어진 캐나다에서의 성탄절을 생각해 보았다. 서리가 낀 전나무들 사이에 눈덮인 내 고향 캐나다에서의 성탄절 모습이 떠올랐다. 그러나 복수를 삶의 방식인 줄 알고 살아오던 이들의 마음속에 용서의 정신이 승리를 거두고 있는, 이 무더운 정글 속에서의 성탄절과는 비교할 바가 못 되었다.
　정말로 기나긴 여행이었다. 그러나 그 여행이 아직 끝난 것은 아니었다.
　스티븐의 손이 내 몸에 닿은 바람에 나는 번쩍 정신이 들었다. 나는 스티븐과 샤논의 손을 꼭 잡고 몸을 앞으로 숙여 이사이의 설교에 귀를 기울였다.
　내가 본 최대의 성탄절이었다.

25
조상의 구습을 깨고

1972년에 이르러 기독교 세계관은 이미 사위족의 사고 속에 깊이 뿌리를 내리고 있었다. 아내를 인간 이하의 가재(家財)나 노예로 생각하고 학대하며 더 나아가 고문을 가하기까지 했던 남편들은 이제 귀한 친구요 동반자로서 아내의 권리를 공개적으로 인정하기에 이르렀다. 비록 일부 다처주의자들은 계속해서 여러 아내를 거느리고 있었지만, 일부 일처제가 결혼의 이상으로서 일부 다처제를 대치하고 있었다.

변덕스럽기 그지없고, 시끄럽게 수다를 늘어놓기 일쑤이며, 욕설을 퍼부어 대던 부녀자들은 이제 전혀 새롭게 따스한 인격체로서의 품위를 갖추게 되었다. 그리고 아이들은 더 이상 전쟁을 위한 훈련을 받지 않았다. 나그네들과 더욱이 전에 적대 관계에 있던 적들조차도 축제에 참석해 달라는 초대에 투위 아소나이 만에 대한 두려움을 전혀 느끼지 않고 그 초대를 받아들일 수 있게 되었다. 게팜 아손과 와네스 줄은 이제 무서운 악몽이 되었다.

강력한 정부의 통제가 시행되기 전부터 사위족의 그리스도인 추장들은— 비록 많은 불신자들이 계속해서 활과 창과 단검으로 문제를 해결하려고 하였으나 – 일종의 시민법을 실행에 옮기려고 애를 썼다. 그리하여 정부 관리들과 경찰관들이 사위족의 영토에 들어왔을 때는 언제나, 미리부터 정부의 정책과 계획에 대해 이야기를 들어 잘 알고 있는 부족민들로부터 정중한 환영을 받았다.

사위족이 아주 먼 옛날부터 전승해 온 신념들 가운데 하나는 조상들이 미리 재가해 놓지 않은 것은 무엇이든지 하지 않는 것이 현명한 행동이라는 신념이었다. 물론 우리는 활주로를 건설하고 툼두 지류에 철교를 만들고 크론켈 강과 북쪽에 있는 강을 잇는 6킬로미터 길이의 운하를 건설하는 일에 사위인들을 고용하여 이 전통적인 신앙에 적지 않은 타격을 가했었다.

내가 운하를 팔 계획을 맨 먼저 발표하던 날, 그들은 "강들을 파는 일은 정령들의 일이지 인간의 일이 아니오"라고 이의를 제기했었다. 그럼에도 불구하고 그들은 한 달내에 그 작업을 마무리하면서 그 어떤 초자연적인 해도 입지 않았다.

그러나 내가 그들에게 가장 심각하고 근본적인 도전을 한 것은 "사위돔"을 건축하자고 제의했을 때였다. 1972년에 요휘인들은 다시 돌아와서 비행기 활주로의 한쪽 면을 따라 새 마을을 세웠다. 마찬가지로 세레미트 마을도 우리의 제의를 받아들여 활주로 반대편에 마을을 건설하였다. 따라서 우리는 약 8백 명 가량의 주민을 가진 4개 마을의 연합 공동체를 형성하게 되었다.

이미 두 번이나 증축을 거듭했는데도 우리의 회집 장소는 정기적인 집회를 하기에도 작았을 뿐 아니라 일 년에 두세 번씩 갖는 그리스도인의 "애찬" 때에 모이는 인원의 5분의 1조차도 수용할 수가 없었다. 그런 경우에 우리는 야외에서 변덕스런 날씨에 시달려 가며 모임을 가질 수밖에 없었다. 그래서 우리는 카무르 지역의 점차 늘어나는 신자들의 필요를 위해서뿐 아니라 특별한 날 주변 마을에서 몰려오는 신자들을 위해서도 건물을 새로 지어야 할 필요성을 절감하고 있었다.
"적어도 천 명은 수용할 수 있어야 합니다"라고 나는 사위족 교회 장로들에게 설명을 했다.
"그리고 건물 모양은 둥글어야 하며, 지붕은 원추 모양으로 뾰족해야 합니다. 우리가 사용해야 할 건축 재료의 특징을 고려해 볼 때, 그렇게 큰 건물을 다른 형태로 지으면 우기의 폭우에 견디지 못할 것입니다."
나는 건축 중장비의 부족과 인부들인 사위족 그리스도인들은 물론 감독인 나 자신의 무경험에 대해서는 전혀 이야기하지 않았다.

장로들은 여러 날 동안 내 제안을 주의 깊게 검토하였다. 결정은 전적으로 그들이 내려야 할 것이다. 건물도 결국은 내 것이 아니라 그들의 것이 될 것이다. 지붕을 잇기 위해서 수만 개의 사고 야자나무 잎이 있어야 했고, 기둥을 묶으려면 수백 미터의 덩굴이 필요했으며, 그 밖의 많은 건축 재료가 있어야 했다. 뚜안족의 세계에서 얻을 수 있는 도움이라고는 140킬로그램의 긴 못과 연장, 지붕 맨꼭대기를 장식할 중고 알루미늄 루핑 몇 장과 기술 감독뿐이었다.
마침내 그들은 나를 찾아왔다.
"우리가 그 건물을 지을 수 있다고 생각하십니까?"라고 그들은 내게 물었다.
"하늘을 찌를 듯한 오두막집들을 짓는 전통을 가진 여러분들이 어찌 그것을 못 짓겠습니까?" 나는 대답했다.
"여러분들에게 그러한 유산이 없다면 나는 그런 계획을 발설하지 않았을 것입니다. 이 계획은 여러분의 선조들이 시작한 전통의 연장일 뿐입니다."

그 다음 주일, 사위족 교회 지도자들은 모든 신자들에게 거대한 건축 사업에 동참할 것을 권면하였다.

"우리 자신만 생각한다면 물론 작은 건물을 지을 수도 있습니다." 수석 장로인 암휘가 설명했다.

"그러나 주변 마을의 친구들과 신자들이 한지붕 아래 모여 하나님의 말씀을 듣고, 하나님께서 우리에게 주신 일체감을 맛보며, 우리 조상들이 꿈꾸어 보지 못하였던 하나됨을 맛볼 수 있도록 하기 위해서는 큰 건물을 지어야 하겠다는 데 뚜안과 의견의 일치를 보았습니다.

"그 건물은, 전에는 적대 관계였던 적들까지도 함께 주의 자리에 앉을 수 있는 평화의 전이 될 것이며, 아직 하나님의 말씀을 모르는 주변 종족들을 위해 기도하는 기도의 집이 될 것입니다."

"이 일을 하는 데 있어서는 뚜안으로부터 어떤 삯도 기대해서는 안 될 것입니다." 다른 한 장로가 덧붙였다.

"뚜안께서는 우리에게 하나님의 말씀을 가져다 주었습니다. 그러나 이제 복음을 더 확장시키는 데 있어서 우리가 담당해야 할 책임이 있음을 인정해야 할 것입니다. 만일 여러분이 돕기를 원한다면, 여러분이 하나님을 사랑하기 때문에 그리고 다른 이들이 하나님의 말씀을 받기를 원하기 때문에 돕는 것으로 하십시오."

그러자 즉각 반응이 나타났다. 사방에서 "아시펨! 아시펨!－지읍시다! 지읍시다!"라는 고함소리가 터져 나왔다.

성만찬을 마친 후 모든 신자들은 건물 신축 부지 주위에 손을 잡고 빙 둘러섰다. 우리는 큰 기대감을 가지고 하나님께 헌신하여 건축을 하겠노라고 다짐을 하였다. 그 다음날 남자들은 전체 지붕의 무게를 떠받칠 24개의 경질목 기둥을 자르는 일에 착수하였다. 각 기둥은 길이가 7미터, 무게가 60킬로그램이 넘는 거대한 기둥이었다. 따라서 이 작업을 하는 데 수주일이 걸렸다.

그 다음에 그들은 길이가 약 12미터 정도 되는 24개의 세레그 장대를 찾으러 정글을 누비고 다녔다. 이 장대는 지주 서까래로 사용할 것으로서, 경질목 기둥 위에서 지붕 꼭대기를 향해 급경사지게 설치할 것이었다. 여기서 우리는 오래 기다리던 소식에 의해 잠시 공사를 중단하였다.

오지 선교 연합회의 새로운 선교사 부부 존 밀스(John Mills)와 에스더 밀스(Esther Mills)가 사위족내에서의 우리의 사역을 돕기 위해 수일내에 도착한다는 소식을 무전으로 연락받았기 때문이다. 따라서 그리스도인들은 환영 파티를 하기 위해 음식을 구하러 정글의 사방으로 퍼졌다. 마침내 존과 에스더가 항공 선교회 소속의 비행기로 도착하자, 약 천명의 사위인들이 환호를 보냈으며, 곧 이어 대대적인 환영 행사가 벌어졌다. 그리고 나서 우리는 밀스 가족의 거처를 완성하는 일을 시작하였다.

이 일이 끝나자 우리는 예배 처소를 짓는 일에 다시 주의를 기울였다. 사위족 남자들과 여자들이 수백 개의 장대와 막대기들을 모으는 동안, 존 밀스는 서까래를 경질목 기둥에 연결하여 안전하게 묶는 작업에 몰두하였다. 이 일이 끝나자 우리는 직경 22미터의 원을 건축 부지 위에, 그리고 원 위에 24개의 구멍을 파고 각 구멍에 경질목 기둥을 집어 넣었다.

우리에게는 거대한 기중기가 없었기 때문에, 기둥과 서까래를 묶은 것을 세워서 진흙으로 기둥 아래 부분을 채워 고정시킬 때까지 올바른 각도를 유지시킬 수 있는 방법을 고안해 내야만 했다. 생각 끝에 우리는 서까래 중간 부분에 긴 덩굴을 열 개 가량 연결해서 각 덩굴을 한 사람씩 팽팽하게 잡아당기게 한 다음, 나머지 사람들은 포크 모양으로 된 장대로 서까래를 미는 방법으로 이 문제를 해결할 수가 있었다. 서까래를 반쯤 올리면 덩굴을 잡은 사람들이 힘껏 잡아당겨 거의 직각으로 세울 수가 있었다.

조상의 구습을 깨고 313

게다가 덩굴을 잡은 이들은 서까래가 움직이는 것을 조종할 수 있었다. 예를 들어 한 서까래가 서쪽으로 기울 때는 동쪽에 있는 두세 사람이 덩굴을 힘껏 잡아당기면 다시 올바른 위치로 돌아왔다. 마찬가지로 한 서까래가 북쪽으로 기울면 남쪽에 있는 일꾼들이 덩굴을 잡아당겨 위치를 교정하였다.

이틀 만에 24개의 서까래가 경질목 기둥 꼭대기로부터 지붕 중앙으로 경사를 이루며 하늘 높이 솟아오르게 되었다. 그러나 나는 다소 당황하게 되었다. 나는 서까래가 자체의 무게를 이기지 못하고 아래로 처질 것을 예상하고, 지붕을 설계할 때 사위족 일반 오두막집처럼 중앙에서 약 12미터 정도 높이로 설계했었다. 그러나 서까래들은 아래로 휘지 않았다.

세레그나무의 특성 때문에 나무 끝 부분의 무게가 전혀 없는 것처럼 서까래는 거의 일직선을 유지하고 있었다. 이것은 지붕의 높이가 12미터보다 훨씬 높아질 것을 의미하는 것이었다. 얼마나 더 높아질 것인지는 정확히 알 수가 없었다. 나무 꼭대기에서 두려움 없이 일을 할 수 있는 사위인들의 재능이 건축을 마무리하는 데 결정적인 요인이 될 것 같았다.

이제 건축 공사의 두번째 단계에 들어섰다. 서까래들을 25미터의 공간을 형성하는 튼튼한 원추 모양으로 붙들어 매는 작업이었다. 때로는 시속 80킬로미터로 불어 대는 열대 계절풍의 힘을 견뎌 낼 만큼 튼튼하게 묶을 필요가 있었다. 나는 19세기의 뉴 헤브리디즈(New Hebrides) 선교사였던 존 패튼(John Paton)의 일기가 생각났다.

"순식간에 교회 건물은 완공되었고 아니완인들은 그들의 솜씨를 뽐냈다. 교회 건물은 길이가 19미터, 너비가 7미터였으며, 벽은 높이가 4미터였다. 훌륭하고 멋진 건물이었으며 우리 모두는 적어도 몇 년간은 쓸 수 있을 것으로 기대하였다.

"그러나 아뿔사! 얼마 안 있어 무서운 태풍이 섬을 강타하자 교회는 완전히 폭삭 가라앉고 말았다."*

그렇다면 아니완인들의 교회 건물보다 바닥 면적이 4배나 더 큰 우리의 "사위돔"은 얼마나 더 위험하겠는가?

나는 견고성을 강화하기 위해 인부들에게 가로막대기를 서까래 안팎으로 대라고 지시하였다. 마치 큰 바구니를 짜듯이 이중으로 견고하게 하였다. 또한 우리는 작업 안전상 가로막대기를 서까래 사이에 촘촘히 설치하여 작업하다가 밑으로 빠져서 떨어지는 일이 없도록 하였다. 우리가 애당초 예상한 대로 지붕 꼭대기에 가까이 다다르면 다다를수록 점점 좁게 만들었다. 사위인들은 20명의 장정이 올라가서 이리 뛰고 저리 뛰어도 흔들리지 않는 거대한 건물 위에서, 그러니까 땅에서 15-18미터 가량 떨어진 공중에서 자신들이 일하고 있다는 사실에 크게 놀라워했다.

물론 처음에 12미터 길이로 했던 서까래들은 지붕을 맨 꼭대기까지 끌어 올리기 위해 여러 번 연장시켜야만 했다. 이에 지붕 맨 꼭대기의 최종 높이는 19미터가 되었다. 경질목 기둥 밖으로까지 지붕을 연장하게 됨에 따라 건물의 직경은 26미터로 늘어났으며, 바닥 면적은 거의 540평방미터에 육박하였다.

후에 우리는 7미터 크기의 알루미늄 뾰족탑을 건물 꼭대기로 들어 올려서 제 위치에 확고하게 고정시켰다. 이에 건물 총 높이는 25미터로 늘어났다. 뾰족탑은 그 무게가 약 130킬로그램이나 되어서 45도의 경사가 진 곳을 조금씩 조금씩 들어 올려 지붕 위에 설치하는 데는 약 30분이 걸렸다. 그것도 30명의 건장한 장년이 수백 명의 구경꾼의 함성에 힘입어 간신히 들어 올릴 수 있었다.

---

* Charles D. Michael, John Gibson Paton, D. D.(Kilmarnock, Scotland : John Ritchie Ltd). p. 134.

그 다음에 우리는 사고 야자나무 잎으로 거대한 초가 지붕을 만들었다. 여기에 꼬박 2주일의 시간이 소비되었다.

그 후에 우리는 거의 760입방미터의 진흙을 쌓아서 홍수 때 침수되지 않도록 건물 바닥을 침수선 훨씬 위로 높였다. 우리는 바닥 모양도 거대한 대접 모양으로 만들었다. 우리가 진흙을 파낸 교회 남쪽 지역은 후에 우기가 되면 연못이 되어 거대한 건물 모습을 비쳐 주는 거울이 되었다.

작업을 최종적으로 마무리하기 위해서는 천 명이 앉을 수 있는 의자가 필요하였다. 우리에게는 제재소가 없었기 때문에 사위족 그리스도인들이 직접 손으로 목재를 잘랐다.

1972년 6월, 사위족 그리스도인들은 하나님의 영광을 위해 그들이 새로 지은 건축물을 하나님께 봉헌하였다. 비록 지붕은 때때로 손을 볼 필요가 있었지만 교회 건물은 벌써 열두 번의 열대 계절풍 폭풍우에도 끄떡하지 않고 버티고 있다. 사위인들은 켜지 않은 기둥들로 만든 원형 건물로는 그들의 교회가 세계 최대라는 사실을 모르고 있다.

전통적인 관습이나 풍습이 더 이상 사위족 그리스도인들을 다스리지는 못하였다. 조상들의 세계가 너무 좁다는 사실을 깨닫게 된 사위인들은 이제 고대 조상들의 껍질을 깨뜨리고 있다. 이제 그들의 사위돔의 뾰족탑처럼 솟아오른 새로운 희망이, 영적인 면에서나 세속적인 면에서 새로운 수평선을 향해 그들을 나아가게 하고 있다. 물론 그들이 세속적인 목표를 달성할 수 있는 수단은 현대로서는 민망할 정도로 부족한 것이 사실이다.

그러나 그들의 새로운 세계의 핵심 가운데는 그들 나름의 독특한 과거와 특별히 연관된 무엇, 즉 화해의 아이의 이야기가 자리를 잡고 있다. 그것은 이제 매우 특별한 방법으로 그들의 화해의 아이가 된 화해의 아이의 이야기이며, 그들의 과거를 성취하고 그들의

미래를 인도하는 화해의 아이의 이야기인 것이다. 그분은 항상 사위족 문화의 첫번째 기둥이 되려고 한, 두번째 기둥을 강화하신 분인 것이다.

캐롤이 손때 묻은 옛 책에서 이야기를 들려 주자, 스티븐과 샤논과 폴은 가까이 다가가서 귀를 기울이고 있었다. 그것은 탕자가 돌아오는 이야기였다.

"이에 아들이 아버지께 돌아왔어요. 아버지는 아들이 멀리서 오는 것을 보고 달려 나갔어요. 그리고 목을 안고 뽀뽀를 했어요. 그러자 아들은 소리를 내서 엉엉 울었어요."

캐롤은 질문을 던지기 위해서 멈추었다.

"샤논, 말해 보렴. 왜 아들이 울었다고 생각하니?"

이 문제를 곰곰이 생각하는 둘째 아들의 푸른 눈은 매우 영리하게 반짝였다. 그러더니 환하게 웃으면서 대답했다.
"아버지가 목을 안았기 때문이에요!"
캐롤과 스티븐과 나는 웃음을 터뜨렸다. 그러자 샤논과 폴은 영문을 몰라 눈을 크게 뜨고 바라보았다.

그 때 밖에서 대나무 나팔소리가 은은하게 들려 왔다. 암휘가 저녁 집회를 알리고 있었던 것이다. 나는 캐롤과 아이들이 하던 이야기를 계속하게 내버려 두고는 달빛 비치는 잔디밭을 가로질러 암휘가 인도하는 저녁 집회에 참석하러 가는 이들의 뒤를 따랐다. 나는 꽉 찬 교실의 뒤쪽에 앉아 암휘가 작은 전등 불빛으로 성경을 읽는 것을 바라보았다.
"카이요가, 그가 세운 평화의 조약을 깨뜨리려고 했던 자들에게 무엇이라고 했는가를 기억하십시오. 그는 그들에게 타로프 아이를 가리키면서 '그 아이가 죽었다면 당신은 원하는 대로 얼마든지 할 수가 있소! 그러나 그 아이는 죽지 않았소. 그는 아직 살아 있고, 나는 평화를 지키는 책임을 맡은 중보자요. 당신은 평화를 깨뜨려서는 안 되오! 내 손은 강하오!'라고 하였습니다.
"그러므로 누군가가 우리에게 악을 행하도록 유혹한다면 우리는 그에게 이같이 말해야 합니다. '여기를 보시오! 하나님께서는 그의 화해의 아이이신 예수의 영을 우리 안에 주셨소. 만일 그 화해의 아이가 죽었거나 없어졌거나 내게서 떠났다면, 나는 당신이 하자는 대로 얼마든지 할 수가 있소. 그러나 그분은 죽지 않으셨소! 더욱이 그분은 나를 버리지도 않으셨소! 그분은 아직도 내 안에 계셔서 선한 길로 나를 인도하고 계시오. 그분의 손은 강하오! 따라서 나는 당신이 하자는 대로 악을 행할 수가 없소!'"
그러자 듣던 이들이 열정적으로 응답하였다.
"그거 좋은 말씀입니다!" "그렇습니다. 우리 모두 그렇게 대답하도록 합시다." "예, 잘 알았습니다."

암휘는 계속 말을 이었다. "우리가 더 이상 마을 상호간에 타로프 아이들을 교환하지 않는 이유가 무엇입니까? 그렇게 하면 하나님께서 분노하시기 때문입니다. 만일 우리가 그렇게 한다면 하나님께서 말씀하실 것입니다. '내 화해의 아이로는 불충분하단 말이냐? 너희들의 아이를 그에게 더해야만 한다고 생각하느냐?'"

나는 조용히 시원한 밤 공기가 흐르는 밖으로 나와서 집으로 향했다. 나는 복잡한 사위어를 연구하기 위해 수많은 시간을 투자한 곳이며, 지금은 사위 신약성경의 마지막 부분을 번역하고 있는 내 사무실을 지나쳤다. 그 때 옛 생각이 갑자기 떠올랐다. 그 옛 생각 때문에 나는 툼두 지류로 나아가는 좁은 오솔길로 들어서게 되었다.

나는 그 오솔길을 따라 조용히 흐르는 강물 옆의 작은 언덕 위에 도달했다. 이슬에 젖은 쿠나이 풀들을 내려다보면서 그 아래 누워 있는 두 사람을 생각해 보았다. 그 둘은 내가 끔찍이 사랑하던 사람들이었다. 게다가 그 둘은 생전에 이 세상에서 찾아보기 힘든 이해심을 가지고 나를 도와주고 배려해 주던 사람들이었다.

그 중 하나는 카이요였다. 그는 이미 4년 전에 카무르 마을 자체 내에서 일어난 폭력 사건 때 예기치 않게 갑자기 살해당하였다. 그러나 그는 죽었어도 그가 내게 가르쳐 준 교훈은 계속 남아 있다.

다른 한 사람은 누구인가? 3년 전의 일이었다. 내가 캐롤과 함께 여행에서 돌아와 보니 우리가 없는 사이 하토가 폐렴으로 세상을 떠난 것이었다. 그는 너무나도 갑작스럽게 가버린 것이었다.

하토는, 그를 만난 후로 나의 집이 되어 버린 낙엽진 공터에서 내 손을 처음으로 잡은 외눈의 이방인이었다. 그는 자신이 이해할 수 없을 때조차도 나를 신뢰한 친구였으며, 그를 찾고 있는 신비한 분이 존재한다는 사실을 깨닫고는 쉽게 그분을 받아들인 열렬한 구도자였다.

　우리가 서로 전혀 다른 이방인들로 처음 만난 이래 우리는 크게 변화하였다. 그럼에도 불구하고 하나님의 섭리는 우리를 다시 하나로 묶어 놓았다. 무엇 때문인가? 그리스도께서 모든 인간의 참된 자아의 성취자라는 사실을 입증하도록 우리를 다시 하나로 묶어 놓으신 것이다.

　나는 서서히 아무 표시 없는 두 무덤에서 몸을 돌이켜 툼두 지류의 풀이 많이 자란 강변을 따라 걸었다. 모든 곳, 그리고 만물마다 평화가 깃든 것처럼 보였다. 평화는 달빛을 따라 흘러내리고, 별들 사이에서 반짝이며, 물에 비친 영상 속에 아른거리고 있었다. 게다가 평화는 새소리와 이제 아득히 들리는 암휘의 목소리 속에 떨고 있는 것 같았다.

　이 평화는 내게 또 다른 이의 목소리를 생각나게 하였다. 그 목소리의 주인공은 지금은 비록 소천하였으나 우리가 온 저 다른 세계로부터 아직까지도 들려 오는 것만 같았다.

　"여러분은 여러분을 당혹하게 만드는 풍습들과 신앙들을 만나게 될 것이나, 여러분이 성공하기 위해서는 그것들을 이해해야만 할 것입니다……

　"우리 주님께서는 잔인한 만행이 풍미하고 있는 그 어두운 곳에 자신의 사랑의 왕국을 세우시고 싶어하십니다……

　"누가 가시렵니까?"

　나는 그 당시 내 전존재가 다른 선택의 여지없이 확실하게 "내가 가겠습니다!"라고 응답하였던 기억이 새삼스럽게 떠올랐다.

　나는 문을 찾았다. 내가 문을 잡는 순간 기쁨이 내 존재를 타고 흘렀다. 그 기쁨은 단지 나만의 기쁨은 아니었다.

저자 후기

여섯 명의 아스맛인 남자들이 남자들의 집 한가운데 있는 풀잎 방석 위에 얼굴을 아래로 하고 나란히 엎드려 있었다. 그 중 세 사람은 그 남자들의 집의 주인격이 되는 자들이었고, 나머지 세 사람은 화평을 맺기 위해 먼 마을로부터 온, 지금까지는 적대 관계에 있던 자들이었다. 한편 이 여섯 사람의 아내들은 엎드린 남자들 사이에 다리를 뻗고 섰다. 부인들은 한 발은 자기 남편 가슴에 다른 한 발은 남편 엉덩이 밑에 넣었으며 발 뒤꿈치는 뒤에 엎드린 남자의 가슴과 엉덩이에 닿게 했다.

이제 양 마을의 장로들이 놀라서 눈을 크게 뜬 여섯 아이를 — 각 마을에서 세 명씩 — 남자들의 집 안으로 데리고 들어왔다. 아이들은 팔찌와 사고 야자나무 잎으로 만든 술로 예쁘게 장식되어 있었다. 여섯 명의 아이들은 하나씩 엉금엉금 기어서 여섯 어머니의 다리 사이로 여섯 아버지의 등을 타고 넘어가라는 지시를 받았다. 아이들이 인간의 육체로 구성된 운하를 하나씩 통과하자 마치 갓 난 아이처럼 들어 올려 흔들면서 자장가를 불러 주었다.

저자 후기 323

여섯 아버지와 여섯 어머니의 몸으로 이루어진 통로는 각 마을의 세 명의 어린이가 적 마을의 친족 안으로 재탄생하는 상징적인 공동체적 출생 운하이다. 그들이 살아 있는 한 그들은 양 마을을 연결하며 전쟁을 방지하는 생명줄이 될 것이다.

이것이 신생 경험을 통한 평화가 아니고 무엇인가!

이리안 자야(Irian Jaya, 그 전의 네덜란드령 뉴기니아 혹은 서이리안(West Irian)을 가리키는 인도네시아 정부가 붙인 새로운 지명)의 서부 대니족 가운데서 사역하는 선교사 한 분은 매우 중요한 두 단어를 연결하는 법을 발견하였다. 한 단어는 키, "생명"이고, 다른 단어는 워네, "말씀"이었다.

그의 사무실 밖에는 무섭게 생긴 수많은 대니족들이 앉아 있었다. 그들은 돼지 이빨과 조개껍데기로 만든 장식들을 검은 피부와 연기로 그을린 머리털 위에 치장하고 있었다.
 그 선교사는 자신이 새롭게 만든 어구를 시험해 보기 위해 자신 없는 얼굴로 사무실에서 나왔다. 그는 손을 높이 치켜 들고 조용히 하라고 외쳤다. 그러고는 더듬거리는 대니어로 "우리는 당신들에게 키 워네, 생명의 말씀을 전하기 위해 왔습니다"라고 외쳤다.
 그 단 한 문장으로 혁명을 불러 일으킬 수 있다는 것에 대해서 자신도 알지 못했었다. 물론 그 시작은 아주 미미해서 지각할 수 없을 정도였다. 왜냐하면 젊은 사람들과 아이들이 이 낯선 이의 말을 마치 먼 산 너머에서 들려 오는 말인 양 주의를 별로 기울이지 않았기 때문이다.

 그러나 나이가 든 일부 대니족 노인들은 이 어구를 알아들었다. 백발이 성성한 노 현인(賢人)들이 돌아와서 마치 오랜 잠에서 깨어 나기라도 한 듯이 그 선교사를 바라보았다. 그들의 존재 깊숙한 곳에서는 오래전에 막힌 샘이 기적을 일으키는 정교한 메카니즘의 시동을 걸면서 다시 흐르기 시작하였다. 그들은 그렇게 오랫동안 지체되었던 선언의 의미를 형상화시키고는 놀라 모두 입을 다물지 못하였다. 그 현인들은 지팡이에 몸을 의지하고 있으면서도 흥분한 나머지 몸을 떨면서 서로 대화를 나누기 시작하였다.
 "그의 피부는 옛 껍질을 벗은 후에 새로 나오는 뱀의 껍질처럼 희지 않소?" 한 노인이 말했다.
 "게다가 그는 키 워네에 대해 이야기하고 있소!"
 두번째 노인이 감탄하듯이 말을 이었다.
 "우리 조상들이 말하던 대로 일이 일어나고 있소!" 세번째 사람이 맞장구를 쳤다.
 "불멸성이 인간에게로 돌아오면 그 불멸의 비밀을 배운 사람들이 먼저 산들을 넘어와서 그 비밀을 이야기할 것이다. 그들은 뱀의 껍질처럼 계속 새로워지기 때문에 피부가 흴 것이다. 그들이 올 때는 그들의 말에 귀를 기울이도록 하라. 그렇지 않으며 나벨란-카벨란-'내 피부-네 피부', 혹은 '불멸'-이 너를 그냥 지나치게 될 것이다."

그 선교사는 대각성 운동이 서서히 일어날 준비를 하고 있다는 사실도 모르고 다른 일에 몰두하고 있었다. 그 날 밤, 골짜기 전체에서 떠들썩하게 노랫소리가 터져 나왔다. 이에 그는 무슨 환영 행사가 있나 의아하게 생각하였다.

그 다음날 아침 수천을 헤아리는 대니인들이 그의 집을 둘러쌌다. 그러고는 "생명의 말씀을 우리가 어떻게 영접해야 하는 것입니까?"라고 질문하였다.

인간의 여러 문화를 여는 열쇠인 구속의 유비는 다른 문화권을 상대로 하는 복음 전도의 방법으로 신약이 인정한 접근 방법이다. 따라서 우리는 신약성경 안에서만 구속의 유비들을 식별해 내고 적용하는 패턴을 발견하게 된다. 그런데 우리는 이 패턴을 사용하는 법을 배워야 한다.

과거의 전설들과 기록들 가운데 우리는 몇몇 구속의 유비들을 찾아볼 수가 있다. 죄를 지은 자 올레노스, 박해를 받아 죽기에 이르나 신세계를 다스리도록 작정되어 있는 무죄한 사람 발더, 소크라테스의 의로운 인간, 사도 바울이 구속의 유비로 언급한 바 있는 아덴의 알지 못하는 신, 사도 요한이 사용한 유비인 <u>로고스</u>, 세례 요한과 바울이 동시에 사용한 구속의 유비인 히브리인들의 희생양 등.

또한 우리는 현재의 여러 문화들 가운데서도 숨겨진 채 잠재하며 발견되기만을 기다리는 다른 구속의 유비들을 살펴볼 수가 있다. 사위족의 타로프 아이와 레몬의 말들, 나벨란-카벨란이라는 대니 부족의 뿌리 깊은 불멸의 소망, 아스맛인의 신생 의식 등이 그것들이다.

 그 밖의 구속의 유비들로는 도피처, 인간 타락의 전설과 홍수의 전설과 하늘과 땅을 잇는 "사닥다리"의 전설들을 들 수 있다.

 얼마나 많은 구속의 유비들이 우리를 더 기다려야 하는가? 그 유비들이 발견되고, 그것들을 믿는 이들에게 구속의 복음을 설명하는 데 이용되고, 그리스도에 의해 대치되어 하나님이 그것들에게 부여하신 목적을 달성하기 위해서는 얼마나 더 기다려야 하는가?

 오직 호랑이 굴에 들어가는 자만이 호랑이를 잡을 수가 있듯이 직접 가서 찾아보는 사람만이 구속의 유비들을 발견하게 될 것이다.

| 에필로그 |

그 후 30년, 사위족의 근황

1974년 『화해의 아이』의 원서가 출판된 이후 사위족은 거의 두 배로 늘어났다. 그 당시 캐롤과 내가 추정한 사위족 인구는 18개 마을에 2,600명 정도였다. 현재 사위족은 6,000명에 육박하고 있다. 그렇지만 걱정할 필요가 없는 것은 먹거리가 풍부한 사고 정글과 강이 900평방 피트나 되어 그들을 넉넉하게 지탱하기 때문이다. 게다가 우리는 사위족이 이전에 별로 맛보지 못했던 코코넛, 파인애플, 파파야, 구아바 등의 열대 과일을 소개해 주었다. 요즘은 인도네시아 다른 지역에서 들어온 사람들이 사위족에게 벼를 가져오고 있다.

사위족의 언어는 다른 파푸아 뉴기니의 언어들 가운데 속하는 방언이 결코 아니다. 사위족이 쓰는 단어의 어원은 아스맛어와는 2%, 카야갈어 및 아토와임어와는 6%, 아우유어와는 21% 정도밖에 일치하지 않는다. 영어와 네덜란드어, 불어가 모두 85% 정도 어원 일치를 보인다는 사실을 이 수치와 비교해 보면 이해가 될 것이다. 사위 언어가 파푸아 뉴기니와 인접한 지역의 언어들과 다르기 위해서는 사위족이 수천 년 동안 격리된 생활을 해야 한다.

그렇게 오랜 기간이라면 사위족 인구가 적어도 백만은 되어야 하지 않겠는가?

그 원인은 세 차원(가족간, 씨족간, 부족간)의 끊임없는 전쟁이다. 상습적인 전염병(말라리아, 마마, 이질, 필라리아, 간염)에다가, 간헐적으로 발생하는 전염병(콜레라, 인플루엔자, 뇌척수막염, 뎅기열, 홍역, 이하선염 등) 등이 불결한 위생 상태와 얽혀서 인구의 증가를 가로막았다. 그레이터 피스 차일드 기구와 의료 지원이 얼마나 큰 기여를 했는지 모른다. 수천 년이 걸려 두 배로 증가했던 인구를 단 한 세대만에 이루어낸 것이다.

화해의 아이 비아카돈과 만니의 근황

비아카돈은 수년 전 젊은 그리스도인으로 죽었다. 만니(후에 요한네스로 개명함)는 우리 초등학교에서 아주 우수한 학생이 되었고, 우리의 충실한 후계자인 존과 에스더 밀은 그를 40마일이나 떨어진 아스맛 지역에 있는 아가츠의 중고등학교에 입학하도록 도와주었다. 결국 요한네스는 최초로 고등교육을 받은 사위족이 되었다. 그는 국제 겨자씨 재단이 세운 기독교사대학을 졸업하였다. 습지에 살면서 구름보다 더 높이 솟아오르는 산을 본 적이 없는 그를 생각해 보라.

요한네스는 지금 한 사위 마을에서 초등학교 교장으로 섬기고 있다.

그는 결혼하여 몇 명의 자녀를 두었다. 사위족에서 최초로 대학을 졸업한 사람으로서 그는 자기 부족의 다른 젊은이들도 도전할 수 있는 기준을 세웠다. 현재 몇몇 사위족 출신들이 인도네시아 동쪽 끝에 있는 대학 같은 곳을 졸업하고 있다.

문화적 규범 때문에 사위족 여성들은 이런 목표를 이루는 데 한 세대가 더 걸릴 수도 있다.

사위족 동역자들의 근황

『화해의 아이』에서 설명했듯이 캐롤과 나는 당시 오지 선교 연합회(Regions Beyond Missionary Union : 현재는 World Team)로 알려진 단체에 속하여 사위족을 섬겼다. 독립적으로 하는 사역보다 선교 단체에 소속되어 일할 경우 이점이 많이 있다. 예를 들어, 선교 단체는 현장 사역이 성장함에 따라 이를 지원하기 위해 추가로 투입할 동료들을 본국에서 모집하고 훈련하고 위임한다. 실제로 월드팀은 우리가 기대할 수 있는 최고의 동역자들을 찾아서 보내주었다(그리하여 우리는 최고의 국제적인 팀을 이루었다).

코스타스와 알키 마크리스 – 그리스인

4년간의 첫 임기를 마치고 안식년을 가질 때, 우리는 새로 생긴 사위족 교회를 코스타스와 알키 마크리스에게 맡겼다. 마크리스 부부는 카무르에서 일 년 동안 사위족 신자들을 격려했고, 여러 부족의 환자들을 치료해 주었으며, 처음으로 주물(呪物)을 태우는 일을 이끌어냈다. 코스타스와 알키 마크리스의 놀라운 이야기에 대해서는 나의 책 "Lords of the Earth"를 참조하기 바란다.

존과 에스더 밀스 – 캐나다인

존과 에스더는 단순히 일 년의 안식년을 대치하기 위해 온 것이 아니었다. 그들은 사위 사람들에게 장기간 헌신하기 위해 왔었다. 두 사람은 사위 언어를 마스터했다. 존은 사위 교회 장로들이 성경을 알고 가르치는 기술을 발전시키도록 도왔다. 존의 도움을 받은 사람들은 다시 존을 도와주어서 마침내 인도네시아 성서공회가 사위어 신약성경을 개정 출판하도록 하였다. 존은 그 외에도 구약의 여러 부분을 번역했다. 그리하여 지금은 사위족 2세대 목사들이 구약성경을 인도네시아어로 읽을 수 있게 되었다.

수년 후 나는 카무르로 돌아가서 존과 에스더 부부와 함께 견고하게 잘 만들어진 사위어 신약성경을 부족들에게 증정하는 기쁨을 함께 했다.

에스더는 간호사 교육을 받지 않았지만 캐롤에게 정글에서 요긴하게 쓸 수 있는 간호 기술을 배워서, 특히 1970년대 중반 우리가 사위족 사역을 중단한 이후 진료실을 세워 운영했다. 내가 추정해 볼 때 캐롤과 에스더는 매월 5개 부족으로부터 찾아오는 환자 2,000명을 돌보았으며, 따라서 약 3년 넘게 매일 한 명의 생명을 살리는 일을 했다!

에스더는 이 외에도 이전에 캐롤과 내가 시작했던 문해 교육반을 계속했다. 에스더는 캐롤과 마찬가지로 사위 여성들에게 예수 그리스도의 은혜를 힘입어 경건하게 사는 법을 가르쳤다.

짐과 조안 요스트 – 미국인

존과 에스더는 미국인 월드팀원인 짐과 조안 요스트가 사위어를 익히고 정글의 약에 대한 기본 기술을 배우도록 도와주었다. 그리하여 짐과 조안은 카무르에서 쉽게 접근할 수 없는 곳 – 아우 강 마을들(지도 3 참조)을 새로 개척했다. 짐과 조안은 아우 지역에 견고한 교회를 세워놓고, 인도네시아의 다른 지역들을 대상으로 더 폭넓은 사역을 시작하였다.

켄과 메리 스터드, 브리언과 쉴라 퍼킨스 – 오스트리아인

켄과 메리 스터드(켄은 C. T. 스터드의 먼 친척이다)와 목수인 브리언 퍼킨스는 우리 선교회의 오스트리아 지부에서 파견된 사람들로 월드팀을 탁월하게 섬겨 주었다. 브리언의 아내 쉴라는 스코틀랜드 출신 간호사로 결혼을 통해 오스트리아인이 되었다.

기타 국경을 초월한 동역자들

우리가 여행을 해야 할 때 운송은 말할 것도 없고, 매년 음식과 장비, 약품, 우편물 등 모든 것을 공급해 준 크리스천 조종사들이 있었다. 또 우리의 한계를 벗어나는 의료상의 긴급 상황을 해결하는 방법을 라디오를 통해 가르쳐 준 의사들도 있었다. 그 중 한 사람인 켄 드레셔는 비행기를 타고 들어와서 캐롤이 역산하는 사위 아기를 받도록 도와주었다. 또 우리의 비자 갱신과 물품 주문을 도와준 비서들도 있었다. 그 외에도 수많은 나라의 수천 명의 그리스도인들이 무대 뒤에서 기도와 헌

금으로 엄청난 도움을 주었다.

파푸아의 동역자들

산지 거주 부족인 다니족 거주지에 설립된 교회들은 대단한 성장을 하였다(필자의 홈페이지 www.donrichardsonbooksales.com에서 존 데커의 "Torches of Joy"를 보라). 1960년대 중반까지 다니족의 교회들은 새로 글자를 배운 사람들을 다니족 선교사로 임명하여 다른 파푸아 부족들을 섬기게 하였다. 몇몇 경건한 다니족 선교사 부부들은 우리에게 와서 사위족 사역의 파트너가 되었다. 나는 그들이 올 수 있도록 사위 마을에 그들이 머물 집과 학교들을 건축하였는데 그것은 다니 선교사 부부들을 환영한다는 표시였다.

당시 이런 의문들이 생겼다. 다니 선교사들이 사위의 환경에 적응할 수 있을까? 선선한 산지에 살던 사람들이 습한 늪지대에 적응할 수 있을까? 고구마와 얌에 익숙했던 사람들이 사고 야자와 튀긴 굼벵이를 먹고 살 수 있을까? 모든 동사가 수천 가지로 변형되는 문법을 가진 사위 언어를 배울 수 있을까?

이 질문들에 대한 답은 철저하게 "그렇다"로 증명되었다. 캐롤과 나, 그리고 우리의 동료들은 다니 선교사들이 사위족 가운데서 수많은 문화적 차이를 무릅 쓰고 현대의 어떤 기술보다 더 위대한 다리를 놓는 것을 경이 가운데 목격했다. 내가 말하는 다리란 두 민족 사이를 잇는 초문화적 우정으로 석기 시대 이래 거의 나타나지 않은 것이다. 현재 사위 교회들은 다니족은 물론 얄리족과 그 외의 몇몇 문화들을 포괄하는 거의 1,000여 교회로 이루어진 집단에 소속되어 있다.

필요한 철수

존과 에스더 밀스 부부가 사위 교회 지도자들이 충분히 성숙했다고 평가하자 월드팀은 즉시 모든 집과 학교, 진료소를 그 교회에 넘기고 모든 서구인들을 철수시켰다. 그 날부터 사위 그리스도인들이 급속하게 변화하는 환경에 스스로 대처하도록 하려는 계획이었다. 그리고 그것은 모든 그리스도인들이 배워야 하는 것이었다. 어떤 사람은 그들에게 닥칠 것을 생각하며 염려하지만, 그것은 반드시 필요한 변화이다.

그렇지만 사위족은 지금도 자신들이 요구하기만 하면 도움을 받을 수 있다는 것을 알고 있다. 월드팀은 그들에게 배터리를 사용하는 무선송신기를 넘겨주었다. 그리고 충전용 발전기도 주었다. 질병이 발생하거나 위기가 닥치면 상담자나 의사, 간호사를 부를 수 있다. 월드팀 외에도 월드비전과 같은 다른 국제 기구들이 사위족을 도울 능력을 가지고 있다.

사위인들의 적응력과 경건

거주지 근처에서 작물을 경작하면서 서로 가까이 모여 사는 농경인들은 쉽게 한 교회에 모여 예배드릴 수 있다. 반면에 사위족과 같이 수렵과 채취를 하는 사람들은 걸어서나 혹은 카누를 타고 먼 곳으로 다니면서 식량과 사냥감을 구한다.

인도네시아 정부는 사위 사람들에게 그들의 자녀가 월요일부터 금요일까지 학교에 출석할 수 있는 곳에 머물도록 요구한다. 그래서 사위족 부모들은 토, 일 이틀 동안 다음주에 먹을 양식을 구해야 한다. 주일에 중심지에 있는 교회에 출석하기 위해서는 토요일 단 하루만 일해야 하는데, 이는 생계를 지탱하기에는 너무 적은 시간이다. 이를 어떻게 해야 하는가?

전형적인 경우, 사위 사람들이 사는 한 공동 지역에 최소한 한 명의 훈련된 목사가 있다. 이 목사들은 각기 자신의 씨족이 식량을 거두는 지역의 중심부에 있는 긴 집에서 주일 아침 예배를 인도한다. 이 말은 거의 모든 목사들은 매주 어딘가에서 가르친다는 것을 의미한다.

다시 말해서 하나의 중심 교회에서 가르치는 기회를 얻기 위해 7, 8주를 기다리면서 가만히 있는 것이 아니라는 것이다. 그렇게 함으로 각 가족은 만 2일 중 상당 부분을 양식을 구하는 데 쓸 수 있다. 마찬가지로 일단의 남자들이 먼 곳으로 일하러 갈 경우, 한 목사가 같이 가서 함께 일을 하고 주말에 가르친다. 그러나 학교가 쉬는 날에는 넓은 지역에 있는 사람들이 모두 다 한 곳에 모여 예배를 드린다.

이런 계획들을 통해 아이들은 교육을 받고 목사들은 계속 가르치며, 모두 영적으로 성장하면서 식량 문제도 해결한다. 그렇지만 외부 방문자들이 볼 경우, 일반적인 주일에 카무르에 있는 중심 교회의 예배에 참석하는 사람의 수가 적기 때문에 교회가 쇠퇴한다고 생각할 수 있다.

암히 - 모진 시험을 받은 목사

암히 목사는 사위 관구의 수석 목사로 지명되자마자 연속해서 비극적인 사건이 세 번이나 발생했다. 그의 아들 중 한 명이 열병으로 죽었다. 그의 동생은 간질이 발작하여 익사했다. 한 인도네시아인 경찰(그 사람의 이름도 요한네스다)은 머리 가까이서 권총을 쏘면 일시적으로 귀가 먹는다는 것을 보여주려고 하다가 오발하여 암히의 동생 카우라이의 턱을 쏴서 장애인이 되게 만들었다.

존과 에스더가 지혈을 하여 카우라이의 생명은 구했지만, 말을 할 수 없게 되었다. 카우라이의 가족이 보복할 것을 두려워하는 요한네스에게 암히 목사는 "우린 그리스도인이다. 우린 보복하지 않고 용서한다."라고 말해 그를 안심시켰다.

그러자 거만하고 공격적이었던 요한네스의 태도가 사라졌다. 그는 예수 그리스도의 제자가 되었을 뿐 아니라, 이따금씩 인도네시아의 다른 지역에서 오는 가학적인 사람들과의 관계에서 사위족을 위한 해박한 옴부즈맨이 되었다.

대부분의 인도네시아 경찰관들은 카무르 같은 정글 오지에 배속되는 것을 영화관과 가게와 바가 있는 중심지에 재배속될 때까지 참고 견뎌야 할 시련 정도로 여긴다. 카무르는 그들에게 연옥과 같은 곳인 것이다. 최소한의 기간만 채우고 뒤도 돌아보지 않고 떠나려고 한다. 그러나 요한네스는 "나는 내 자녀들을 하나님이 사람들의 마음속에 살아 계심을 볼 수 있는 곳에서 키우기 원한다."고 하면서 카무르에 영구 배속을 요청했다.

요한네스가 죽은 후에도 그의 아내는 남편의 유지를 받들어 자녀들이 장성할 때까지 카무르에 남아 있었다.

암히와 카우라이의 시련의 후속편

홀랜드 외과의 선교사 비렌드 박사는 카우라이의 턱이 비참하게 훼손되었다는 소식을 듣고 존과 에스더에게 무선을 발송했다. 내용은 "카우라이를 내게로 보내십시오. 나는 재활 수술 훈련을 받았습니다. 그의 턱을 고칠 수 있을지도 모릅니다."라는 것이었다.

한 선교 조종사가 카우라이가 (다른 120여 명의 일꾼들과 함께) 건설을 도왔던 카무르 활주로를 이륙하여 가서 카우라이를 브렌드 박사가 있는 산지 진료소로 후송했다. 그리하여 수 주에 걸쳐서 브렌드 박사 일행은 수 차례의 수술을 하여 카우라이의 턱을 재생하였다. 결국 카우라이는 비록 느리기는 하지만 다시 말을 할 수 있게 되었다.

그 시기에 암히 목사는 존 밀이 구약 창세기를 사위어로 번역하는 것을 돕고 있었다. 어느 날 아침, 야곱의 이야기 일부를 번역하고 난 후, 암히는 "지금 나는 족장 야곱과 같은 처지에 있음을 깨달았습니다."라는 말로 존을 놀라게 했다.

"암히, 왜 그런 말을 하지요?"라고 존이 물었다.

암히가 대답했다. "야곱은 나처럼 세 번의 비극을 겪었습니다. 그래도 야곱은 하나님께 충성했습니다. 나도 그럴 것입니다. 야곱과 나는 같은 처지에 있습니다."

존의 되물었다. "야곱이 세 번의 비극을 겪었다니요? 어떤 거지요?"

암히가 눈을 깜박이며 대답했다. "선교사님, 이 부분이 말하는 것에 주의를 기울여 보지 않으셨나요? 야곱은 세 가지 비극을 겪었습니다. 34장에서 야곱의 딸 디나가 강간을 당했습니다. 35장에서는 아내 라헬이 죽었습니다. 그리고 37장에서는 야곱의 아들 요셉이 유괴되어 노예로 팔렸습니다. 야곱도 나처럼 슬펐을 겁니다."

존은 암히의 어깨를 가만히 안으며 동의했다. "그래요, 암히. 당신과 야곱은 같은 처지입니다."

사위 그리스도인들의 증거

사위 그리스도인들은 교사와 목수, 학생으로 서부 파푸아의 어느 곳에 가든, 사람들은 이미 『화해의 아이』의 인도네시아어 번역판을 읽었거나 비디오를 보았다. 소문이 퍼져서 사위 사람들은 곧 낯선 사람들에게 증거를 하거나 식사 초대를 받곤 한다.

심지어 대부분 무슬림인 인도네시아 정부 관리들 일부도 사위 사람들을 좋게 평가한다. 정부에서 사위 마을 근처에 전진 기지로 선정한 최초의 부지는 강어귀에 있어서 바다로 나가는 선박들이 쉽게 정박하고 짐을 풀 수 있는 곳이었다. 하지만 한 가지 문제가 있었다. 그 지역에 사는 원주민 중 상당수가 도둑질에 능숙하게 되었다. 그들은 자신들의 훔치는 습관이 그 지역 중심지로 남아 있을 특권을 상실하게 한다는 것을 전혀 생각하지도 못했다.

작업장에 있던 도구가 증발하고, 빨랫줄에서 옷이 사라지며, 현관에 있던 장난감이 자취를 감췄다. 마침내 전진기지의 무슬림 책임자는 모든 것을 강 상류에 있는 카무르로 옮기도록 했다. 사위족 거의 전부가 그리스도인으로서 책임있는 삶을 살기로 했다는 소식이 그에게 전해진 것이었다. 어떤 경로를 통했는지 모르지만 그 모슬림은 참된 그리스도인은 아무리 어린 사람이라도 남의 물건을 훔치지 않는다는 것을 알게 되었던 것이다.

  그의 결정에 나는 놀랐다. 카무르는 아라푸라만으로부터 40마일이나 내륙에 위치하고 있었다. 나는 600미터나 되는 활주로를 건설했지만 소형 비행기만 착륙할 수 있었다. 그는 "정부는 기독교 메시지의 발자취를 따라 이곳에 옵니다."라고 말했다. 그것은 적중했다. 분명히 작업장에 있던 도구도, 빨랫줄의 옷들도, 그리고 현관의 장난감들도 그대로 있었다.

사위족에게 일어난 치유

  사위 그리스도인들에게는 황제와 같은 항구적인 의료 보장이 주어질 수 없었다. 하지만 그들은 믿음으로 치유하는 일을 의지했다. 지역의 진료실에서 제공한 약이 듣지 않으면 신자들은 야고보서 5장의 지침을 따라 병든 사람에게 "주님의 이름으로 기름"을 발랐다. 오지 정글에서 기름을 어떻게 사용할 것인가? 성유를 문지르는 것이었다. 그러면서 치유를 기대했고, 기적적인 치유가 일상적으로 일어났다.

사위 마을의 상업

  파푸아 사람들을 교육하면서 일부를 가게를 운영하도록 훈련하지 않은 결과, 파푸아 사람이 아닌 외부인들이 들어와서 공산품의 공급과 가격을 통제하게 되었다. 외부인들이 부를 축적하자 파푸아 사람들이 조상 때부터 물려받은 땅을 빼앗기기에 이르렀다. 결국 파푸아 사람들은 값싼 노동자로 전락하거나 외부인들이 버린 쓰레기를 뒤지는 거지가 되어버리는 일이 생겼다.

그런 운명에 처한 사위 사람들을 살리려는 마음으로 우리는 그들 중 몇몇을 훈련시켜 장사를 하게 하였다. 외부인들보다 싸게 물건을 공급하자 가게 주인들은 경쟁력을 가지게 되었다. 장사가 꽤 잘되었기 때문에 그들은 땅을 팔 필요가 없게 되었다! 그리고 그들은 기독교 사역을 위해 십일조를 드리게 되었다!

사위 그리스도인들의 세계를 향한 증거

1970년대 후반 수십 개국의 기독교 전도자들이 28분짜리 "화해의 아이" 영화를 전도의 도구로 사용하기 시작했다. 일본에서 필리핀, 아르헨티나, 나이지리아에 이르기까지 이 영화는 나중엔 비디오와 DVD로 만들어져서 매년 수만 회씩 사용되었다. 일부 전도자들은 "화해의 아이"를 CCC의 인기 영화 "예수"의 소개편 혹은 후속편으로 제공하기도 했다. 이『화해의 아이』책은 약 20개 언어로 번역되었다.

이처럼 하나님은 그의 선하신 뜻을 따라 이름 없는 오지 습지에 사는 작은 부족을 택하셔서 자신들이 알 수 있는 것보다 훨씬 더 큰 세상에 전할 이야기를 주셨다.

서부 파푸아 부족 사람들에게 점증하는 위협들

인도네시아 정부를 크게 실망시키는 일이 일어났다. 광적인 사우디아라비아의 와하비 이슬람 교도들이 인도네시아의 이슬람 교도들에게 극단주의를 주입하고 있는 것이었다. 부유한 와하비들은 세계에서 가장 인구가 밀집한 이슬람 국가 곳곳에 이슬람의 급진적인 사리아 법을 입법화하기 위해 오일 머니와 무기들을 제공했다. 사리아 법은 지난 1,400년 동안 반복적으로 종족 살해의 빌미를 제공했다(나의 네 번째 책인 『코란의 비밀』을 보라). 현재 인도네시아의 몇 개 지역에는 그리스도인들에 대한 종족 살해의 위협이 감돌고 있다. 그 음울한 그림자는 여러 가지 양상을 띠고 있다.

지난 10년 동안 인도네시아에서는 1,000여 개의 기독교 교회가 무슬림의 방화로 파괴되었고 때로는 인명의 손실도 있었다. 라스카르 지하드(성전의 부대)는 술라웨시라는 인도의 큰 섬의 기독교도 거주 지역을 테러로 괴롭혔고, 지금은 서부 파푸아 부족들의 영역까지 침투하고 있다.

인도네시아 정부는 공식적으로는 라스카르 지하드를 비난하지만, 인도네시아 군의 일부는 그들의 정책을 선호하는 것같이 보인다. 인도네시아의 지배에 염증을 느낀 소수 파푸아 사람들이 지역에서 반란을 일으키고 준 무장을 한 사람들이 재앙을 유인하게 하기도 한다.

그러나 폭력은 증오로 가득 찬 사람들이 다른 인종이나 종교를 대상으로 종족 살해를 할 때 사용하는 무기의 하나에 불과할 뿐이다. 에이즈도 무서운 무기이다. 사악한 사업가들은 인도네시아의 무장 세력들과 손을 잡고 다른 지역에서 에이즈에 감염된 창녀들을 모아서 서부 파푸아에 투입한다. 순진한 파푸아 남자들은, 특히 맥주나 마리화나로 먼저 꼬드김을 당할 경우 감염된 여자들과 관계를 맺고 다음에는 가족들도 병들게 만든다. 그러한 행위는 인도네시아 동부의 파푸아 사람들에 대한 은밀한 종족 살해, 즉 탄환이나 대창을 사용하지 않는 종족 살해의 전조이다.

내 평생의 반려자 캐롤과의 작별

2002년 10월에 이르러 캐롤이 병에 걸렸다. 진단 결과 췌장암으로 3개월 이상 살지 못하는 병이었다. 우리 가족을 포함하여 수천 명의 친지들이 아내의 회복을 위해 기도했고, 아내는 회복되었다. 그 후 8개월간 치료한 후 우리는 5개월 동안 즐거운 휴가 겸 사역 여행을 했다.

그 후 암이 재발했다. 진단을 받은 지 15개월 후인 2004년 3월 3일, 나와 우리 자녀들이 침대 곁에서 지켜보는 가운데 캐롤은 마지막 숨을 거두었다. 믿음으로 동행했던 날들에 대한 기억이 머리를 가득 채웠다. 나는 그녀의 손을 쥐고 속삭였다. "여보, 당신을 보내주겠소. 평안히 가시오."라고…….

나의 사랑하는 아내는 캘리포니아 주 린데로 캐년의 메모리얼 파크에 안장되었다.

2005년 1월 6일
돈 리차드슨

사명선언문

너희가 흠이 없고 순전하여……세상에서 그들 가운데 빛들로
나타내며 생명의 말씀을 밝혀 _ 빌 2:15-16

1. 생명을 담겠습니다
만드는 책에 주님 주신 생명을 담겠습니다.
그 책으로 복음을 선포하겠습니다.

2. 말씀을 밝히겠습니다
생명의 근본은 말씀입니다.
말씀을 밝혀 성도와 교회의 성장을 돕겠습니다.

3. 빛이 되겠습니다
시대와 영혼의 어두움을 밝혀 주님 앞으로 이끄는
빛이 되는 책을 만들겠습니다.

4. 순전히 행하겠습니다
책을 만들고 전하는 일과 경영하는 일에 부끄러움이 없는
정직함으로 행하겠습니다.

5. 끝까지 전파하겠습니다
모든 사람에게, 땅 끝까지, 주님 오시는 그날까지
복음을 전하는 사명을 다하겠습니다.

서점 안내

광화문점 서울시 종로구 새문안로 69 구세군회관 1층
            02)737-2288 / 02)737-4623(F)

강남점   서울시 서초구 신반포로 177 반포쇼핑타운 3동 2층
            02)595-1211 / 02)595-3549(F)

구로점   서울시 동작구 시흥대로 602, 3층 302호
            02)858-8744 / 02)838-0653(F)

노원점   서울시 노원구 동일로 1366 삼봉빌딩 지하 1층
            02)938-7979 / 02)3391-6169(F)

일산점   경기도 고양시 일산서구 중앙로 1391 레이크타운 지하 1층
            031)916-8787 / 031)916-8788(F)

의정부점 경기도 의정부시 청사로47번길 12 성산타워 3층
            031)845-0600 / 031)852-6930(F)

인터넷서점 www.lifebook.co.kr